从导购到总监

李化南 | 著

中国人民大学出版社
·北京·

谨以此书献给我的爱人秦丽雯、女儿李若希，
感谢她们一直以来对我的包容、理解和支持！

本书深入浅出地分析了零售和零售管理工作的日常点滴，即从事零售工作的核心技能。本书可以称为"会思考的实用操作手册"，店员、店长、区域管理者、高层管理者都能从中受益或产生共鸣，从而引发思考并找到自己当下所面临问题的解决方案。本书也是热爱零售工作之人的职业规划之书，是从小店员做到大总监的灯塔指引之书。

本书作者从管培生一步步成为店员、店长、区经理、总监，在这一过程中积累了非常宝贵的管理经验。而我作为作者大学毕业以来工作经历的见证者，非常感叹他的学习能力及沉淀能力！

这是一本有大爱及奉献精神的"会思考的实用操作手册"，风趣诙谐的章节命名方式也会让读者倍感轻松。祝愿各位读者在零售世界中沉浸式地感受零售管理业务的魅力！

——历峰商贸（上海）有限公司前全国加盟总监
丁桂霞

《从导购到总监》是一本实用性很强的书，对店铺现场管理和区域经理的日常工作做了提炼。阅读此书可以全面学习到数据分析的方法及零售管理的理论和实践。在工作中，我们可以将此书作为设定目标、最大化利用资源、跟进生意结果的工具书。

——上海希奥睿国际贸易有限公司区域经理
方丹妮

本书是适应中国市场的零售权威著作。从导购技巧到千人千店管理，李化南在丰富的实践及理论的基础上，结合中国国情，写出这本零售管理著作，为我们在品牌文化及经营上提供了理论先导。

——时尚传媒集团前新媒体总监兼总编

刘冰

《从导购到总监》为我们深入了解零售管理与运作勾勒了一幅全景图，在书中李化南总结了过往 18 年在零售行业的工作经验，思考并提炼出了一套知识体系。本书采用了理论知识与大量数据/案例相结合的形式，帮助我们全面了解零售管理，值得零售行业的销售人员、正考虑进入零售行业的年轻人以及对零售行业感兴趣的人士一读。

——阿迪达斯体育（中国）有限公司前计划与分析高级经理

刘凤平

零售派武功最大的特点就是千变万化，但不管怎么变都是建立在基本功之上的。李化南在系统全面地讲述基本功的基础上，又进行了灵活运用方面的启发。作为一直前行的老零售人，我非常推荐大家一起练习书中的武功！

——杭州由莱科技有限公司全国渠道 BD 总监

郎勇

李化南在零售行业有多年工作经验，尤其在店铺管理、人员管理、管理系统搭建等方面具有较强的专业素质。他以自身经历为基础，为零售行业各个管理层级梳理的知识体系能够帮助提升企业效率和效益，颇具参考价值。

随着市场环境不确定性的加剧，零售行业的未来充满挑战，在这个时候企业除了要不断寻找新的增长点、满足消费者快速变化的需求，也要关注自身品牌力、产品力和运营力等基础能力的构建，持续挖掘潜能，如此才能让企业立于不败之地。

——欧度控股有限公司董事长

毛卫君

"千里之行，始于足下"，零售业的成功是没有捷径的，不断的自我提升和持续的努力永远是主旋律。

本书深入浅出地为读者介绍了修炼成一名成功的零售人的"心法"。作为新人，通读本书可以领会各阶段的重心，并学会换位思考，更好地理解工作的重点和意义；作为老人，通过本书可以重拾初心，时时鞭策与警醒自己企业的终极内核依然是终端的方方面面。

——斯凯奇贸易（上海）有限公司全国渠道兼大客户副总裁

孙林

本书定义了零售行业中区域管理者的工作范畴和尺度。例如"区经六会"从理论到方法，中间穿插沟通方向、思维建议、跟进图表等，为这个行业的从业者提供了极具实践价值的内容，同时也为初入行者开启了一扇快速通关的大门。行文中处处能感觉到作者在这个行业里的积淀和思考。

——蔻驰贸易（上海）有限公司零售管理部区域经理
石岩

我曾有幸与李化南共事，深知他是一个对零售行业的每一个细节都了如指掌的实战专家，正如他在《从导购到总监》一书中所展现的，他在零售行业的每一步都迈得十分稳当。因此，我强烈向各位推荐这本"零售百科全书"，跟随李化南的足迹系统了解零售运营和零售管理的成功之道！

——鹰特体育发展（上海）有限公司亚太区总经理
王元明

是金子总会发光的。

服装零售行业是一个入门门槛很低的行业，但是不是谁都可以在这个行业里深耕，甚至发光。它需要悟性，需要热爱，需要坚持。

时代在进步，行业的做法也需要进步。李化南在服装零售行业经历了从导购到总监的过程。他提炼总结自己的心得，形成自己独有的方法论，《从导购到总监》可以说是零售行业从业者的工具书，对想进入这个行业的年轻人能有所帮助，也值得行业从业者学习。

——广州市格风服饰有限公司全国营运担当
谢桃华

作为有着 10 年运动品牌零售经验的从业人员，我从来没见过纯粹写零售的书，也没见过有人竟能将零售工作总结归纳得如此清晰透彻，更没想到有这么一本"武林秘籍"，竟能包含从店员到店长，到区域经理，再到总监等零售职场中的每一个阶段。遥想当年，如果我能看到这种秘籍，想必现在已是一派之掌门。

——鹰特体育发展（上海）有限公司亚太区商务总监
徐璞玮

我还记得初次与李化南见面的场景，他看上去很像老师，温文尔雅，没想到竟是我们快时尚公司的零售负责人。我的团队负责支持零售团队全生命周期的人力资源管理工作。随着工作中不断的接触和深入合作，我慢慢发现他是教练型的管理者，是不断学习的伙伴，同时他乐于把多年的零售管理经验总结为工作方法、工具，并且毫无保留地传授给他团队的同事们。

李化南就是我们身边的摆渡人。他把多年的工作经验总结成方法写进书里，供更多人去研读，从而帮助到身边的零售行业从业者。

——纽洛克商业（上海）有限公司前高级人事经理
杨楠

心灵鸡汤类的书太多了，可是它们都没有给我勺子，但这本书不是！从目录的设置就能看出作者的用心，本书逻辑清晰，环环相扣，最重要的是接地气！针对每个职业阶段，书中都分享了对应的工具、方法和实战经验，这对从事零售终端工作的同事尤为重要。本书是值得一读的好书。

——利惠商业（上海）有限公司总部正价渠道运营经理
张婷婷

李化南以他十几年零售行业的经历为基础，运用MBA学习时掌握的理论写成了这本相当务实的《从导购到总监》。

难得的是，李化南用简洁准确的语言把零售行业的每个板块都进行了细致的剖析并给出操作工具，从而使从业者不但可以直接参照实践，还可以据此建立一套相对完整的零售思维体系。作为一个历史悠久的传统行业，零售行业需要这样有体系、有干货的好书来指导。

——绫致时装（天津）有限公司维沙曼品牌特许经营部前总经理
朱艳宁

零售的本质在于实践，品牌的成功取决于零售人的成长！优秀的品牌和零售人都在终端点点滴滴的基础运营领域长期耕耘，周而复始。当下，零售行业已进入围绕效益和效率的核心竞争时代，《从导购到总监》进一步提醒我们：零售人不仅要有方法、有态度、有眼界，还要躬身入局，回归实践！

——威可多零售总监
吴新生

"大道至简，衍化至繁。"服装零售行业没有较高的进入门槛，但其中成功的从业者，无一不是专注于细节刻画的"匠人"。《从导购到总监》既深刻阐述了服装零售行业各个岗位应掌握的技能，又详细说明了与各个岗位关联的运行规则。本书可谓在宏观上着眼、在微观上着手的佳作！对于刚入行的小白，本书是难得一见的工具类好书。希望这本书能帮助更多的从业者树立科学的发展观念，同时启发读者摸索出更多、更好的服装行业零售管理思路！

——名裳（北京）国际贸易有限责任公司营销总监

邹燕海

读完《从导购到总监》，我脑海中顿有画面感——零售人如何化茧成蝶，晋升为优秀管理者。十年磨一剑，实践出真知，期待本书能为零售者找到方向，助力企业培养更多优秀的零售人才，彼此成就。在此要祝贺李化南，期待他未来有新的优秀作品问世。

——谢瑞麟（广州）珠宝有限公司华南区域总经理

姜巍

作为一名同样从管培生成长起来并深耕零售行业十余年的零售人，我读这本书就仿佛在回忆自己的成长历程。零售行业很辛苦，这本书不仅可以帮你最快地梳理零售行业架构，建立零售门店管理思维，还可以帮你提升团队管理能力，直接提升业绩。说本书像"零售百科全书"也不为过！如果你刚刚进入零售行业，相信这本书可以帮助你最快获得想要的业绩，当然这一切都需要你自己的坚持和努力。

——乐高玩具（上海）有限公司客户经理

赵琳

如果说零售行业是个"江湖"，《从导购到总监》就是值得随时翻阅的秘籍。李化南是资深的零售行业从业者，他以零售行业中的不同职位为阐述视角，通过阶段目标讲解、实战案例分析、大量工具分享等，深入浅出地展示了多品牌、各职位、不同阶段需要关注和掌握的核心内容。该书内容纯粹，方法落地，没有灌"鸡汤"，没有"前辈视角"，不似一般工具书那样枯燥，推荐零售人在不同阶段翻阅。

——上海之禾时尚实业（集团）有限公司区域经理

袁秋萍

李化南是我 14 年前的同事。在零售行业，我们一起从初出茅庐到目前各自在零售行业大展拳脚。他在本书中总结了大量实战经验，对近两年处于低迷状态的零售行业而言，本书是强心剂，更是指明灯。

——老佛爷百货北京西单店零售运营总经理

席东红

零售竞争力提升的根本在于人

欣闻化南在 2022 年春季上海新冠疫情防控期间潜心著述，完成了《从导购到总监》的创作，本人非常高兴为这本书作序。在 2017—2019 年，化南百战归来，在未名湖畔、博雅塔下潜心读书，当时我是他的老师；毕业后化南重回职场，我与他保持着联系和交流，对于化南我可以说是亦师亦友。

化南在民营和外资品牌都有过零售端的从业经验。他在工作中不仅精于思考、总结，也勤于梳理，还乐于分享，善于表达。书如其人，《从导购到总监》这本书的特点在于其可读性、实操性和系统性。

就可读性而言，化南针对零售门店导购、店铺经理、区域经理和零售总监等人员常面临的挑战、关注的问题和实用的技能，分别从"销售十八式""店长八法""区经六会""总监九知"等四方面提供了成套的提升之道，便于分拆研习。

就实操性而言，我看到过化南早期从渠道建设等角度对零售工作做出的系统梳理，但是这一次，作为他的第一本专著，《从导购到总监》面向的是人，即立足于在零售体系中从导购到总监这样一系列不同角色的人才，探讨了零售从业人员自身的管理认知、方法论和技能提升之道。相信这一视角更贴近读者，更能激发读者在结合自身实际工作中所遇到的问题从而寻求解决方案和提升之道时产生更多的共鸣。

就系统性而言，化南对各级零售管理工作中十分具象的管理活动条分缕析，并在此基础上提炼出了"四维零售运营管理系统"，进而对该系统的组成部分逐一加以讨论和阐述，使得读者既可以结合实践对零售职能进行有针对性的加强，又能把握全局，在整体上构建和提升零售体系能力。

从2020年初开始蔓延的新冠疫情使得零售业受到较大影响。中国的传统文化和智慧告诉我们，危机相伴，危中有机。正如巴菲特在伯克希尔·哈撒韦公司的股东大会上所说的，最好的价值投资就是投资自己。于零售人而言，面对复杂多变且充满不确定性的环境，慢下来也许可以让自身基于直接经验进行更多复盘与思考，同时还要善于学习他人的经验与教训，并结合自身的特点加以借鉴和融合，从而指导自身开展更具创造性的实践，避免在日常工作中囿于简单的劳碌和重复，进而实现自身价值提升。于企业而言，零售人才在技能、认知方面的提升，会为其所服务的品牌和企业提升零售表现与市场绩效做出贡献。企业的竞争力来源于其资源和组织能力，而企业经营管理的决策和执行都离不开人才。因此，品牌和企业零售竞争力的重要源泉是不断精进的导购、店长、区域经理和零售高管们。化南基于自身在零售领域的长期实践和深入思考，撰写了兼具可读性、实操性和系统性的零售管理体系提升之道。相信读者通过研读、应用和整合书中所论述的招式，并在实践中加以检验和判别，可望走上融会贯通的精进之路，为自己、为品牌、为社会创造更多价值。

是为序！

北京大学光华管理学院组织与战略管理系副教授

北京大学管理案例研究中心联席主任

王铁民

中国零售业升级的关键是人才升级

中国的商业活动始于农耕时代，曾达到相当发达的程度。在国际贸易方面，始于汉代的丝绸之路更是中外闻名。通过这条贸易路线，中国的丝绸、茶叶等商品被传播到世界各地，形成了繁荣的商业交易。

新中国成立后，由于计划经济的实施，零售业进入了三十年左右的平淡无奇阶段。改革开放之后，中国的零售业不断发展壮大。从传统的集市、街边小店到现代的商业街、百货商场、购物中心、专卖店，中国零售业经历了蜕变和革新。特别是进入2000年之后，电子商务异军突起，淘宝、天猫、京东、唯品会、抖音、拼多多各显神通，各具特色，交易规模不断扩大，模式创新异彩纷呈，中国的网络零售业领先全球。

但是，受传统思想的影响，零售业一直不受人待见，高学历有才华的人似乎都不愿意进入零售业，而是更愿意去攀科技、金融的大树。比如，中国大学的管理学院、商学院还没有零售类本科专业，而只有管理学、市场营销、会计学等通用学科。但在欧美、日本等发达地区，零售类本科专业开设已久，甚至还细分出时尚零售、奢侈品零售、快消品零售等零售业不同领域的专业。这说明，我们对零售业人才的重视是不够的，对零售业重要性的认知还有待提升。

在现代社会的运行体系中，零售业扮演着至关重要的角色，它是连接品牌和消费者之间的纽带，也是商业运作中至关重要的一环。时至今日，零售业也被新技术和大数据赋能，呈现出新的面貌。比如，传感器、智能摄像头、RFID等在门店流量监测、用户行为获取、动线设计、陈列方面的应用；再比如，大数据对选品规划、供应链预测等方面的广泛渗透；还有，直播电商兴起后，主播与用户实时互动，大数据实时调控人、货、场，让零售业具备了科技与时尚元素。

正因为零售业的创新变革，以及消费驱动型经济增长模式的形成，零售业正得到越来越多优秀人才的青睐。但是，客观上说，零售业的从业者水平参差不齐，其知识和技能水准也亟待提高。所以，选择一本靠谱的工具书，在实践中思考、在思考后落地是提升自己的最佳途径。《从导购到总监》这本书完整呈现了零售业从基层到高层各个岗位的知识体系和工作技能，为零售从业者提供了宝贵的指导和启示。

本书作者李化南从事服装零售业十余年，从店铺终端起步，曾任职于多个外企服装品牌，包括维莎曼（VERO MODA）、ONLY、蔻驰、ESPRIT和斯凯奇等，还亲自负责过英国女装品牌NEW LOOK中国区150家零售店铺的管理运营工作，可以说实战经验非常丰富。

在这本书中，作者以极具条理、逻辑清晰的方式，将零售业的各个核心岗位分门别类地呈现在读者面前。从销售顾问的"销售十八式"到高层管理者的"总监九知"，每一篇都如同一块拼图，共同打造了一个清晰而完整的零售运营管理系统。

在这个充满挑战和变革的时代，对于零售从业者而言，不断学习和提升自我是至关重要的。作为一名销售顾问，需要不断磨炼销售技巧，提升服务能力；作为一名店铺管理者，需要掌握"店长八法"中的各项核心管理内容；作为一名区域多店管理者，需要深入了解"区经六会"中的各个部分；作为一名高层管理者，需掌握"总监九知"中的各项重要内容。

这本书的每一个知识点都是作者十几年工作经验的深度总结，并广泛借鉴行业权威知识的成果。对于零售从业者，本书是难得的参考书。愿《从导购到总监》成为每一位零售从业者的良师益友，帮助他们在事业的道路上不断前行，书写属于自己的辉煌传奇！

杭州希疆新零售研究院院长

阿里研究院原副院长、阿里新零售研究中心原负责人

希疆（游五洋）

前言

截至目前已投身于零售行业18年，我非常幸运。我合作的大部分品牌都算得上是零售行业细分领域的龙头，也遇到过很多非常专业、非常职业的领导和同事。所以，我有机会获得一些指导和培养，从而总结了一套较为全面的零售知识体系。

但我很清楚，很多人并没有我幸运，因为零售行业里有句话，叫"教会徒弟饿死师傅"，你想学未必有人教。而且，从现实角度看，目前很多零售行业的中高层管理者往往都是从基层打拼上来的，大部分都是实战派、经验派。所以，他们未必擅长系统性带教，更倾向于让团队在实战中锻炼。这客观上导致大批零售行业从业者缺乏相对系统的零售知识，不得不在实践中一点点摸索和总结。

同时，大部分零售企业的培训体系也还停留在入职培训、新品培训、服务培训这些初级阶段，这也是导致行业人才发展滞后或发展不均衡的原因。

基于这个现实，我一直希望能够尽自己的绵薄之力帮助更多在终端耕耘的同行，为他们打开一扇新的窗户，并为其职业发展提供一些参考。

如果你是刚开始接触或从事实体零售行业的新人，是希望能够全面学习零售（实体）店铺管理的管理者，是非零售专业背景出身（如财务、商品、人力、设计师背景出身）的中层、高管或品牌创始人，是品牌代理商或准备做代理加盟业务的朋友，是正创业开店但不知如何管理的朋友……我相信这本书都可以在某种程度上帮到你。

本书由六篇内容组成，其中前四篇是针对销售顾问、店铺管理者、区域多店管理者、高层管理者这四个核心零售岗位总结的知识体系——环环相扣，由浅入深，逐级展开，我称之为"四维零售运营管理系统"（见图0-1）。之所以称之为"系统"，是因为我相信随着零售行业的快速发展，里面肯定会有一些知识点和经验会被迭代更新，但其框架肯定是不会变的。

我相信，如果你能认真学习完整个体系，并通过系统学习增加自己所在行业细分领域的知识，你一定可以构建自己

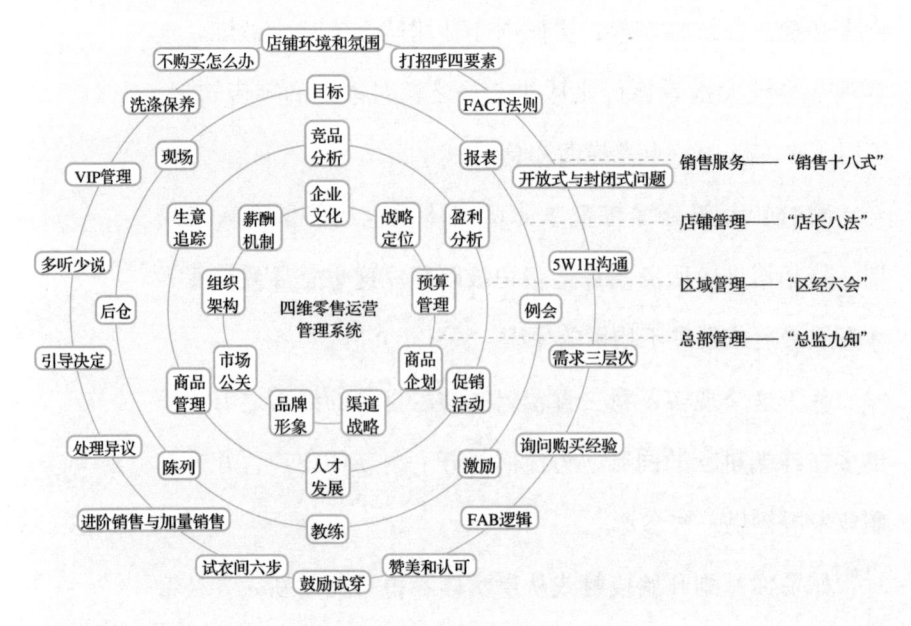

图0-1 四维零售运营管理系统

的运营管理系统。所以，我的主要经验虽然集中于服装零售行业，但我认为这个体系对于绝大部分零售品牌都是适用的，比如餐饮店、美妆店、超市、珠宝店、眼镜店、咖啡店……你可以根据自己所在的细分领域举一反三。

我先介绍一下各部分的梗概：

（1）销售顾问之"销售十八式"

对于传统店铺的销售顾问来说，他们大部分的时间和精力都要花在销售技巧和服务能力的提升上。这方面做好了，无论是卖衣服、卖饰品，还是卖房子、卖车子，其原理都是一样的。因为店长基本上都是从销售冠军升上来的，所以这一篇我只讲销售技巧。当然，也有些品牌不需要员工做销售，它们采用的是店铺职能管理模式，员工仅负责基础运营的不同板块，此类读者可以从"店长八法"开始看。

（2）店铺管理者之"店长八法"

这一篇由店铺终端的"目标""报表""例会""激励""教练""陈列""后仓""现场"八项核心管理内容组成，是为"店长八法"。掌握这些内容后，你将具备扎实的、全面的店铺运营基础知识，同时还可以获得各种提升店铺业绩的方法。

（3）区域多店管理者之"区经六会"

这一篇由"竞品分析""盈利分析""促销活动""人才发展""商品管理""生意追踪"六大核心部分组成，是为"区经六会"，更多的是强化区域管理者的生意分析能力和资源整合能力，在更高层面分析提升区域业绩的策略，帮助区域管理者避免把自己干成大店长。

（4）高层管理者之"总监九知"

这一篇由"企业文化""战略定位""预算管理""商品企划""渠道战略""品牌形象""市场公关""组织架构""薪酬机制"组成。这些内容基本涵盖了高层管理者的全部关注点，缺一不可，是为"总监九知"。其中与战略、财务、人力、市场、渠道相关的工作，并非我的本职工作，但由于我有幸参与过相关项目，且通过MBA课程和读书自学，我对这些职能工作有一定程度的实践操盘和理论学习，所以，我会从零售运营角度做一些经验或心得上的分享。

以上各篇的内容结构为什么这么定、为什么这么排序，各"开篇"部分有更详细的介绍。另外，新零售也是近些年很火的概念，我曾经参与过一些项目，会在第五篇分享一些相关心得。最后，对于零售管理的一些认知与深入思考，我将它们统一放在了第六篇中，仅供读者参考。

我知道很多店铺终端同事都有"阅读困难症"，所以篇幅上我做了较大的精简，表述上也尽量通俗、口语化。大家可以每天读几节，也可以当作工具书放在店铺，根据个人情况和需求通过目录检索阅读。

最后，我想说，零售行业内高手如云，且零售管理并无标准答案，如果有论述不当的地方或存在一些纰漏，还请各位批评指正。

李化南

第一篇　销售顾问 / 1

　　开　篇 / 3
　　第一节　"销售十八式" / 4
　　第二节　神秘顾客调查表 / 26

第二篇　店铺管理者 / 31

　　开　篇 / 33
　　第一节　目标 / 34
　　第二节　报表 / 39
　　第三节　例会 / 63
　　第四节　激励 / 69
　　第五节　教练 / 76
　　第六节　陈列 / 82
　　第七节　后仓 / 88
　　第八节　现场 / 97

第三篇　区域多店管理者 / 103

开　篇 / 105

第一节　竞品分析 / 106

第二节　盈利分析 / 110

第三节　促销活动 / 116

第四节　人才发展 / 123

第五节　商品管理 / 131

第六节　生意追踪 / 144

第四篇　高层管理者 / 155

开　篇 / 157

第一节　企业文化 / 158

第二节　战略定位 / 162

第三节　预算管理 / 191

第四节　商品企划 / 196

第五节　渠道战略 / 202

第六节　品牌形象 / 220

第七节　市场公关 / 228

第八节　组织架构 / 245

第九节　薪酬机制 / 256

第五篇　浅谈新零售现状与展望　/ **269**

　　开　篇　/ **271**

　　第一节　痛点1：客流减少　/ **272**

　　第二节　痛点2：存货压力　/ **278**

　　第三节　痛点3：运营成本压力　/ **283**

第六篇　零售管理认知与思考　/ **287**

　　第一节　思维逻辑方面　/ **289**

　　第二节　职业发展方面　/ **293**

　　第三节　管理认知方面　/ **297**

寄　语　/ **305**

第一篇
PART ONE

销售顾问

销售十八式

适用对象

店铺导购/销售

零售培训师

店铺店长

管理培训生

刚入行的新人

开 篇

做过销售顾问的人都知道，销售流程可分为售前、售中、售后三个环节。服饰行业基本上这三个环节都会由终端员工统一负责，而一些高单价产品，比如软件、汽车、医疗等行业的产品，会把这三个环节拆分，建立专门的团队来管理，以确保每一个环节都能给客户提供更加专业和深入的服务。

销售服务流程的本质在各种销售类公司中的差异不太大，要想在服务流程上比竞争对手略胜一筹，那就要不断探索，而寻求差异化的服务体验标准，抓住瞬息万变的顾客需求才是王道！

本篇从个人经历出发，重点提炼一些终端店铺销售核心技巧，希望能给各位带来一些收获。"销售十八式"（见图1-1）是我根据实战销售经验和不同零售公司服务流程标准的精华进行的整合。

销售十八式
店铺环境和氛围 / 打招呼四要素 / FACT法则 / 开放式与封闭式问题 / 5W1H沟通 / 需求三层次 / 询问购买经验 / FAB逻辑 / 赞美和认可 / 鼓励试穿 / 试衣间六步 / 进阶销售与加量销售 / 处理异议 / 引导决定 / 多听少说 / VIP管理 / 洗涤保养 / 不购买怎么办

图1-1 销售十八式——终端销售技巧

第一节 "销售十八式"

1.1 店铺环境和氛围

也许你会问：不是要讲销售技巧吗，怎么上来就讲环境和氛围？其实，销售顾问要学会换位思考。顾客进入一家店铺首先看的必然是环境和氛围。假如顾客都不进你们店铺，你销售能力再强又有什么用呢？

关于店铺的环境，我们通常从空间角度，从上到下考虑。看灯光是不是打在货品上？货品是否整齐？中岛家具码放是否合理？店铺卫生是否干净整洁？橱窗是否吸引人？……这些都是顾客首先关注的内容。如果基础管理不过硬，顾客显然不会青睐你们店，尤其在百货商场，店铺一家挨一家，顾客往往不是每家都逛，而只是选择性地逛几家。

关于店铺的氛围，你会发现一个有趣的现象，就是"人越多的时候，人就越多，忙不过来""人越少的时候，人就越少，闲得要死"。如何制造"忙"的氛围，让顾客路过店铺时产生"进去看一看"的想法，我们需要重点关注如下几点：

（1）店铺是"活"的还是"死"的？

这句话不好听，但如果从顾客的角度想一下，你就会有同感。你会发现有的店铺无论什么时候员工手里都是有活儿的，员工时时处于忙碌状态（店铺是动态的）；而有的店铺员工就是在发呆、闲聊、玩手机（店铺是静态的）。你作为顾客，是选择"活"的店铺，还是"死"的呢？

（2）员工表情是"快乐"的还是"麻木"的？

人与人之间都是有磁场的。一个充满正能量以及快乐氛围的店铺，自然会吸引顾客进店。员工看到顾客时，目光呆滞、毫无热情，或者急功近利，看人下菜碟，都会导致店铺产生负能量，让顾客敬而远之。

（3）店铺是否干净整洁？

店铺就像一个人，干净利落的形象会为你带来好人缘。员工去店铺上班应该养成先在店外看看的习惯——灯光是否明亮？橱窗是否吸引人？橱窗玻璃是否干净？门头 Logo 是否正常发光？LED 是否正常运作？……大部分零售公司都有专门的运营检查清单，这是我们一定不能忽视的地方！

目前，越来越多的企业都在研究"五感营销"，其实这是一种提升环境和氛围舒适度的方法。要知道进店率是成交率的前提条件，没有目标顾客进店怎么会有高质量的成交呢？所以，与同事共同打造好的店铺环境和氛围是销售能够成功的第一步。

1.2 打招呼四要素

顾客进店后，适时打招呼是你留给顾客的第一印象。打招呼包含四个要素（见图 1-2）。

图 1-2 打招呼四要素

首先要确保自己的仪容仪表得体，要给人留下干净整洁的印象。这与你美不美、帅不帅没有关系。有些所谓的美女销售，站没站相，坐没坐相，妆容也不精致，发色也不协调，再漂亮也没用。尤其是服装销售顾问，衣服是否合体，熨烫是否平整，领口、袖口、丝巾是否干净都会给顾客留下好或不好的印象，都会间接影响最终的成交。

仪容仪表是顾客看你，而你看顾客需要用什么眼神呢？自信、亲切、坚定！如果顾客看到你的眼神，能读出这六个字，基本上你应该已经是一名优秀的销售顾问了。最不好的状态是不敢正视顾客的眼睛，或者眼神游离，这些都会妨碍你成为销售高手。我刚开始工作的时候，一位资深销售告诉我："顾客一进门，如果你们的眼神交流上了，这单大概率就成了，反之亦然。"后来他也晋升为区域经理，多年的销售经验让他总结出这样一条规律，必然有它的道理。

关于笑容，首先它不仅是给顾客看的，也是你自己是否快乐的表现，只有内心充满喜悦的人，才会经常保持微笑。而这样的状态，是能影响你身边任何一个人的，让人更容易亲近你、信任你。良好的店铺氛围倡导积极的心态，管理者更要以身作则。一个成天板着脸的管理者，不可能带出氛围良好的团队。

声音要清楚洪亮。很多品牌不重视打招呼的细节要求，让员工死背迎宾语，最常用的就是"您好""欢迎光临"。我曾让不同的销售人员说同样的迎宾语，其他同事都能分辨出哪个更好听、更舒服。逛过优衣库的人肯定会对他们的"欢迎光临"印象深刻，尾音上扬，清晰悦耳，没有让人产生任何不舒服。

另外，我们打招呼也要注意方法，要学会"擦肩而过打招呼法"，而不是只对自己接待的顾客打招呼。我通常给团队的要求是，只要对方是"活物"，就要打招呼！

1.3　FACT 法则

跟顾客打完招呼后，很多销售顾问的习惯是直接询问顾客的需求，比如"您想买什么啊？""看上衣还是看裤子啊？"，顾客往往回答"随便看看"，结果你吃了个闭门羹，一句话都不会说了。其实，好的销售顾问这时候要有很强的观察力，要能通过顾客的外在迅速思考，找到合适的话题切入点，然后再将话题逐步引到产品上，切不可操之过急。

所以在进入正题前，先要积累沟通素材，这个素材就是FACT法则（见图1-3）：要学会看面部（face，妆容、发型、年龄、性格……），看配饰（accessory，背包、首饰、手表、眼镜……），看着装（clothing，品牌、搭配、色彩、风格、尺码……），听语言（talking，沟通、口音、电话内容……）。通过对这些细节的观察和记录，我们能更深入地了解顾客的类型，在与顾客交谈的时候也更容易找到一个好的开场。

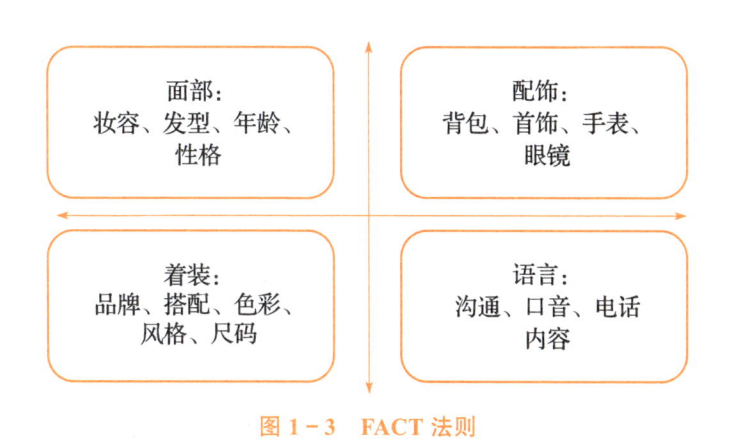

图1-3　FACT法则

大部分人都会在外表上进行一番考虑：一个女孩刚做了一个新发型，你第一眼就看出来，并给予真诚的赞美，相信她会很高兴，并乐于与你攀谈；一位西装革履的男性顾客多是附近公司的白领，或是要出席会议，你据此简单询问，顾客会比较容易与你打开话题。

很多服务流程标准都会对"破冰"进行培训，但前提是你要先观察好，想好说什么，不能生搬硬套。

之前遇到个真事儿，一个导购看到一个女孩和一个年纪较大的男人进店，上来就说："先生，您女儿真漂亮。"结果……所以，要学会用心观察，不要轻易下结论。

1.4 开放式与封闭式问题

假如你看到一个顾客，她的FACT特点是女性、30岁左右、穿黑色运动连衣裙（品质较好）、戴一顶棒球帽、基本素颜、身材保持良好、手里拎一个健身包。你怎么跟她打开话题呢？

你也许有几种开场方式，比如：

- 女士，您应该是刚健身完吧？
- 女士，看您的着装风格和身材，您应该是经常运动吧？是在楼上的健身房？您平时喜欢哪种运动呢？

我们要了解，第一种问题是封闭式问题，顾客可以用"yes"或"no"来回答；而第二种就是开放式问题，顾客可能需要回答具体内容，然后你再进行下一步交流。

对于刚认识的人，我们一般可以多问开放式问题，这样能增进关系，并获得较多信息，而封闭式问题是需要对方做选择时问的问题，往往在销售过程中比较靠后的环节才用。

关于开放式、封闭式问题的区别可以通过对比来发现（见表1-1），掌握这一区别有助于拉近与顾客的关系。通常我们会用开放式问题搜集有用信息，用封闭式问题锁定信息，在"5W1H沟通"部分中我会具体举例。

表 1-1　开放式问题与封闭式问题的区别

	开放式问题	封闭式问题
目标	从顾客那里得到额外信息	得到顾客简单扼要的回答，或是直接的答复
所获反应	得到的回答很广泛，所以需要进一步解释	可以用"是"或"不是"、"这个"或"那个"来回答
信息范围	如果提问得当，可以得到更丰富的信息	有局限性，可以用简单几个词来回答

很多员工天生具有"唠嗑基因"，所以他们与人聊天就非常自然。你如果有这样的同事，可以多学学他们都是怎样和顾客沟通的。

1.5　5W1H 沟通

我们与顾客的沟通是逐步渐进的过程，最终指向还是了解顾客的真实需求。而 5W1H[①] 就是很好用的工具（见图 1-4），除了与顾客沟通，日常管理中也会经常用到。

```
5W1H：使用开放式问题去发掘顾客需求
    ├─ What? 什么？
    ├─ Where? 在哪里？
    ├─ When? 何时？
    ├─ Why? 为何？
    ├─ Who? 谁？
    └─ How? 如何？
```

图 1-4　5W1H

为便于理解，我们用 5W1H 的形式分别提出开放式和封闭式问题，

[①] 5W1H 分析法也叫"六何分析法"，是一种思考方法，也可以说是一种创造技法，在企业管理、日常工作和生活中应用广泛。

就会产生如下句式（见图1-5）。可以看到，同样的问题采用不同的问法后，顾客给出的回答也是不一样的。比如who，"您是自己用还是送人？"，顾客通常只能回答"自己用"或"送人"，如果换个方法问，比如"您是买给谁的？"，那顾客的回答肯定就不只一两种，可能是父母、同事、老公、同学、客户……而这个信息显然要比你只知道顾客是自己用还是送人更精准，你也就更容易顺着话题继续沟通。

封闭式	开放式
您是自己用还是要送人？	您是买给谁的？
您是想选上衣还是选裤子？	您想选什么款式？
您是上班穿还是休息时穿？	您打算什么场合穿？
会议是在今晚吗？	您什么时候参加会议？
您很喜欢去周边旅游？	您为什么喜欢那里？
您老公平时穿得比较正式还是比较休闲？	您老公平时穿什么风格的衣服？

图1-5 封闭式和开放式问题

通过开放式、封闭式问题以及5W1H的提问形式，我们要达到三个核心目的：

- 拉近与顾客的距离
- 了解顾客的需求
- 分析顾客的实力

实际工作中，销售顾问往往会遇到这样的问题：辛辛苦苦服务顾客1个多小时，最后顾客非得要你再打个折，没折扣就不买，或者非得再要个赠品。出现这种情况，通常就是你没与顾客拉近距离，如果是很熟的关系，顾客不应该让你很为难。

另外，你给顾客试了好多条连衣裙，结果她反而买了条裤子，那可能是因为你服务的时候并没有把握顾客的真正需求，盲目推荐。

还有一种情况，你辛苦服务顾客半天，推荐的衣服他都喜欢，但结果顾客最后才告诉你他的预算不够，这就是你没有分析好顾客的实力。

所以，不要着急成交，先好好反思自己跟顾客是否建立了一定的信任，顾客的真实需求是否已精准掌握，你推荐的商品单价是否符合顾客的消费力。这些前期工作做足了，成交自然而然就会实现。

1.6 需求三层次

我在做店长的时候遇到过一个印象深刻的案例。当时一名同事服务一对年轻夫妇，原本这对夫妇是想买一个女包，结果最后走的时候，不但买了一个女包，还买了两个男包和一个女士钱包，总共消费 1 万多元！

我问这个同事他是怎么做的。他说女顾客买包的时候，他发现女顾客的钱包用了挺长时间，且功能性不强，于是向她推荐了与她选择的包同系列的钱包，她很满意（表达需求）。

后来这个同事与她老公聊天，发现他经常出差，而店里有一款新的商务包空间很大，于是做了推荐（潜在需求）。当然前提是，女顾客已得到了心仪的礼物，也很乐意让老公给他自己选一件。

再后来，他们聊到男顾客的同学最近要结婚，这个同事借机又推荐了一款包，建议他们送礼（潜意识需求）。

结果，原本只是一个 3 000 元的单，被他东问问西问问做成了 1 万多元的大单，对方还办了个 VIP，可见他对顾客需求的挖掘能力是很强的，这个案例也就成为深入挖掘顾客需求的典型。

顾客需求通常分为三个层次（见图 1-6）：

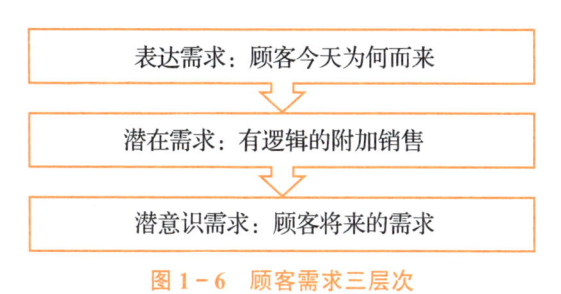

```
表达需求：顾客今天为何而来
        ↓
潜在需求：有逻辑的附加销售
        ↓
潜意识需求：顾客将来的需求
```

图 1-6 顾客需求三层次

(1) 表达需求

表达需求比较好理解，就是顾客直接告诉你他的需求。比如，他今天来看牛仔裤，可能没聊几句，就让你给他找合适的牛仔裤。这种需求最容易满足，只要把顾客的需求询问清楚，并详细介绍适合对方的产品，你就能做成这单。

(2) 潜在需求

潜在需求通常是由搭配附件的逻辑产生的，因为同一个品牌的服装往往需要搭配起来整体看才能达到最佳效果，所以通过给出这方面专业的建议，顾客有可能会购买成套搭配的衣服以确保最满意的效果。

另外，也可以根据顾客的职业特点，了解他经常出席的场合，从而推荐适合他不同场合使用的产品。

(3) 潜意识需求

潜意识需求听起来比较玄乎，其实就是你通过与顾客沟通"生活化问题或非销售问题"[①]得到一些参考信息，并进行产品推荐。就像我前面举的例子，销售顾问与顾客攀谈后得知这对夫妇近期可能要参加同学的婚礼，借此给顾客推荐也就顺理成章。送对方钱包既能帮他们赚足面子，花费又比份子钱少，何乐而不为呢？

所以，挖掘顾客的潜意识需求必须建立在你与顾客已建立相互信任的基础上，同时你推荐的产品要合情合理。有的时候很多销售顾问给顾客推荐产品，就是让顾客多试，就是告诉顾客自己的产品多么好，而不考虑顾客的真实需求。这都会让顾客感到销售意图过于明显，其实并不利于成交。

1.7 询问购买经验

销售顾问很容易采用直奔主题（产品）的销售方法，其实这是缺少

[①] 关于与顾客"破冰"、认可与赞美顾客、拉近与顾客的关系、了解顾客的需求等问题的统称，不同公司会有差异。

经验的表现。

真正优秀的销售顾问通常采用"直奔顾客"的方式，简单来说就是"顾客永远比产品重要"，这句话一定要记牢。

询问购买经验就是一种逐步向产品过渡的方式，你可以询问顾客：

- 是否购买过本品牌的产品？
- 在哪家店买的？
- 买的是哪款产品？为什么？
- 使用的感觉如何？有没有什么建议？
- 如果没买过，通常会选择哪些品牌的同类产品？
- ……

通过询问这些问题，你也可以达到我们之前提到的5W1H的三大目的，即拉近距离、了解需求、分析实力。同时，你也能更好地了解顾客的喜好和倾向，在后续推荐过程中这也是可以利用的信息。

再次强调，在不了解顾客情况的时候不要胡乱推荐，只有掌握了顾客的全面信息，自己才能立于不败之地。

1.8 FAB 逻辑

FAB是大部分销售顾问都应该掌握的一种产品介绍方法，即围绕产品的特点（feature）、好处（advantage）和优点（benefit）进行介绍。如果连这个基本功都没掌握到位，最好别去做销售顾问，否则顾客问什么你都不懂，就显得很不专业。

对于FAB，区域经理要经常抽查，店长要带店员多练习。只有多练习，熟能生巧，才能做到灵活应用。FAB的练习方法有很多，我将在第二篇第五节进行讲解。

我们先来了解一下怎么理解FAB。特点即差异，例如两件衣服放在一起必然有区别，而这个区别就是产品的特点。有了特点，自然就要考虑这个特点本身是不是优点，由于不是所有特点都是优点，所以要择优使用。产品有了优点,就要看它能给顾客带来哪些好处,即如何将产品的优点与客户需求挂钩,若产品的优点和顾客需求不符,优点也可能是缺点。

一定要注意,FAB 的关键是"B",否则即便你把产品夸上天了,但跟顾客一点关系都没有,也是白搭。

那如何找到产品的特点呢?就像我们评价一个人有什么特点一样,每个人看问题的角度不同,发现的特点也不同,而你无法预计下一个顾客最关心的产品特点是什么。这时,你只有一个方法,就是把全部特点找到,一个不落。这样就能做到兵来将挡,水来土掩!

关于服装的特点,我将其归纳为如下几个方面。建议按照由远及近的逻辑记忆(见图 1-7),想象自己从店铺外走进店铺然后触摸商品的顺序。可以先说流行趋势,再说款式风格,然后讲色彩搭配,再通过实际触摸介绍面料工艺,随后翻看产品看细节做工,最后注意讲解洗涤保养说明。如果你平时这样练习 FAB 逻辑,你对新品知识的掌握一定很到位,必然能达到出口成章的效果。

流行趋势	款式风格	色彩搭配	面料工艺	细节做工	洗涤保养
• 品牌定位 • 设计理念 • 国际品牌	• 款式大类 • 剪裁效果 • 顾客风格	• 色彩说明 • 流行趋势 • 搭配原则	• 材质特性 • 混纺效果 • 特殊工艺	• 缝线拼接 • 领口袖口 • 面料肌理	• 洗涤方法 • 日常保养

图 1-7 服装特点逻辑

1.9 赞美和认可

好的销售顾问要有两把"刷子",一把叫"赞美",一把叫"认可"。你如果能有这两把刷子，估计就所向无敌了！

"赞美"就是赞美顾客，切忌过多赞美产品，一定要把这个毛病改掉。一说赞美顾客，有些销售顾问顿时就傻眼了——我就是卖货的，怎么夸顾客呢？

顾客试好衣服走出试衣间，作为销售顾问你肯定会说："您气质真好！""您身材真好！""您皮肤真白！""您穿这衣服真漂亮！"……当然，这确实是一种夸赞，但如果只限于这个水平，那赞美也不能成为你的制胜法宝。原因很简单，顾客去哪家店听的都是这套，都听烦了，也不觉着有多真诚，自然也就不会被你打动。

赞美必须建立在真诚和细节之上。比如，说顾客的包好看，不如说"这是某某品牌的最新款，您眼光真好"；说顾客皮肤白，不如说"您皮肤很有光泽，真是天生丽质"……总之，夸赞必须是在充分观察并了解顾客后进行的，切忌"泛""俗""假"。

对顾客的认可其实是销售顾问换位思考能力的体现，千万不要否定顾客的任何判断。比如，顾客说衣服贵，你非说不贵；顾客说显胖，你非说显瘦；顾客说再看看，你非让他现在就买；等等。不管你的理由有多充分，切记这些都是你自己的判断，而不是顾客的判断。所以，不要轻易否定顾客，但这也不代表顾客说什么就是什么。你要能听出顾客的话外音：顾客觉得显胖，也许只是很少穿白色衣服；顾客觉得贵，也许只是试探你有没有折扣或者只是顺嘴一说。不论怎样，我们都要耐心倾听，你可以稍后分享自己的看法。

我们还要学会把"名字"用起来。有人曾做过调查，人们认为陌生人之间最大的赞美就是直呼对方的名字。如果你能问出顾客的姓名，并能自始至终用顾客的姓名称呼他，那顾客对你的服务印象一定很好。住过五星级酒店的朋友也许会发现，当你在餐厅用过餐，或住的时间较长时，服务生都是能用姓氏直接称呼你的，这种体贴能让顾客产生受到了"专属服务"的感觉。

1.10 鼓励试穿

"顾客走进试衣间，就说明这单有 50% 的成交可能性"，这是服饰销售过程中非常重要的一个拐点，因为顾客若连衣服都不试，就更不会买了。所以，虽然试穿后顾客仍然有很大可能性不买，我们仍然要学会鼓励顾客试穿。

鼓励顾客试穿是很需要技巧的。销售顾问经常挂在嘴边的就是"您试试，您试试""欢迎试穿"等，但这些话术也只是建议，如果遇到不想试的顾客就不管用了。这时我们要把销售节奏放慢，延长顾客在店里的时间。我们必须要明白，顾客不进试衣间的理由很简单，要么是没看到合适的，要么是嫌麻烦，要么觉得店铺氛围不好，不想多待。

所以，我们要具体问题具体分析。对于嫌麻烦的顾客，我听过一个销售顾问这样说，"没关系，反正我们这儿试衣也不要钱"，用比较幽默的方式让顾客试穿。对于比较纠结款式的顾客，我们可以强调款式的版型很适合顾客的身材，上身效果必然好。

总之，要学会鼓励顾客试穿，千万不能犯懒。有时候逛商场，看到有些销售顾问连"您试试"这种话都懒得说，那真是销售无望了……

1.11 试衣间六步

终于把顾客请进试衣间了，但千万不要大意，因为试衣间的体验对于成交帮助很大。我总结了一个"试衣间六步"，分享给各位。

领

我们要学会引领顾客到试衣间。要五指并拢，手心向上，朝向试衣间，并在顾客前方 1.5 米左右带路，直到将顾客领到试衣间门口。

解

在带路的过程中，要帮助顾客拿好衣服，并麻利地把扣子或拉链提前解开，增加顾客试衣的便利。

挂

自己先进入试衣间，帮顾客把衣服挂好后再出来。

摆

看看试衣凳和试衣鞋的位置是否方便顾客使用，若物品凌乱，帮顾客摆设整齐。

问

等顾客试衣一段时间后，轻敲试衣间的门，询问顾客尺码是否合适，不合适马上帮顾客找合适的尺码。绝对不能让顾客穿自己衣服出来，否则再想让顾客进试衣间就难了。

整

顾客走出试衣间的时候，要迅速帮顾客整理细节，比如挽裤脚、系腰带（丝带）、抻展衣服等，要让顾客在照镜子的一瞬间展现完美的形象。

很多销售顾问觉得自己"嘴笨"，不适合做销售。其实，你如果能把这些细节做到位，也会给顾客留下深刻的印象。要知道没几个品牌的销售顾问可以做到这么细，所以，只要贵在坚持，任何人都能成为销售高手。

1.12 进阶销售与加量销售

进阶销售和加量销售最考验销售顾问的耐心和信心。同一个顾客，同样服务半个小时，顾客有可能只买一件，也可能买多件；可能花 1 000 元，也可能花 3 000 元。火候的掌握完全在于销售顾问是否能够充分利用好进阶销售和加量销售技巧，这也是衡量老手和新手的关键。

先说进阶销售。比如，店铺中类似款式的牛仔裤有 699 元、899

元、1 299元三个价位，区别主要是面料和工艺。聪明的导购一定会向顾客强力推荐1 299元的款式，但必须注意，不能让顾客察觉到。而且要善于把握顾客心理，顾客对高价款如有犹豫，可以及时推低价款，但不要说出来，否则顾客会很尴尬。所以，一定要清楚了解顾客的购买力，之前与顾客聊"非销售问题"时收集的信息在这里就产生很大作用了。

加量销售不单单指成套搭配。我们希望搭配好一套衣服后，顾客能再买第二套、第三套，或者为这套衣服购买腰带、皮包、首饰、围巾，这对于提高连带率（units per transaction，UPT）会有极大的推动。

加量销售时也要注意顾客的状态，要在他购物心情较好、不着急走的情况下推荐，不要让顾客感觉你是为了销售而销售，这样很容易破坏顾客对你的第一印象。

所以，要沉住气，不断地尝试进阶销售或加量销售，没准儿会给你带来高回报。当然，即便推荐后顾客不买，加量销售本身也是一种聪明的"成交建议"策略。因为，在顾客犹豫买还是不买的时候，你还推荐其他产品，就有一种侧面施压的效果，潜台词是"我认为这件商品你肯定要了，再给你看看其他的"，这时顾客往往也会迅速做出决定。

进阶销售与加量销售是销售博弈的过程。足够自信和具备丰富的技巧会使你销售功力大增，有更多的胜算。

1.13 处理异议

销售进行得很顺利的时候，顾客往往会提出一些异议。解决得好，此单成交，稍有不慎，则可能前功尽弃。

顾客异议归纳起来有五大类（见图1-8）。

图 1-8 常见的顾客异议分类

对于顾客经常提的一些异议，建议大家总结出最优回答，并在实践中应用。回答要尽可能简练，要充分围绕品牌的"战略定位"和"价值主张"来设计话术。也可以买一些专门处理顾客异议的参考书来借鉴。

下面我们看一下服装类销售顾问经常会碰到哪些顾客异议：

（1）价格类异议

- 顾客：这款太贵了吧？能不能有些折扣？
- 顾客：其他品牌都在做活动，你们怎么什么活动也没有？
- 顾客：你们现在老做活动，都不敢买你家衣服了，买完就打折！
- 顾客：你看某品牌，虽然比你们便宜好多，但东西看起来也差不多！

（2）专业类异议（试穿后说）

- 顾客：这套搭配适合我吗？跟我平时的风格差异太大了！
- 顾客：这个颜色不适合我吧？显得太年轻了吧？（显得太老了吧？）
- 顾客：这个尺码穿起来太小了吧？（穿起来太大了吧？）

- 顾客：这次你让我买这么多衣服，我穿不过来啊！
- 顾客：这套衣服可能不适合我现在的工作，太休闲了！（太正式了！太时尚了！……）

（3）产品类异议

- 顾客：你们最近的产品质量不行，都不敢买了！
- 顾客：我经常买某品牌的衣服，我觉得它们的东西比你家的好！
- 顾客：以前我都穿你们的衣服，现在感觉选不到适合我的了，款式太年轻了！
- 顾客：你们的衣服款式没有以前好看了，选不到喜欢的！
- 顾客：这件衣服我才买的，穿了一次，就出问题了！

（4）服务类异议

- 顾客：你先忙吧，我就是随便看看！
- 顾客：算了，试了这么多，没有合适的，改天再来吧！
- 顾客：我改天带我爱人（朋友）再来看吧，今天先不买了！
- 顾客：作为你们的会员有什么福利呢？
- 顾客：我买了这么多，送我个赠品吧？

（5）品牌类异议

- 顾客：你们什么品牌啊，我都没有听说过，价格还那么高！
- 顾客：你们的产品不是国际大牌，还卖那么贵！

销售顾问如果把以上问题研究明白了，想好对策，一定会给终端成交率带来非常大的帮助，因为销售顾问就是要引导顾客消费并消除顾客消费体验中产生的种种异议。顾客什么异议都没有，那就只有买了嘛！

1.14 引导决定

很多人不明白如何引导顾客做决定，或者为何要引导顾客做决定。

我举一个亲身经历的例子。我刚在店铺实习时，看到一名导购这样接待他的老顾客：当那个顾客正要看一件衣服的时候，这名导购直接跟顾客说："这款你也看？穿了得老10岁！你跟我来吧，我给你选！"结果顾客还真乖乖地跟他去看其他款式了。当时我惊呆了，心想还能用这种方式跟顾客说话，关键是顾客还不生气。我想这绝对是建立在双方十分信任的基础上，在这种情况下双方进行的是朋友式的沟通。

引导顾客做决定通常会用在成交建议方面，尤其是对那些很纠结的顾客。我最常用的方法有如下四种：

（1）附加法

若顾客在是否购买某一件商品时产生犹豫，这时不妨给他进行附加推荐，往往能从侧面促进成交。

（2）排除法

当顾客陷入多个选择中时，你要能准确把握顾客的潜在倾向，尽快帮顾客排除那些他大概率不会买的款式，迅速实现成交。切不可建议顾客全部买下，这样很容易影响你们之间的信任。

（3）介绍洗涤说明

当顾客在试衣镜前纠结的时候，我建议你尝试跟顾客简单介绍洗涤说明，因为这样会给顾客一种暗示："我认为你应该会买的"。通常介绍完了之后，想买的顾客一定会买，不想买的顾客也会尽快结束试衣。

（4）ABC法则

当你已经用尽浑身解数，顾客还是不买单的时候，你可以借助其他人的话来协助你，比如店长、陈列师或其他顾客……他们就相当于你们之间的第三方。你直接跟第三方说："你来看一下这位顾客穿这件衣服是否好看。"他们说一句有时比你说十句都管用，因为有些顾客就是疑虑重重，他知道你要赚他钱，自然很难相信你的话。而非直接利益相关者说的话，就显得很重要。

1.15 多听少说

不只是销售行业，只要是与人交往，倾听的能力就非常重要。很多人觉得那些演讲家或者口才很好的人才是有能力的。其实，"大音希声，大象无形"，会倾听的人，虽然不说话或很少说话，但一开口便占据先机。很多谈判大师往往不是用强势的方式压制对手，而是引出很多开放话题，等对方充分表达了，他才说几句，一招致命。这才是高手！

那如何做到有效倾听呢？需要销售顾问把握好如下几个方面：

（1）肢体

你的肢体语言很重要，当别人说话时，你的身体要保持前倾，脚尖要朝向对方，不要抱着胳膊或背着手。

（2）眼神

要直视对方的眼睛或者眉心，眼神不要闪躲或游离。这样能体现你的专注和自信，让对方愿意跟你多交流。

（3）给予反馈

要学会在适当的时候重复和总结对方的话，求证自己的理解是否正确。

（4）不要打断

千万不要打断对方的讲话，同时，要有一些回应，比如"嗯""是""我理解"……，对方说得越多越好。

一位销售同事在处理顾客退货时，就很耐心地微笑着倾听顾客的质疑，直到顾客火消了，再帮他处理。其实问题并不大，结果顾客不但没退货，还又买了几件衣服，这就是倾听的价值。

1.16 VIP管理

现在几乎没有品牌不做VIP管理，但水平上绝对有质的区别。有的品牌定期给VIP顾客发送促销短信，有的品牌定期给VIP顾客搞专场售卖，还有的品牌通过VIP卡让顾客享受特殊的折扣和福利。不管用哪种方法，还是所有方法都用，我们是否真正实现了VIP管理的核心目标呢？

图1-9呈现了VIP管理的增长模式。左图表明，当我们着力发展新顾客的时候，虽然客群貌似在增长，但同时会失去一批老顾客，这是很多品牌过于关注"新顾客—增量"而不是"老顾客—存量"导致的情况。

我们做VIP管理要用右图的模式，即"同心圆"模式：把老顾客锁到中心，然后把饼越做越大。

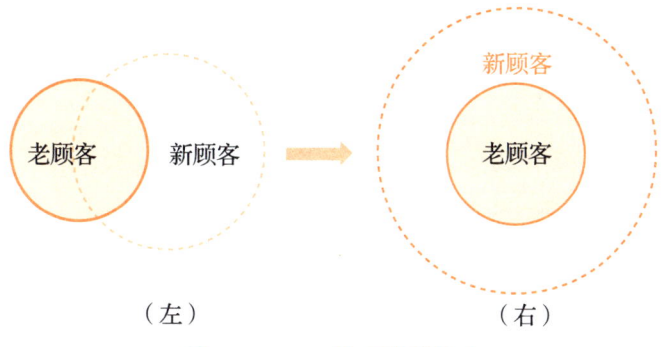

（左）　　　　　　　　（右）

图1-9　VIP管理增长模式

所以，能否留住老顾客是VIP管理的核心，能否将新顾客发展成老顾客则是VIP管理的方向。关于VIP管理的具体方法，我后续会在"总监九知"中的"市场公关"中讲解。至于终端销售服务，要学的VIP管理相对简单，归纳下来包括如下几个方面：

- 介绍：要向顾客充分介绍公司的VIP计划，不管顾客是否询问
- 促销：灵活使用VIP计划，既能促成大单，也能帮助顾客得到实惠或等级提升
- 信息记录：对于老顾客，要有专门的记录，包括他们的基本信息和购买情况，未来可以进行"私域"销售
- 持续沟通：要定期与老顾客沟通，嘘寒问暖，而不是仅仅发一些新品信息或促销信息

好的 VIP 管理除了可以为店铺贡献稳定的业绩，还可以为店铺和销售顾问带来意外的惊喜，尤其在月底就差 1 万元没有达到目标时，往往通过邀约老顾客就能完成个人或店铺当月指标。

1.17　洗涤保养

洗涤保养是很重要的环节，但又很容易被忽略。我们经常发现那些试了好久、买了不少的顾客，没过几天就回到店铺，说衣服有质量问题，洗完之后褪色。结果你一看洗标，上面要求的是干洗。顾客当然会说自己没看洗标，你也没提醒，要求退货。你会想洗标上写得清清楚楚，顾客为什么不看。不管怎样，出了这样的问题，结果往往只有一个，就是退货！

所以，千万别在成交后就觉得一切稳妥了，一定要给顾客详细说明洗涤保养注意事项。这样做有备无患，更重要的是能让顾客更加认可你的服务，并让他成为你的回头客。所以，对服务流程的细节必须见微知著，做到未雨绸缪，防患于未然。

专业服装销售顾问应该有基本的面料洗涤方面的知识储备，以及对洗标的解读能力，比如：要区分什么衣服必须干洗，什么衣服不能晒干，什么衣服必须冷水洗。

以下是一份洗标说明（见图 1-10），供大家参考。

1.18　不购买怎么办

当销售进行得非常顺畅，感觉马上要成交的时候，常会出现竹篮打水一场空的情况，顾客可能突然想起个什么理由就先不买了，比如：看看其他品牌，有个紧急事情需要马上离开，回家带老公来再看看……

对销售顾问而言，这是最考验心态的时候，务必要保持平和的心态，多倾听顾客的说法。如果顾客确实很难现在购买，不妨大大方方送顾客出门。

干洗类	○ 干洗　　　　　　　⊗ 不可干洗
	Ⓟ 可用各种干洗剂干洗
熨烫类	⌒ 熨烫　　　　　　　⌒̸ 不可熨烫
	⌒· 低温熨烫（熨烫温度不能超过110℃）
	⌒·· 中温熨烫（熨烫温度不能超过150℃）
	⌒··· 高温熨烫（熨烫温度不能超过200℃）
洗涤类	⊔ 洗涤　　　　　　　⊔ 热水洗涤
	⊙ 冷水洗涤　　　　　⊔ 只能手洗
	⊔ 温水洗涤
干燥类	⊙ 低温转轮干燥　　　⊗ 不可转轮干燥
	⊙⊙ 中温转轮干燥
	⊙⊙⊙ 高温转轮干燥
漂白类	△ 可漂白　　　　　　▲ 不可漂白
晾干类	□ 干衣　　　　　　　⊟ 平放晾干
	⊔ 悬挂晾干　　　　　⫴ 随洗随干

图1-10　洗唛标记说明

但要尽量想办法留下顾客的联系方式，并告诉顾客由于他选的商品销售较好，会帮他先留货，如果他不要，告诉自己就行。一定要亲切，不能给顾客强势的感觉。这样顾客很有可能看一圈其他店铺，最终还是欣赏你的服务，并再次回来。

相比之下，有的销售顾问非常情绪化，顾客一说不要，脸马上拉下来，甚至有摔衣服的情况。这样非常不好，顾客即使再买，也绝不会找你，而且还影响你的心情，何苦呢！所以好的销售顾问拼的就是好的心态。

不论顾客是否购买，如果不是非常忙，都建议将顾客送到门外再回来。在日本，很多品牌店铺甚至会要求店员把顾客送到门外后，还要目送顾客走到10米以外再回来。这样一个简单的动作，真能做到的话，顾客下次再买东西的时候不找你还找谁呢？另外，如果被其他路过的顾客看到，他们是不是会因为你们的真诚服务而进来看看呢？答案是显而易见的。

最后，不管你的销售技巧、销售排名如何，切不可骄傲自大，轻视任何一个顾客，务必做好收尾工作。

第二节　神秘顾客调查表[①]

终端销售顾问每天都在店铺工作，一站就是一天，很辛苦，往往也会因为销售成交与否而影响工作状态。所以，为了确保店铺店员能够遵循公司的标准流程服务顾客，很多公司会请第三方的"神秘顾客公司"进行不定期的巡店考评，并设立相应的奖惩机制。

"神秘顾客公司"往往会从社会上招揽小时工（模拟消费者）开展这项工作。为了确保考评结果的公允，品牌公司需要提供一个明确的打分标准给其参考。"神秘人"会拿着问卷针对品牌公司指定的店铺在某些时段装作顾客到店铺购物，在全面体验后，凭着当时的记忆，完成打分，做好录音工作，并描述接待他的店员的形象特点，确保后期可以追溯。

品牌公司之后会收集反馈的问卷，了解各店铺的服务水准，进行公示，并给予店铺相应的奖惩。后期也可以通过汇总全部问卷反馈的问

---

① 神秘顾客调查表（secret shopper check list）是基于公司标准服务流程做的打分表，第三方公司用其培训模拟消费者体验店铺服务，并进行打分。

题，找到共性问题，开发相应的服务技能培训，或者升级改进服务标准流程。

我们讲的"销售十八式"中的有些内容是可以量化评估的，比如店铺环境和氛围、打招呼四要素、FAB逻辑、洗涤保养……也有一些是不太好量化的，比如5W1H沟通、赞美和认可、处理异议……所以，在设计问卷时就要进行充分的思考和调整，列出最核心的项目。

我不建议品牌公司在服务标准上采用拿来主义，这未必符合自身的服务理念，但以下两点应仔细考虑。

（1）差异化

服务水平上的本质差异并不意味着你要比竞争对手做得更好，而是要有不同。海底捞能在服务细节上与传统火锅店形成差异，靠的是增加顾客的惊喜体验，从而形成口碑营销。

（2）标准化

服务流程必须可以复制，不能依靠员工的某种个性天赋，比如，有的人爱聊天，有的人不爱聊天，你非得把聊天作为考核点，就是不够人性化。但你告诉员工要询问顾客是否消费过你们品牌的产品，并把这作为标准话术，那就要简单很多。或者像海底捞，为顾客准备头绳、手机套、眼镜布；或者像西贝莜面村，用沙漏倒计时，这些才是可以列入服务流程标准的条目。

以下是某奢侈品牌的神秘顾客调查表（见表1-2），各位可以结合我们这一篇的内容和你对自己店铺的理解试着量身定做。

表1-2 神秘顾客调查表

A：店铺环境		分数
清洁	店外的橱窗及门口是否清洁？（没有污迹、灰尘）	1
	店内的货架是否清洁？（随机抽查三个货架，没有垃圾、灰尘、手掌印等）	1

续表

A：店铺环境		分数
清洁	店内的陈列柜是否清洁？（随机抽查三个陈列柜，没有垃圾、灰尘、手掌印等）	1
	店铺内的地面及地毯是否清洁？（随机抽查三个地方，没有垃圾、灰尘）	1
	地毯是否被损坏？（随机抽查两张地毯）	1
整齐	靠垫是否整齐地放在椅子/沙发上？（随机抽查三把椅子/三套沙发）	1
	店内货架及柜台是否陈列整齐？（没有纸张、纸箱、碎布、产品目录，如果有的话，应整齐地摆放等）	1
照明	所有灯泡是否亮着？（随机抽查三个陈列柜）	1
店铺环境总分		8

B：销售顾问的仪表及态度		分数
仪表	销售顾问是否穿着整套的品牌制服？（随机检查三名销售顾问）	3
	销售顾问的打扮是否得当？（头发、化妆、指甲、配饰）	3
态度	销售顾问的态度是否让你感到亲切、舒服？	4
销售顾问的仪表及态度总分		10

C：欢迎及接待		分数
欢迎	你进入店铺的五秒钟内，是否有至少一名销售顾问主动跟你打招呼？	3
	在和你打招呼时，销售顾问是否报以笑容并和你有眼神接触？	2
	销售顾问是否表现出诚恳及亲切的态度？	2
接待顾客	从你触摸陈列架上的产品或显示出对产品有兴趣后，销售顾问花了多长时间才上前接待你？	2
	销售顾问是否向你做自我介绍？（介绍他/她的名字）	2
	销售顾问是否与你保持舒适距离？（引领你进行产品选购，没有跟在你后面，而是站在你前面面对着你或在你旁边与你交谈）	2
打开话题	销售顾问是否打开话题，消除你的拘谨？	4
	销售顾问是否跟你谈论你感兴趣的话题？	3
	销售顾问是否向你询问你的名字以及用你的名字称呼你？	2
欢迎及接待总分		22

续表

	D：探索、了解顾客需求	分数
探索、了解顾客需求	销售顾问是否主动询问一些和你需求相关的问题？	4
	销售顾问是否让你说明及解释你的需求？	3
	销售顾问是否询问你对该品牌的购买经验？	3
	销售顾问是否询问你的生活方式或对产品的喜好、要求？	5
探索、了解顾客需求总分		15
	D1：回应顾客需求	分数
主动提议产品	销售顾问是否根据你的需求主动建议、介绍产品？	2
产品知识	销售顾问是否向你说明某些产品/物品的特点及优点，及它们会如何满足你的需求？	3
	销售顾问是否鼓励你去探索产品？（如触摸、试穿、感觉……）	2
	销售顾问是否向你说明产品的材质？（100%棉；80%丝光棉；70%再生纤维素纤维）	2
	销售顾问是否向你建议如何使用产品？	1
	销售顾问是否向你详细说明产品的细节设计和工艺？（水洗技术；裁剪；领口；袖口；拼接……）	2
	销售顾问是否向你谈论品牌各系列的设计灵感或产品的风格主题？	2
	销售顾问是否向你说明如何洗涤产品？	2
回应顾客需求总分		16
	D2：附加产品销售	分数
附加产品销售	销售顾问是否向你展示其他的产品以满足你所提及的其他需求？	3
	销售顾问是否向你介绍每月最新产品？	1
	在你这次店访过程中，销售顾问是否向你介绍VIP会员计划？	3
	销售顾问向你推荐额外/其他产品的态度是否让你感到舒服？（没有让你感到有压力或催促你做决定……）	3
附加产品销售总分		10
	E：建立信任	分数
建立信任	（当你提出异议后）销售顾问是否表示明白你的异议/顾虑？	1
	（当你提出异议后）销售顾问是否尝试了解你的异议/顾虑？	1
	（当你提出异议后）销售顾问是否根据你的异议/顾虑做出正面的反应或给出正面的理由？	1

续表

	E：建立信任	分数
建立信任	（当你提出异议后）销售顾问是否说明/建议其他选择，并给出适当且有说服力的答案？	3
	建立信任总分	6
	F：引导决定（令顾客下决定）	分数
引导决定	销售顾问是否帮助你将注意力集中在某一类产品上，例如问"你比较喜欢哪个？""你觉得哪个比较适合你？""哪个比较符合你的需求？"，或用其他你在之前提出的理由。	1
	当你在选择产品时犹豫，销售顾问是否拿开你相对不需要或不喜欢的产品以帮助你集中选择？	1
	销售顾问是否说服你让你心动并想要购买？	3
	引导决定（令顾客下决定）总分	5
	G：售后服务	分数
售后服务	销售顾问是否提及任何售后服务，如保养、维修、退换等？	2
	售后服务总分	2
	H：不购买后的关系建立	分数
不购买后的反应	销售顾问知道你不会购买产品后有没有保持积极的态度？	1
	销售顾问的表现是否正面，如对你说"希望你再次光临"或"谢谢光临"？	1
	销售顾问是否给你店铺卡片、产品目录、名片、产品资料等？如果没有，请询问销售顾问（店访证明）。	1
	销售顾问是否给你再次光临店铺的理由或资讯？（适合你风格的新系列，或选购礼物……）	1
	销售顾问是否留下顾客的个人资料？	1
	销售顾问是否跟你进行个性化的道别？（结合服务的细节进行道别，而不是简单的"慢走，欢迎再次光临"）	1
	不购买后的关系建立总分	6
	总分	100
	GO2：请记录三个该店铺/销售顾问最令你欣赏的地方	
	GO3：请记录三个该店铺/销售顾问需要改进的地方	

第二篇
PART TWO

店铺管理者

店长八法

适用对象

店长

店主管

店经理

资深员工

中小代理商

开 篇

　　店长八法的第一步就是目标管理，这也是店铺管理的首要目标。为了达成目标，店长需要进行报表的解读和应用，更科学有效地开展管理工作。清楚目标并且准备好报表后，就可以进行例会管理，下达和分解目标，并结合店长八法其他板块的内容，有效传递信息，并确保团队成员达成共识。

　　销售是需要热情的。为了起到事半功倍的效果，店长要善于利用激励管理的奖罚手段，调动团队的积极性，也要像篮球教练一样，持续训练和培养团队成员。

　　以上都是"人"的管理。而一家优秀的店铺，形象的吸引力也十分重要，店长作为店铺第一负责人要善于陈列管理，要做到随需应变，不能只会等着陈列师上门服务，那样就会贻误战机。

　　后仓管理最能看出一名店长的条理能力和统筹能力，就像厨师，如果其厨房不利落、不干净，想找什么东西都找不到，那他绝对不是一名合格的厨师！

　　店长是一家店铺的灵魂，既是"将军"，也是"教练"；既是"监工"，也是"服务大使"。而这些不同的角色都是通过店铺的现场管理技巧体现出来的。

　　综上，店长八法（见图 2-1）涵盖了终端店面管理的精髓，缺一不可。

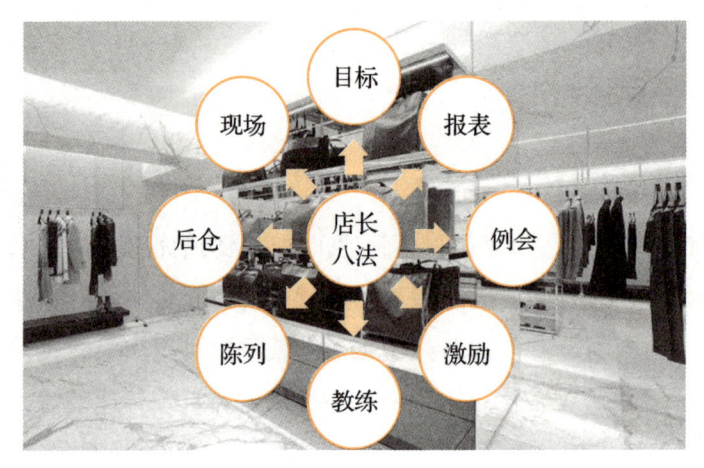

图 2-1　店长八法

第一节　目　标

讲目标之前我们先看一个故事：

1984 年，在东京国际马拉松邀请赛中，名不见经传的日本选手山田本一出人意料地获得了世界冠军。当记者问他凭什么取得如此惊人的成绩时，他说了这么一句话："凭智慧战胜对手。"

之后，意大利国际马拉松邀请赛在意大利北部城市米兰举行，山田本一代表日本参赛。这一次他又获得了世界冠军。记者又请他谈经验，他回答的仍然是上次那句话："凭智慧战胜对手。"

他的回答一直令人们不解。

十年后，谜底在山田本一的自传中揭开了。他是这么说的："每次比赛之前，我都要乘车把比赛的路线仔细看一遍，并把沿途比较醒目的目标画下来。比如第一个目标是银行，第二个目标是一棵大树，第三个目标是一座红房子……这样一直画到赛程的终点。比赛开始后，我就以百米的速度奋力地向第一个目标冲去；等到达第一个目标后，我又以同样的速度向第二个目标冲去。40 多公里的赛程，被我分解成这么几个小目标就轻松地跑完了。起初我并不懂这样的道理，我把我的目标定为40多公里外终点线上的那面旗子，结果我跑到十几公里时就疲惫不堪了，我被前面那段遥远的路程吓倒了。"

山田本一的方法就是店长八法第一步目标管理的内容。通常店长会在月初收到店铺当月目标，然后会拆分到人，拆分到日，或者拆分到时段，拆分得越细，制定达成策略时就会越清晰。

在这一节我们会逐一讲解如何制定月目标、日目标、个人目标。

1.1 月目标制定（可达性）

月目标由公司高层在做年度预算的时候制定，但因为做得比较早，且零售终端往往会有很多不确定的事情出现，所以，一般在最终下达到店铺前还会再进行一次微调。一般公司会要求预算总量不变，但可以在店铺间进行调整。

那我们应该如何利用这个机会，给店铺制定合理的月度指标呢？首先我们要收集如下数据：

（1）同比数据

根据之前几个月的销售趋势，比如对比前一年同期平均都是10%的增长，那么可以判断这个月对比前一年同期也是可以做到增长10%的，前提是前一年该月没有什么特殊情况。

（2）环比数据

如果没有同比数据，就要看过往几个月的数据，再结合淡旺季情况。比如5月有劳动节，做了50万元，那6月一般最多做40万元；同时也要看之前几个月店铺的达成情况，如果连续几个月大家都没拿到90%以上的奖金，那6月的目标就可以再稍微低一点，比如35万元，争取实现100%。否则长期达不成业绩，将会影响人员的士气和稳定性。

（3）盈利

每家店铺都会有盈亏平衡点（参考"区经六会"），理论上我们制定的目标是不能低于盈亏平衡点的。否则，就意味着公司不仅没赚到钱，还要支付员工的报酬，这个生意也就长久不了，除非是有战略意义或市场意义的店铺，公司可以接受短期的亏损。

（4）客流

如果某商场在某月开业或搞大型店庆，店铺之前虽然没有参与过，但根据对客流的预估，或同类项目的客流情况，也可以预估当月的销售目标。

通常，零售助理或区域经理可以用以上数据信息做一张表，并逐店进行考量，确保每一家店铺目标的合理性，即既要形成一定的压力，也要确保员工看到这个目标是有动力的。

当然，目标制定得是否准确，看最后的达成情况就知道了。一般实际完成后，如果大部分店铺的完成率能在90%～110%，就说明目标制定合理。因为只有店铺长期业绩完成稳定，人员到手工资稳定，人员的心态才能稳定。有些管理者目标定得不准，员工饥一顿饱一顿，这是最糟糕的情况。

按照店铺生意水平，可将店铺分为A、B、C三类：

● 对于A类店铺，最好留出一定空间，不要把目标定得过紧，因为此类店铺生意体量大、稳定性强，想有较大提升不是那么容易的

● 对于B类店铺，可以依据以往的销售数据逐步推进，争取能使其达到A类店铺的门槛

● 对于C类店铺，要明确底线，就是不到万不得已，制定的目标不要低于盈亏平衡点，那样就算完成了公司也是亏损

关于目标管理，我在培训的时候做过一个游戏：选一位男士上台进行立定跳远。刚开始目标设为1米，他很轻松就完成了，但也不会跳很多；调整到2米，他会摩拳擦掌努力尝试，但也就刚刚完成；突然调整到4米，他干脆就不想跳了……所以，好目标的定义就是"刚刚好""跳一跳能够到"。

1.2 日目标制定（灵活性）

日目标是月目标的合理拆分，那对于日目标的制定我们需要关注哪些数据呢？

（1）同比数据

与月目标一样，如果有同期的每日销售数据来参考是最方便的。零售助理通常可以根据前一年平日和周末的销售比重进行日销售比例拆分，这样通过 Excel 公式能直接将每日目标快速分配好，然后再进行微调。

（2）累计数据

可以根据阶段性目标的实际达成情况，调整之后的每日目标。如前期达成情况好，后期可以加码，让团队冲刺更高的奖金目标；如前期达成情况不好，后期则要根据预判调高或调低目标。调高是为了"还债"，但前提是有机会和潜力，否则员工就没有信心去冲了；调低是为了给员工一个可达成的日目标，确保团队保持信心，不要轻易放弃。

日目标的累计值应该略高于月目标（前提是月目标合理），这样店长手里还会有一些盈余，以确保店铺完成率至少可以达到 100%。

（3）周末（假期）数据

目标的制定要充分考虑周末、节假日、店庆日等特殊因素，因为可能某个节假日一天的达成情况就是平日的 3～5 倍。目标如果定低了，可能会影响人、货、场资源的筹备，导致错失销售机会。

如果是一些单日销售体量较大的品牌，如奢侈品牌、快时尚品牌、大店模式品牌，还需要制定时段目标。后面讲报表管理时会给大家介绍。

1.3 个人目标制定（公平性）

个人目标是基于月度目标进行分解的。一般来讲，店铺中除了支持性工种，如收银和库管，其他员工都是要背个人任务的。大部分公司也是通过跟进这个目标的达成情况来考核员工的业绩。

通常我们的做法是直接将店铺月目标平均分配给店里的所有员工，但在制定个人目标的时候也要注意以下问题。

（1）店长是否需要有个人目标？

对于一般的传统服饰零售品牌，面积不大、销售人员不多的店铺，店长要有个人目标，因为店长既要充当销售人员，又要以身作则激励团队，但目标应该比导购低一些。店长的奖金一般根据店铺达成情况考核，他个人的销售业绩可以作为奖励给到其他同事。同时，也不建议店长按照个人目标来拿业绩提成，或者增加对其个人业绩的考核，这样会出现店长跟同事抢业绩，或者只做自己的业绩，而不考虑全店的情况。

对于面积大、员工多、销售额高的店铺，店长要把重点放到统筹管理上，要把员工的销售潜力最大化地激发出来，这时候再给店长定个人目标，显然就不合适了。

（2）员工的目标是否都要一致？

店铺有不同的责任分工，例如，若采用DOR（division of responsibility，职能划分）管理（参考"总监九知"中的"组织架构"），那每个人的目标是要根据分管工作所占用的时间适当调整的。

对于新入职的员工，通常第一个月不需要定目标，除非有非常强的销售根基，否则，让他在没有充分了解品牌知识的情况下做销售，也是对顾客和生意的不负责。

（3）店铺严重缺编时怎么定个人目标？

这是比较特殊的一种情况，比如店铺实行1+4的编制，有20万元目标，正常情况下店长不背目标，另外4名导购每人背5万元，结果这个月突然2名员工离职，也没有人接替。在这种情况下，建议店长背6万元，两名员工各背7万元。如果中途有人员支持或入职，可以重新调整。

至于可能产生的人力成本问题，在这个特殊月份，也可以临时改为团队提成，即依据店铺整体完成率来计算每个人的提成，这样也能在特殊时期，让大家尽量团结一致。

综上，对于目标拆分管理，我们的原则是，月目标要具有可达性，日目标要具有灵活性，个人目标要具有公平性。相信按照这样的原则制定目标，团队成员也会心服口服。

第二节 报　表

报表管理上承目标拆分，下启例会管理。一名合格的店长要能清晰了解零售行业各种指标的意义，并能通过对这些数据的分析调整自身工作，使之变得更有效率。

本节我们首先讲零售四大核心指标，我认为这是零售管理核心中的核心，所有的零售知识体系都应该围绕这四个指标进行搭建，如此才能确保坚不可摧。

有了这些基本功我们就可以进入报表内容。报表分为"看的"和"用的"两种。我将分别举一些报表例子给大家参考，但并不是要教大家怎么用，而是给大家提供一些思路和灵感。大家可以结合自己品牌日常管理的需求进行灵活设计，切忌照搬。

2.1 四大零售核心指标（零售管理的本质）

从我入行起，所有人一谈零售就是人、货、场。这三点虽是对零售行业的高度概括，但是缺乏实际指导意义。

我们看以下计算逻辑（见图 2-2），从右往左：客流 × 成交率 = 单数；连带率 × 件单价 = 客单价；单数 × 客单价 = 销售额。

所以，如果你让我说零售的本质是什么，我会说：客流、成交率、连带率、件单价[①]。因为这四个数相乘就正好是我们的销售额，而销售额肯定是所有零售公司的"奋斗目标"或者说"生存的必要条件"。

---

① 这些关键业绩指标（KPI）的英文名称很多外企并不统一，但其本质都是一样的。

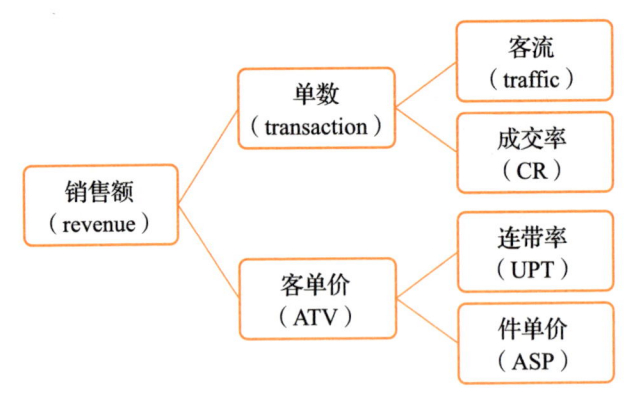

```
销售额（revenue）
├── 单数（transaction）
│   ├── 客流（traffic）
│   └── 成交率（CR）
└── 客单价（ATV）
    ├── 连带率（UPT）
    └── 件单价（ASP）
```

图 2-2　四大零售核心指标

举个例子，一家店铺当日进店 100 人，成交率为 10%，连带率为 2.0，件单价为 400 元，则当日销售额为（100 × 10%）×（2.0 × 400）= 8 000（元）。所以，当你希望当天的销售额可以做到 12 000 元的时候，只要其中任何一个指标提升 50%，或者各提升一定比例，累计达到 50%，这样就可以达到你的期望值 12 000 元。

那我们接下来看看有哪些提升策略。

（1）客流

客流应该是线下零售最头疼的一个话题了，往往很不稳定，那有没有什么办法抓客流呢？大家可以从以下几点来思考（见图 2-3）。

商场客流

商场客流取决于城市级别、地理位置、品牌组合、商场活动等因素，品牌方可做的非常有限，主要是在商务拓展阶段做好尽职调查，尽量把店铺开在客流有保障的商场。

路过客流

路过客流取决于店铺的位置、门头醒目度、商场指引等因素。如果商场有客流，但路过客流很少，就要进行分析，最简单的方法就是看看哪些品牌客流大、它们做了什么，也许能给你一些提示。

进店客流

进店客流取决于品牌力、橱窗陈列、入口陈列、活动宣传、店铺氛围等因素，是店铺可以重点把握的机会，店长应该经常进行观察和分析，测试哪种引流方式比较适合你的店铺。

回头客流

这一点大家往往都不太提，其实这类客流的成交率是最高的，所以，客流少的店铺不要只想着怎么抓新顾客，应该想想如何把现有的顾客维护好，逐步扩大忠实顾客群体，如此店铺的客流自然会越来越好。

所以，如果把客流设计成一道算式，那应该是：

- 商场客流 × 路过客流率 = 路过客流
- 路过客流 × 进店率 = 进店客流
- 进店客流 × 二次进店率 = 回头客流

所以，客流管理重点就是想想如何提高中间的这些"率"。

商场客流	路过客流	进店客流	回头客流
·城市级别 ·地理位置 ·交通状况 ·品牌组合 ·商场活动 ·节假日	·店铺位置 ·商场指引 ·品牌广告位	·品牌力 ·橱窗陈列 ·LED显示 ·DP陈列 ·门口迎宾 ·引流活动 ·促销活动	·产品力 ·CRM管理 ·服务流程 ·品牌宣传 ·消费券

图 2-3 客流提升策略

注：DP 英文全称为 display point，即展示点；CRM 英文全称为 customer relationship management，即客户关系管理。

（2）成交率

有了客流，我们下一步就该想想怎么将客流转化为成交，即成交率（conversion rate，CR）。计算 CR 时，分子是成交笔数，分母是进店客流量。不同类型服饰品牌的 CR 差异较大，一般在 5%～20%，主要取决于顾客购买行为的刚需性。可以想象，超市和餐厅的 CR 肯定会很高，感觉应该都在 90% 以上。

对于 CR，可以将其分解为四步进行分析（见图 2-4）：

进店

要思考如何吸引品牌的"目标定位人群"进你的店铺。如果你卖少女装，结果进来的都是中老年妇女，那你肯定是要反思的，这样只会增加你的分母，而不是分子。

停留

让顾客在店铺待的时间足够长，这样顾客能看全 SKU（stock keeping unit，最小存货单位），销售机会也会增加。所以，你去珠宝店，人家上来就给你"奉水"，就是想让你待的时间足够长。

试穿

我们卖衣服，经常说顾客只要穿上了，就能成功 50%，所以鼓励顾客体验产品十分重要。这时一定要关注服务细节的提升：拿货要快、尺码要准、搭配要稳。如果判断顾客有购买实力，且卖场客流也不多，建议团队服务，多拿多试，这样也能帮助你提高成交率。

成交

成交节奏要把握好，要有话术引导顾客，可以参考"销售十八式"的内容强化员工销售技能。

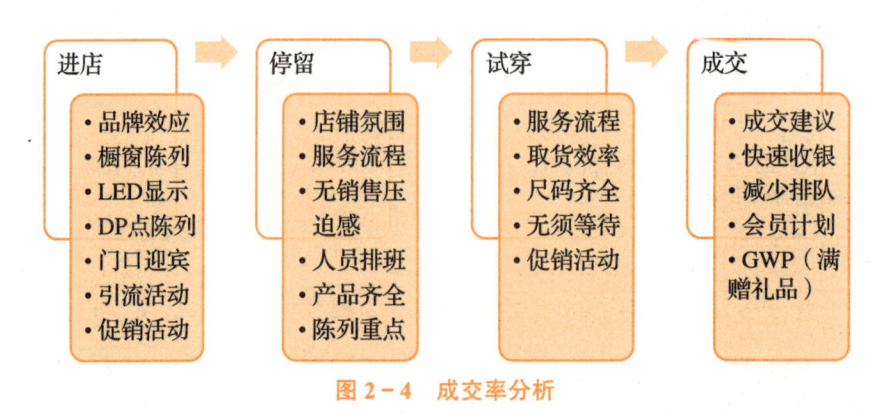

进店	停留	试穿	成交
·品牌效应 ·橱窗陈列 ·LED显示 ·DP点陈列 ·门口迎宾 ·引流活动 ·促销活动	·店铺氛围 ·服务流程 ·无销售压迫感 ·人员排班 ·产品齐全 ·陈列重点	·服务流程 ·取货效率 ·尺码齐全 ·无须等待 ·促销活动	·成交建议 ·快速收银 ·减少排队 ·会员计划 ·GWP（满赠礼品）

图 2-4 成交率分析

综上，店长如果想提升店铺成交率，就要勤于观察，看看哪个环节还有改善空间，从而制定有效的行动策略。

（3）连带率

连带率也叫搭配率（服装行业叫法），英文为 units per transaction（UPT），用件数除单数即可求出，一般在 1.5～3.0 波动。终端员工练习 FAB 逻辑，学习产品知识、搭配技能，都是为了拉高这个指标。高的连带率可以充分反映员工的专业技能水平和销售技巧。

如果想做好连带率，首先要把导购的思路打开。比如：我们去商场购物选好了上衣，导购通常会加一句话，"您要不要试试这条裤子"，相信 90% 的导购都说过这句话。其实他的逻辑很简单，就是"整身搭配"，外套、内搭、裤子、鞋子、配饰等连带也就上来了。当然还有其他角度，可以帮大家打开思路（见图 2-5）。

人	货	场
·技能培训 ·产品知识 ·搭配演练 ·员工形象 ·二次推荐	·产品组合 ·家庭 ·场景 ·单品 ·全套	·模特搭配 ·陈列组合 ·配件陈列 ·满减活动

图 2-5　连带率提升策略

家庭原则

比如你一件、爱人一件、孩子一件、父母一件这种推荐很适合品类齐全且有家庭购物的情况。一个导购如果忙不过来，也可以让其他导购或团队协助，很多大单都是祖孙三代一起买出来的。

场景原则

上班时一身，休闲时一身，运动时一身，如果你的品牌有很多系列，这是一种很好的推荐方式，还可以解决顾客每天不知道出门穿什么以及怎么搭的问题。

单品原则

顾客特别喜欢一件上衣，那就让他买三件，或者一个颜色一件。乔布斯早年看上三宅一生黑色高领衫，一次就买了 100 件，有些人就是有这种购物习惯。

全套原则

全套原则是大部分导购喜欢采用的方法，其实也是最挑战个人搭配技能的方法。要对色彩、款式、体态、肤色等有综合认知，导购才能给顾客搭配出最佳效果。即便如此，人和人的审美毕竟不同，你觉得好的，顾客未必能接受。

以上四种原则大家要灵活使用，千万别给自己设限，因为你永远猜不到顾客的潜在需求。事实上，很多顾客都不知道自己有什么需求！

（4）件单价

件单价的英文为 average selling price（ASP）。有两种算法：算法 1，总销售 ÷ 销售总件数；算法 2，库存总金额 ÷ 库存总件数。后者是定值，除非库存结构有变化；前者取决于卖的是哪些款。

如果前者高，说明整盘货品中高价位卖得较好，可能是因为顾客的消费实力相对强，也可能是因为员工销售技能不错。作为店长，你应该更多关注高价格产品补货情况。反之亦然。从实操角度，都是花费半小时服务顾客，你当然更希望顾客买一件皮衣，而不是一件 T 恤。

所以，要拉动这个指标，我们可以从人、货、场三个维度推动（见图 2-6）：

人	货	场
• 推高价产品 • 产品价格记忆 • 高价产品激励	• 高单价SKU配货比重 • 高单价库存补货 • 折扣力度控制	• 陈列主推 • GWP（满赠礼品）活动

图 2-6　件单价提升策略

2.2　阅读类报表

零售类的报表种类非常多，因为将报表管理放在了"店长八法"中，也就是此处所指的报表是面向店铺管理者的报表，所以我找了一些之前公司用过的报表给大家参考，重点是学会如何解读。

2.2.1 报表设计

如果你在日常工作中经常需要提供和制作一些报表，建议你多看看这部分内容。我工作早期经常被领导提醒注意一些报表的细节问题，后来我当了领导又要经常纠正下属的细节问题。虽然事情不大，但表格设计得不专业很容易挨批，尤其是在大型外企。

以我多年看"表"的经验，我给大家提几点建议：

（1）格式规范

颜色

整个表格的颜色最好不要超过三种。很多人喜欢把表做得五颜六色，这往往会显得很不专业，会让阅读的人找不到重点。

字体

中文、英文、数字的字体要分别统一处理，并且选用常用字体，避免在其他电脑中打开时出错。

数字

一定要用"千分位"，并且"右对齐"，否则很不容易读。数据如果达到亿级，也可以以万为单位，这样能省去4位，数字不会很长。连带率的小数点通常要保留2位。百位以上的数据一般没必要用小数点，不需要那么精准。

行列

行列数不要太多，否则很容易看串行，要考虑打印的方便性。一些商品类报表没办法简化，可以通过冻结表头进行浏览。

公式

最好锁定报表，或者附上特别备注，否则店铺使用时经常会把公式搞乱，导致收集回来的信息很不好整理。

汇总

只要是报表就要有汇总，汇总包括横向汇总和纵向汇总。

（2）内容规范

使用目的

任何报表都要有一个明确的使用目的，不要试图让一个报表样样齐全，这样反而会不好用。

我发现很多助理做的数据表格都过于复杂，他们常常不能从用户角度进行设计，缺乏用户思维，表格看起来挺漂亮，其实没几个人看得懂！尤其是在大会上，台下的人往往都是"揣着糊涂装明白"，很影响效率。

对象需求

要结合对象的使用需求进行设计，就像设计一个产品一样，要有客户满意思维。

设计好店铺常用报表的模板后，最好就如何解读进行统一培训，并制作相应的指引手册给终端店铺的相关同事学习。

简化原则

报表设计应尽量简化，能让人快速读懂并找到所需信息。

填写标准

如果是应用报表，还要设有备注填写标准说明。

2.2.2 销售类报表举例

（1）日报表

内容：旨在了解本月店铺各项关键KPI的达成情况，左侧是一个月的日历，并分周进行累计；表头包含各项KPI，主要是日目标达成情况及同比环比数据，有客流、成交率、连带率、件单价、平均折扣等零售KPI数据，便于分析日目标没有达成是哪个数据导致的（见表2-1）。

应用：店长可以随时看到本月截至目前（month to date，MTD）的销售表现，如果进度不理想，也能马上分析出来是哪个指标没有做好导致的，从而制订有针对性的行动计划。

（2）周报表

内容：旨在了解上周所有店铺的销售情况及关键KPI，左侧是店铺名称，表头是本周和上周的各项KPI指标，报表主要关注销售同比以及利润同比表现。也可以用上面日报表的维度继续分析（见表2-2）。

表 2-1 某外资奢侈品牌销售日报表（部分截图）

Beijing Oriental Plaza		Pure Sales	DR%	Discounted Sales	DR%	Net Sales Total Sales	DR%	LY Total Sales	DR%	Total Sales B/(W)	Target Sales	Var%	Traffic	LY Traffic	Traffic B/(W)	Conv %	LY Conv %	Conv B/(W)
Sun	Mar 03	11,197		2,098	55.0%	13,295	16.1%	32,923	5.1%	-59.6%	30,651	-56.6%	602	554	8.7%	1.0%	2.3%	-57.5%
Mon	Mar 04	17,526	3.0%			17,526	3.0%	29,124	13.4%	-39.8%	25,870	-32.3%	311	328	-5.2%	3.2%	4.3%	-24.7%
Tue	Mar 05	31,795	0.5%	855	50.0%	32,650	3.0%	41,273	9.1%	-20.9%	27,406	19.1%	343	334	2.7%	4.4%	3.0%	46.1%
Wed	Mar 06	28,256	2.0%	3,590	36.4%	31,846	7.6%	15,406	21.5%	106.7%	26,052	22.2%	356	350	1.7%	4.5%	3.1%	43.0%
Thu	Mar 07	48,944	3.5%	10,919	22.1%	59,863	7.5%	56,034	10.4%	6.8%	29,189	105.1%	455	808	-43.7%	4.4%	3.2%	36.6%
Fri	Mar 08	26,205	0.6%	6,265	15.7%	32,470	3.9%	8,573	5.8%	278.8%	67,000	-51.5%	788	437	80.3%	2.0%	1.8%	10.9%
Sat	Mar 09	25,940	2.1%	10,197	29.9%	36,137	12.0%	86,064	7.4%	-58.0%	34,211	5.6%	726	694	4.6%	2.1%	3.5%	-40.3%
Week 36		189,863	2.0%	33,923	29.4%	223,786	7.4%	269,397	9.6%	-16.9%	240,379	-6.9%	3,581	3,505	2.2%	2.3%	3.0%	-9.5%
Sun	Mar 10	22,201	2.2%	6,737	31.5%	28,938	11.0%	23,637	13.0%	22.4%	28,571	1.3%	698	596	17.1%	2.3%	1.7%	36.6%
Mon	Mar 11	7,889		2,906	21.2%	10,795	5.3%	38,261	13.5%	-71.8%	21,333	-49.4%	309	340	-9.1%	2.3%	3.8%	-40.8%
Tue	Mar 12	16,684	1.7%	3,034	21.1%	19,718	2.5%	9,402		109.7%	23,211	-15.0%	358	331	8.2%	2.8%	1.5%	84.9%
Wed	Mar 13	16,667		85	83.3%	16,752	10.5%	37,419	6.1%	-55.2%	24,936	-32.8%	404	389	3.9%	1.7%	3.1%	-43.8%
Thu	Mar 14	12,265		1,624	50.0%	13,889	14.9%	27,168	12.4%	-48.9%	24,405	-43.1%	408	387	5.4%	2.0%	2.8%	-31.0%
Fri	Mar 15	33,070	5.2%	4,786	53.9%	37,856	12.9%	36,966	18.3%	2.4%	28,295	33.8%	442	499	-11.4%	3.2%	3.4%	-7.0%
Sat	Mar 16	25,103	2.1%	9,300	33.0%	34,403	11.6%	54,274	22.4%	-36.6%	35,366	-2.7%	841	751	12.0%	1.9%	2.7%	-28.6%
Week 37		133,878	2.3%	28,473	39.0%	162,350	5.5%	227,126	14.9%	-28.5%	186,117	-12.8%	3,460	3,293	5.1%	2.3%	2.7%	-15.6%
Sun	Mar 17	46,043	3.1%	346	78.1%	46,389	18.7%	23,773	15.2%	95.1%	34,759	33.5%	635	808	-21.4%	2.8%	1.4%	108.2%
Mon	Mar 18	19,470	4.7%	4,573	50.0%	24,043	3.6%	25,406	21.9%	1.3%	23,723	-24.1%	294	313	-6.1%	2.7%	3.2%	-14.8%
Tue	Mar 19	19,855	3.6%			19,855	11.3%	19,256	11.8%	3.1%	26,155	-9.3%	294	330	-10.9%	3.4%	3.9%	-13.7%
Wed	Mar 20	23,175	1.9%	2,863	43.2%	26,038	3.4%	23,269	32.2%	11.9%	28,698	-39.8%	408	351	16.2%	3.4%	2.2%	9.5%
Thu	Mar 21	18,333		897	53.9%	19,231	11.0%	7,799	2.1%	146.6%	31,964	-59.2%	348	356	-2.2%	2.9%	2.2%	27.9%
Fri	Mar 22	13,808	3.0%	1,222	35.6%	15,030	13.9%	18,077		-16.9%	36,835	-19.3%	381	492	-22.6%	1.8%	2.2%	-17.8%
Sat	Mar 23	27,895	3.6%	8,803	45.6%	36,698	10.0%	32,410	14.1%	13.2%	45,482	-17.7%	758	843	-10.1%	2.1%	1.8%	18.6%
Week 38		168,579	2.9%	18,705	20.4%	187,284	4.5%	149,991	17.2%	24.9%	227,616	5.7%	3,118	3,493	-10.7%	2.7%	2.3%	17.7%
Sun	Mar 24	36,141	3.1%	2,675	50.0%	38,816	13.0%	20,000	9.4%	94.1%	36,731	62.4%	616	677	-9.0%	2.9%	1.8%	64.9%
Mon	Mar 25	38,256	7.6%	2,991	50.0%	41,248	20.6%	35,821	4.8%	15.2%	25,396	0.5%	387	431	-10.2%	2.3%	3.2%	-28.4%
Tue	Mar 26	20,769		7,265		28,034		43,278	9.0%	-35.2%	27,894	-100.0%	322	459	-29.8%	3.7%	3.5%	6.9%
Wed	Mar 27							40,312	19.1%	-100.0%	30,483	-100.0%		418	-100.0%		3.3%	
Thu	Mar 28							14,940	14.5%	-100.0%	32,495	-100.0%		412	-100.0%		2.7%	
Fri	Mar 29							43,393		-100.0%	38,974	-100.0%		514	-100.0%		3.5%	
Sat	Mar 30							48,171	9.5%	-100.0%	46,213	-100.0%		500	-100.0%		3.6%	
Week 39		95,167	4.3%	12,932	45.8%	108,098	12.4%	245,915	10.9%	-56.0%	238,186	-54.6%	1,325	3,411	-61.2%	2.9%	3.0%	-2.5%
Total		587,486	2.7%	94,032	38.5%	681,519	9.9%	892,428	12.1%	-23.6%	892,298	-23.6%	11,484	13,702	-16.2%	2.6%	2.7%	-5.4%

第二篇 店铺管理者 47

表 2-2 某外资快时尚品牌销售周报表（部分截图）

SALES by STORE	Sales Units			Sales Value				Sales Profit		
Store Name	Week 201652	Week 201552	Variance	LFL% VS LY	Week 201652	Week 201552	Variance	LFL% VS LY	Week 201652	Week 201552	Variance	LFL% VS LY
1234 Space-Shenzhen	623	745	-122	-16%	114,015	145,125	-31,111	-21%	67,429	84,020	-16,591	-20%
9 Square-Kunshan	199	230	-31	-13%	42,515	46,049	-3,535	-8%	24,354	26,187	-1,833	-7%
Aegean-Kunming	155	0	+155		32,720	0	+32,720		19,445	0	+19,445	
Aegean-Tianjin	0	235	-235		0	48,449	-48,449		0	27,571	-27,571	
Aeon Mall - Beijing	386	446	-60	-13%	80,942	93,228	-12,286	-13%	47,398	53,764	-6,366	-12%
Aeon Mall-Beijing Fengtai	156	268	-112	-42%	33,330	53,158	-19,828	-37%	19,402	30,233	-10,831	-36%
Aeon Mall-Guangzhou	141	353	-212	-60%	28,492	64,989	-36,497	-56%	16,830	36,892	-20,062	-54%
Aeon Mall-Yanjiao	198	0	+198		40,868	0	+40,868		23,756	0	+23,756	
Artwalk Mall-Taiyuan	159	0	+159		30,068	0	+30,068		17,241	0	+17,241	
Auchan Suzhou	194	258	-64	-25%	38,307	49,677	-11,370	-23%	20,971	28,324	-7,353	-26%
BHG Mall-Beijing	248	0	+248		47,407	0	+47,407		26,938	0	+26,938	
Capita 1818-Wuhan	185	334	-149	-45%	38,672	61,598	-22,927	-37%	22,753	34,089	-11,336	-33%
Capitalmall Daxiagu	151	472	-321	-68%	32,877	97,516	-64,639	-66%	19,483	56,487	-37,004	-66%
CapitaMalls Sky	314	246	+68	+28%	58,215	47,994	+10,221	+21%	33,541	27,339	+6,201	+23%
CapitMalls Heping	0	293	-293		0	63,210	-63,210		0	36,488	-36,488	
Carnival Walk	103	0	+103		21,628	0	+21,628		13,056	0	+13,056	
Center 66-Wuxi	246	0	+246		49,914	0	+49,914		28,739	0	+28,739	
Central Warehouse	0	0	+0		0	0	0		0	0	+0	
Chamtime Shanghai	267	361	-94	-26%	56,984	76,187	-19,204	-25%	33,300	44,296	-10,996	-25%
Chongqing Plaza	167	153	+14	+9%	36,031	29,327	+6,704	+23%	21,371	17,008	+4,363	+26%
City Mall-Shenzhen	348	307	+41	+13%	68,998	63,658	+5,340	+8%	40,662	37,168	+3,494	+9%
Cloud 9 Shanghai	101	1,075	-974	-91%	20,418	214,705	-194,287	-90%	11,674	121,783	-110,109	-90%
Eagle City	161	157	+4	+3%	32,339	32,882	-543	-2%	18,266	18,872	-606	-3%
EC Mall-Beijing	749	0	+749		160,998	0	+160,998		93,638	0	+93,638	
EGO Shanghai Street	129	152	-23	-15%	23,149	27,028	-3,880	-14%	13,565	14,754	-1,188	-8%
Family Park - Changs	178	360	-182	-51%	41,052	70,336	-29,284	-42%	23,515	39,759	-16,244	-41%
Fashion Walk-Taiyuan	332	0	+332		70,590	0	+70,590		41,256	0	+41,256	+11%
Fortune Center	114	119	-5	-4%	20,295	18,169	+2,127	+12%	11,012	9,945	+1,067	+11%
Full Mall - Beijing	244	321	-77	-24%	46,905	63,644	-16,739	-26%	27,307	36,239	-8,931	-25%
Galleria-Beijing	306	416	-110	-26%	59,983	80,090	-20,107	-25%	35,273	46,585	-11,311	-24%
Galleria-Dalian	128	60	+68	+113%	23,275	9,990	+13,285	+133%	13,510	5,243	+8,267	+158%

应用：区域经理开店长周例会使用，便于快速了解所有店铺的情况。

（3）店铺利润报表

内容：左侧是利润报表的基本项目，包括销售、毛利、人力成本、租金费用、物流费用、运营利润等信息；表头涉及A至D四家店铺。这样横向对比更容易发现店与店之间的问题（见表2-3）。

表2-3　某运动品牌单店利润报表（部分截图）

	Act'19	A	B	C	D
Headcount	198	10	24	14	13
Business area(In m2)	14,652	545	1,361	1,097	1,108
Retail Price	75,300,051	4,828,544	10,544,601	5,249,585	4,474,634
Discount Off	37.5%	36.5%	42.0%	34.0%	39.6%
Gross Sales	47,064,618	3,063,900	6,114,962	3,464,875	2,701,072
Net Sales	42,228,864	2,711,416	5,411,471	3,066,261	2,390,329
Cost of Sales	13,343,033	862,358	1,894,858	933,897	796,741
Gross Profit	28,885,831	1,849,058	3,516,612	2,132,364	1,593,588
GP %	68.4%	68.2%	65.0%	69.5%	66.7%
Direct					
Store OPEX	24,341,921	1,851,099	2,605,486	1,815,827	1,193,025
as % of sales	57.6%	68.3%	48.1%	59.2%	49.9%
・Labor Cost	6,291,745	490,605	861,541	500,960	486,830
as % of sales	14.9%	18.1%	15.9%	16.3%	20.4%
・Temporary Help	768,740	51,107	248,315	62,635	84,037
as % of sales	1.8%	1.9%	4.6%	2.0%	3.5%
・Rent & Sale commission	8,371,066	642,358	634,725	323,295	282,821
as % of sales	19.8%	23.7%	11.7%	10.5%	11.8%
・Depreciation	4,106,165	192,209	156,319	430,001	159,124
as % of sales	9.7%	7.1%	2.9%	14.0%	6.7%
・Promotion & POP materials	2,844,816	346,539	306,878	431,278	42,278
as % of sales	6.7%	12.8%	5.7%	14.1%	1.8%
・Utilities	956,318	58,771	283,855	-	47,830
as % of sales	2.3%	2.2%	5.2%	0.0%	2.0%
・Others	1,003,072	69,510	113,853	67,659	90,105
as % of sales	2.4%	2.6%	2.1%	2.2%	3.8%
Warehouse & Distribution	1,852,385	113,726	230,700	132,037	103,763
as % of sales	4.4%	4.2%	4.3%	4.3%	4.3%
Advertising	2,284,964	69,623	151,905	214,152	126,433
as % of sales	5.4%	2.6%	2.8%	7.0%	5.3%
Direct Opex total	28,479,269	2,034,447	2,988,090	2,162,016	1,423,221
Direct Opex total%	67.4%	75.0%	55.2%	70.5%	59.5%
Direct Operating Profit (before adj)	406,562	(185,390)	528,522	(29,652)	170,366
Direct OP%	1.0%	(6.8%)	9.8%	(1.0%)	7.1%

另外，此类报表也可以调整为左侧为店铺，表头为关键利润报表KPI，这样可以在后面增加一些其他参考数据，比如盈亏平衡点、租金单价等信息，便于更深层次分析店铺问题，并制定行动方案。

应用：了解区域所有店铺的月度利润表现，通过对比发现问题，为开源节流、开关店提供依据。

2.2.3 商品类报表举例

（1）品类占比表

内容：左侧是店铺名称，表头是产品分类、男/女、系列，数据是销售占比（见表2-4）。

应用：可以横向对比每家店铺主要销售的商品类别，用于配货指引和销售引导，同时，也可以用来匹配库存占比，或者察看陈列面积占比是否一致。通常来讲，细分品类的销售占比、库存占比、陈列占比应该动态保持一致。

（2）TOP款排名表

内容：某段时间店铺销售最好的前若干款产品的基础信息，包括排名、款号、照片、名称、零售价、折扣、件数、金额、库存、周转天数……（见表2-5）。

应用：用于员工记录畅销款，进行主推，也可用于款式分析和订货。

总结一下，以上阅读类报表包含销售分析、利润分析、品类分析、畅销款分析等维度。之所以用不同公司的报表举例，就是要让大家了解，其实不管什么零售公司，看数据的维度基本也就这些，只不过是在颗粒度上或表现形式上会有所差异。你若能弄懂这几种类型的报表，基本上任何公司的表格你都可以很快读懂。

对于以上阅读类报表，一般有一定规模的公司都会由IT部门结合一线部门的需求设计相应的商业智能（business intelligence，BI）报表，这样数据上传完毕后，第二天一早相关部门就会通过邮件、钉钉或企业微信等方式将其自动发送给相关人员，效率很高。我的工作习惯之一就是每天上班路上先看一遍数据，这能为当天的工作重点提供很大的借鉴。

表2-4 某奢侈品牌品类占比表（部分截图）

STORES	D01 Handbags	Leather	Mix	Logo	D02 WACC	D03 W's Specialty	D06 W's Travel	D07 W's RTW	D09 W's Watches	D11 W's Footwear	D12 W's Sunwear	D13 Jewelry	D17 W's Fragrance	Women's Dept
Shanghai HK Plaza	42.5%	33.2%	1.2%	8.0%	16.3%	0.7%	0.0%	7.1%	0.9%	3.6%	1.3%	0.5%	0.0%	72.8%
Shanghai Grand Gateway	38.8%	23.5%	0.0%	15.3%	26.3%	0.7%	0.0%	3.1%	0.0%	0.8%	1.7%	0.6%	0.0%	71.9%
Shanghai Jiu Guang	59.4%	34.5%	3.8%	21.2%	25.6%	1.1%	0.0%	4.2%	0.0%	0.0%	0.8%	1.0%	0.0%	92.2%
Shanghai Jiu Guang Men's	0.0%	0.0%	0.0%	0.0%	3.0%	0.4%	0.0%	0.0%	0.0%	0.0%	0.0%	0.0%	0.0%	3.3%
Shanghai New World	63.3%	28.8%	3.0%	31.5%	20.9%	0.6%	0.0%	0.7%	0.0%	0.0%	1.2%	1.4%	0.0%	88.1%
Shanghai Pudong Yaohan	64.3%	45.3%	1.0%	18.0%	32.4%	0.8%	0.0%	0.3%	0.5%	0.0%	0.0%	1.0%	0.0%	99.3%
Shanghai Westgate Mall	50.7%	42.8%	1.0%	6.9%	16.9%	0.5%	0.0%	7.9%	0.0%	0.0%	0.0%	0.6%	0.0%	76.6%
Shanghai Yaohan Men's	1.8%	1.8%	0.0%	0.0%	3.5%	0.8%	0.0%	0.5%	0.0%	0.0%	0.0%	0.0%	0.0%	6.7%
Total Shanghai	48.5%	32.4%	1.4%	14.6%	21.4%	0.7%	0.0%	4.1%	0.3%	1.0%	0.9%	0.7%	0.0%	77.7%

表2-5 某玩具品牌TOP20排名

排名	商品名称	选定价	数量	选定金额	结算额	平均折扣
1	保时捷911 RSR赛车	1 399	394	551 206	536 306	97%
2	乐高得宝智能蒸汽火车	549	576	316 224	312 308	99%
3	遥控特技赛车	799	397	317 203	310 919	98%
4	迪士尼系列2小人仔	39	7 149	278 811	265 979	95%
5	大地忍者寇的巨型钻头战车	549	479	262 971	261 142	99%
6	空中特警基地	699	368	257 232	251 870	98%
7	雷电忍者杰的暴风战机	449	515	231 235	226 904	98%
8	城市消防局	899	251	225 649	221 212	98%
9	空中特警钻石大劫案	549	454	249 246	213 603	86%
10	城市特警钻石大劫案	499	430	214 570	212 120	99%
11	心湖城度假区	1 099	181	198 919	195 154	98%
12	乐高得宝智能货运火车	1 099	211	231 889	190 254	82%
13	布加迪Chiron	3 499	57	199 443	180 303	90%
14	汉堡店消防救援	299	613	183 287	179 397	98%
15	大型游乐园	699	254	177 546	174 583	98%
16	神秘的幻影旋转术训练馆	899	196	176 204	172 441	98%
17	高速追捕	299	591	176 709	172 321	98%
18	Chevrolet Corvette ZR1跑车	449	386	173 314	169 105	98%
19	奥莉薇亚的草莓蛋糕咖啡店	299	646	193 154	166 289	86%
20	消防局出动	449	437	196 213	164 234	84%

2.3 应用类报表

当然，还有一些报表是管理应用类的，其内容会有一定比例的文字，很难做成自动化的，这就需要店长自己用 Excel 填写，我们称之为应用类报表。

2.3.1 目标拆分表

目标拆分表（见表 2-6）可以配合本章第一节"目标"进行使用，具体结构可以根据品牌产品线的差异进行调整。当然，如果有能够满足需求的 BI 日报表，这种报表其实也可以不用手动填写。

使用方法：

- 在表头填入基本信息
- 调整最左侧的日期和星期
- 根据历史每日数据或上月情况来拆分当月"日目标"
- 鞋、服装、配饰的销售根据实际情况填写
- UPT 值可以通过隐藏公式进行计算
- 同期销售建议可对应节假日和周六、日进行调整，并备注

注意事项：

- "日目标"汇总可以略大于"月目标"，并每日进行更新，但指标设定要合理
- 这种表格更适用于传统零售品牌，奢侈品牌和快时尚品牌一般都有成熟的 BI 报表，可专门用于目标拆分。但作为店长，自己拆一遍目标，并每日跟进，能使店铺的销售计划更加清晰。不管是自动报表还是手动报表，在日销售追踪上其实各有利弊，要有相应管理措施来辅助

表 2-6 目标拆分表

月份：	12	店铺名：		渠道：			月目标：	0	服装目标：				鞋目标：		配饰目标：	
日期	星期	日目标	日销售额	UPT值	男销售额	鞋 女销售额	儿童销售额	男销售额	服装(包含配饰) 女销售额	儿童销售额	日销售 累计	月目标 完成率	时间进度	时间 进度差	2021年同比上月 销售额	对比同期累 计升表
2022/12/1	星期四	0									0	#DIV/0!	3.2%	#DIV/0!	#DIV/0!	#DIV/0!
2022/12/2	星期五	0									0	#DIV/0!	6.5%	#DIV/0!	#DIV/0!	#DIV/0!
2022/12/3	星期六	0									0	#DIV/0!	9.7%	#DIV/0!	#DIV/0!	#DIV/0!
2022/12/4	星期日	0									0	#DIV/0!	12.9%	#DIV/0!	#DIV/0!	#DIV/0!
2022/12/5	星期一	0									0	#DIV/0!	16.1%	#DIV/0!	#DIV/0!	#DIV/0!
2022/12/6	星期二	0									0	#DIV/0!	19.4%	#DIV/0!	#DIV/0!	#DIV/0!
2022/12/7	星期三	0									0	#DIV/0!	22.6%	#DIV/0!	#DIV/0!	#DIV/0!
2022/12/8	星期四	0									0	#DIV/0!	25.8%	#DIV/0!	#DIV/0!	#DIV/0!
2022/12/9	星期五	0									0	#DIV/0!	29.0%	#DIV/0!	#DIV/0!	#DIV/0!
2022/12/10	星期六	0									0	#DIV/0!	32.3%	#DIV/0!	#DIV/0!	#DIV/0!
2022/12/11	星期日	0									0	#DIV/0!	35.5%	#DIV/0!	#DIV/0!	#DIV/0!
2022/12/12	星期一	0									0	#DIV/0!	38.7%	#DIV/0!	#DIV/0!	#DIV/0!
2022/12/13	星期二	0									0	#DIV/0!	41.9%	#DIV/0!	#DIV/0!	#DIV/0!
2022/12/14	星期三	0									0	#DIV/0!	45.2%	#DIV/0!	#DIV/0!	#DIV/0!
2022/12/15	星期四	0									0	#DIV/0!	48.4%	#DIV/0!	#DIV/0!	#DIV/0!
2022/12/16	星期五	0									0	#DIV/0!	51.6%	#DIV/0!	#DIV/0!	#DIV/0!
2022/12/17	星期六	0									0	#DIV/0!	54.8%	#DIV/0!	#DIV/0!	#DIV/0!
2022/12/18	星期日	0									0	#DIV/0!	58.1%	#DIV/0!	#DIV/0!	#DIV/0!
2022/12/19	星期一	0									0	#DIV/0!	61.3%	#DIV/0!	#DIV/0!	#DIV/0!
2022/12/20	星期二	0									0	#DIV/0!	64.5%	#DIV/0!	#DIV/0!	#DIV/0!
2022/12/21	星期三	0									0	#DIV/0!	67.7%	#DIV/0!	#DIV/0!	#DIV/0!
2022/12/22	星期四	0									0	#DIV/0!	71.0%	#DIV/0!	#DIV/0!	#DIV/0!
2022/12/23	星期五	0									0	#DIV/0!	74.2%	#DIV/0!	#DIV/0!	#DIV/0!
2022/12/24	星期六	0									0	#DIV/0!	77.4%	#DIV/0!	#DIV/0!	#DIV/0!
2022/12/25	星期日	0									0	#DIV/0!	80.6%	#DIV/0!	#DIV/0!	#DIV/0!
2022/12/26	星期一	0									0	#DIV/0!	83.9%	#DIV/0!	#DIV/0!	#DIV/0!
2022/12/27	星期二	0									0	#DIV/0!	87.1%	#DIV/0!	#DIV/0!	#DIV/0!
2022/12/28	星期三	0									0	#DIV/0!	90.3%	#DIV/0!	#DIV/0!	#DIV/0!
2022/12/29	星期四	0									0	#DIV/0!	93.5%	#DIV/0!	#DIV/0!	#DIV/0!
2022/12/30	星期五	0									0	#DIV/0!	96.8%	#DIV/0!	#DIV/0!	#DIV/0!
2022/12/31	星期六	0									0	#DIV/0!	100.0%	#DIV/0!	#DIV/0!	#DIV/0!
合计		0	0		0	0	0	0	0	0			0.0%		0	

2.3.2 排班表

"科学管理之父"泰勒[1]曾通过一系列针对人力的分工、调休、规定动作等变革措施大幅提升了工厂管理的效率。如果问店铺管理中哪个工作最能体现类似的应用，我觉得就是排班。

好的排班能充分体现店长的统筹管理能力，尤其是店铺人数较多的时候。科学排班首先要考虑客流的因素，其次才是团队需求。人性化管理需要建立在理性科学的基础之上。我们应该关注：

- 早、中、晚的人力是否与客流匹配？
- 周中、周末的人力是否与客流匹配？
- 当天上班人员的能力是否相互匹配？
- 当天上班人员负责板块与当天计划工作是否匹配？

表2-7是我之前做的统一模板，最右侧可以计算员工累计工时，最下面可以计算店铺早、中、晚班的人力分布，中间直接填写早、中、晚班即可（可以通过公式进行计算）。

很多品牌因为店铺员工数量较少，用不上这种排班表，这个主要适用于店铺人员较多的品牌。用这个模板，我用10分钟就能排出50多人的班表，一些店铺管理者可能要用2~3个小时。

那么如何使用这个模板进行快速排班呢？大家可以遵循以下步骤：

（1）确定最小模块排店员班次

排全月班表之前，我们应该先排出最优的模块。假定店铺员工为3人、4人或5人，最高效的排班应该是怎么样的呢？以下是按照做五休二（见表2-8）和做六休一（见表2-9）安排的模板，大家可以参考，早、中、晚工时可根据到店离店时间进行设定。

---

[1] 弗雷德里克·温斯洛·泰勒（Frederick Winslow Taylor，1856—1915），美国著名管理学家、经济学家，被后世称为"科学管理之父"，其代表作为《科学管理原理》。

表 2-7 科学排班表

【XX店班表】

月份：3月

姓名	职位	职责	1st 一	2nd 二	3rd 三	4th 四	5th 五	6th 六	7th 日	8th 一	9th 二	10th 三	11th 四	12th 五	13th 六	14th 日	15th 一	16th 二	17th 三	18th 四	19th 五	20th 六	21st 日	22nd 一	23rd 二	24th 三	25th 四	26th 五	27th 六	28th 日	29th 一	30th 二	31st 三	早	中	晚	休	总工时
		早 9:30—17:30（含吃饭1小时）	0	0	0	0	0	0	0	0	0	0	0	0	0	0	0	0	0	0	0	0	0	0	0	0	0	0	0	0	0	0	0	0	0	0	0	0
		中 12:30—20:30（含吃饭1小时）	0	0	0	0	0	0	0	0	0	0	0	0	0	0	0	0	0	0	0	0	0	0	0	0	0	0	0	0	0	0	0	0	0	0	0	0
		晚 14:00—22:00（含吃饭1小时）	0	0	0	0	0	0	0	0	0	0	0	0	0	0	0	0	0	0	0	0	0	0	0	0	0	0	0	0	0	0	0	0	0	0	0	0
		休																																				

表 2-8　最小排班模块（做五休二）

模块	姓名	职位	职责	周一	周二	周三	周四	周五	周六	周日	早	中	晚
模块A（3人）	员工1	SA	销售	休	晚	早	休	晚	早	晚	2	0	3
	员工2	SA	运营	早	休	晚	早	休	晚	晚	3	0	2
	员工3	SA	库房	晚	早	休	晚	早	晚	休	2	0	3
			早	1	1	1	1	1	1	0			
			中	0	0	0	0	0	0	0			
			晚	1	1	1	1	1	1	2			
			休	1	1	1	1	1	0	1			
模块B（4人）	员工1	SA	销售	休	晚	晚	休	晚	早	中	1	1	3
	员工2	SA	运营	早	休	晚	早	休	晚	晚	2	0	3
	员工3	SA	库房	晚	早	休	晚	休	晚	中	1	2	2
	员工4	SA	陈列	休	晚	早	休	晚	中	晚	1	2	1
			早	1	1	1	1	0	1	1			
			中	0	0	0	0	0	1	1			
			晚	1	2	2	1	2	1	2			
			休	2	1	1	2	2	1	0			
模块C（5人）	员工1	SA	销售	休	晚	中	休	晚	早	晚	1	2	2
	员工2	SA	运营	早	休	晚	晚	休	中	晚	1	2	2
	员工3	SA	库房	晚	早	休	晚	晚	晚	休	1	0	4
	员工4	SA	陈列	晚	休	早	晚	中	晚	晚	1	1	4
	员工5	SA	培训	休	中	休	早	中	晚	早	2	2	1
			早	1	1	1	1	0	1	1			
			中	0	1	1	0	2	1	0			
			晚	2	1	2	2	2	3	2			
			休	2	2	1	2	1	0	2			

表 2-9　最小排班模块（做六休一）

模块	姓名	职责	周一	周二	周三	周四	周五	周六	周日	早	中	晚
模块A（3人）	员工1	销售	休	晚	早	晚	晚	晚	早	2	0	4
	员工2	运营	早	休	晚	早	晚	早	晚	3	0	3
	员工3	库房	晚	早	休	晚	早	晚	晚	2	0	4
		早	1	1	1	1	1	1	1			
		中	0	0	0	0	0	0	0			
		晚	1	1	1	2	2	2	2			
		休	1	1	1	0	0	0	0			
模块B（4人）	员工1	销售	休	晚	晚	早	晚	早	中	2	1	3
	员工2	运营	早	休	晚	晚	中	晚	早	2	1	3
	员工3	库房	晚	早	休	晚	早	晚	晚	2	0	4
	员工4	陈列	晚	晚	早	休	晚	中	晚	1	1	4
		早	1	1	1	1	1	1	1			
		中	0	0	0	0	1	1	1			
		晚	2	2	2	2	2	2	1			
		休	1	1	1	1	0	0	0			
模块C（5人）	员工1	销售	休	晚	早	晚	中	晚	早	1	2	3
	员工2	运营	中	休	晚	早	早	晚	晚	2	1	3
	员工3	库房	晚	中	休	晚	早	晚	晚	2	1	3
	员工4	陈列	早	晚	中	休	晚	早	晚	2	1	3
	员工5	培训	晚	早	晚	中	休	晚	早	2	1	3
		早	1	1	1	1	2	1	1			
		中	1	1	1	1	0	1	0			
		晚	2	2	2	2	2	3	2			
		休	1	1	1	1	1	0	0			

（2）根据店员总数选择模块填入

有了最小模块后，店长可以直接把对应的班次复制粘贴到总表中，填满即可。比如你们店铺除去店长和副店长有 11 名员工，那选择一个 5 人模块、两个 3 人模块就行。

（3）结合排班类型填写员工的姓名

确定好排班后，可以根据员工的个人能力和基本需求让员工自己选择上哪套班，然后填入人名即可。如果出现多名员工选一套班表的情况，比如都想周一和周三休，那么店长可以用抽签决定，下个月再轮换即可。

总之，先要确保班次的最优，再看怎么设人。要因班设人，而不是因人设班。

（4）填写管理层的姓名和班次

排好店员后，再排管理层的班次，这是为了更好地查漏补缺，同时，店长有很多临时会议，如果不在店，也要确保当天人员安排是能满足基础运营的。

（5）针对某些重点节假日进行微调

当月某些重点节假日一般都是要全员上班的，这时就要把"休"调整为"早中晚"，同时，将员工非繁忙阶段调整为"休"，这样能保障全月工时在 174 小时（法定工时），不需要产生过多加班。

（6）统一检查总工时、"早中晚休"的比例

最后，再检查一遍全月班表最右侧的总工时，以及纵向的每日编排，这样就完成了班次的安排。通常，在工具使用熟练的情况下，一个十多人的店铺，十几分钟就应该可以完成排班。

表 2-10 是一个排好的班表，大家可以参考。

表 2 – 10 店铺 14 名员工班表举例

工作安排
月份：3月

姓名	职位	职责	1st 一	2nd 二	3rd 三	4th 四	5th 五	6th 六	7th 日	8th 一 女神节	9th 二	10th 三	11th 四	12th 五	13th 六	14th 日	15th 一	16th 二	17th 三	18th 四	19th 五	20th 六	21st 日	22nd 一	23rd 二	24th 三	25th 四	26th 五	27th 六	28th 日	29th 一	30th 二	31st 三	早	中	晚	休	总工时
A	店长	销售 培训 会员 运营 商品 陈列	中	晚	中	休	早	早	早	中	二 休	三 晚	四 休	五 早	六 中	日 晚	一 中	二 早	三 二	四 休	五 早	六 早	日 中	一 中	二 晚	三 晚	四 晚	五 早	六 中	日 中	一 休	二 晚	三 晚	4	13	5	9	154
B	副店	销售 培训 会员	早	中	晚	休	休	中	中	早	晚	晚	休	晚	晚	晚	休	早	早	休	早	中	中	早	早	中	休	晚	晚	早	早	休	3	8	9	9	154
C	副店	运营 商品 陈列	休	休	休	晚	晚	晚	晚	中	晚	晚	休	中	晚	晚	休	早	早	休	晚	晚	早	休	早	中	休	早	晚	晚	早	中	中	5	4	14	9	154
D	店员	销售	中	晚	晚	休	早	早	中	中	晚	中	休	早	早	晚	休	早	早	休	中	早	中	晚	中	中	早	早	早	晚	晚	休	中	4	10	9	8	161
E	店员	销售	早	休	早	晚	早	晚	晚	早	休	晚	休	早	早	晚	早	晚	晚	休	晚	早	晚	晚	晚	休	晚	早	早	早	中	休	晚	5	8	9	9	154
F	店员	运营	晚	晚	早	早	中	早	早	中	晚	晚	中	休	晚	晚	早	早	早	休	中	中	晚	休	早	中	早	早	晚	晚	早	中	中	5	0	17	9	154
G	店员	商品	晚	晚	晚	休	中	晚	早	早	早	休	休	早	早	晚	早	早	中	休	晚	早	晚	晚	晚	早	早	早	中	晚	早	休	中	5	8	9	9	154
H	店员	商品	早	早	中	晚	早	早	早	休	中	中	早	早	中	中	休	早	早	休	晚	晚	中	晚	中	早	晚	休	晚	晚	早	早	早	9	1	13	8	161
I	店员	运营	休	中	晚	晚	晚	中	中	中	晚	休	晚	早	休	晚	早	中	休	休	早	早	早	早	中	早	早	早	晚	休	休	休	早	13	0	9	9	154
J	店员	商品	早	早	早	休	早	早	中	晚	休	晚	早	早	晚	晚	早	休	早	中	早	早	中	休	早	早	早	晚	休	晚	早	早	休	9	0	13	9	154
K	店员	陈列	中	中	休	晚	晚	晚	晚	晚	晚	休	早	晚	休	早	早	休	早	晚	休	晚	中	晚	晚	早	晚	晚	早	早	早	晚	休	9	4	14	8	161
L	店员	培训	早	早	早	休	早	早	中	早	早	早	晚	早	中	早	早	休	早	晚	早	早	休	中	早	休	早	晚	早	早	早	休	早	13	0	9	9	154
M	店员	会员	晚	早	休	晚	中	休	早	休	晚	晚	休	早	中	早	早	早	休	晚	晚	早	晚	晚	晚	早	休	晚	中	晚	晚	早	早	9	4	9	9	154
N	休		5	1	2	6	0	2	0	5	4	4	6	0	4	4	4	6	4	5	4	4	5	5	4	4	5	5	0	2	4	5	6					

早 9:30—17:30（含吃饭1小时）
中 12:30—20:30（含吃饭1小时）
晚 14:00—22:00（含吃饭1小时）

排好后，你可能会发现最右侧总工时超标的情况，如果当月有些天天气不好，可以提前一天通知员工休息，除非真的非常繁忙，否则不建议店铺给员工安排加班。加班工时很多的店铺往往是运营意识较差的店铺。

2.3.3 现场管理表（时段跟进表）

店铺面积、人员数量、销售单产都比较高的店铺，通常要每小时跟进销售结果。现场管理表（时段跟进表）可以帮助我们专门追踪时段销售情况（这部分也是"店长八法"中"现场"的重点）。

通过现场管理表（见表2-11），你每个小时可以了解到：

- 当天以及每个时段的KPI目标
- 每个时段的销售是否与进度一致
- 哪个员工负责哪个区
- 每个区的产出是否合理

店长通过这样的一个表格可以对店铺进行全面的管理。这张表就像一个管理罗盘，能够时时帮助店长发现店铺的问题，使店长能及时和员工沟通或给予员工激励。

以下是某日3个早班、1个中班、4个晚班的例子（见表2-12），灰色部分是需要填写的，其他区域都可以通过公式计算，准备起来也就10～15分钟。

对于这些应用类报表，我就不做更细致的讲解了。里面有很多公式，而且每个品牌的数据情况也不一样，大家可以按需使用。我希望"授人以渔"而不是"授人以鱼"，大家可以尝试通过学习这些模板，理解每一部分的设计理由，并设想如果是你，你会怎么用。

表 2-11 现场管理表

现场管理表 DAILY PLAN

今日目标：
CR目标：
单数预估：
件数预估：

客流预估：
UPT目标：
ATV预估：
ADS预估：

值班DM：
销售：

备注：
仅需填写白色部分
第9列和第14行的时段占比可根据云订进行调整

截止时间	9:00-10:00	10:00-11:00	11:00-12:00	12:00-13:00	13:00-14:00	14:00-15:00	15:00-16:00	16:00-17:00	17:00-18:00	18:00-19:00	19:00-20:00	20:00-21:00	21:00-22:00
每小时销售目标 Target/Hour													
累计销售目标 Sales Target													
每小时实际销售 Actual Sales													0%
累计销售 TTL Sales													
每小时客流预估 FCST Traffic													
每小时单数目标 Tranx/Hour													
每小时实际单数 Actual Tranx/Hour													0%

截止时间	9:00-10:00	10:00-11:00	11:00-12:00	12:00-13:00	13:00-14:00	14:00-15:00	15:00-16:00	16:00-17:00	17:00-18:00	18:00-19:00	19:00-20:00	20:00-21:00	21:00-22:00
目标													
区域													
班次													
姓名													
职务													

职位   CA - 收银   S - 库房   L - 中饭   S - 晚饭   GR - 迎宾/售前   DM - 值班经理

表 2-12 现场管理表举例

现场管理表 DAILY PLAN

日期：3月6日

		今日目标：	20,000		客流预估：	200	值班DM：	2
		CR目标：	14%		UPT目标：	2.0	销售：	5
		单数预估：	28		ATV预估：	600		
		件数预估：	56		ADS预估：	357		

备注：
仅需填写灰色部分
第9行、第14行可以参考历史销售占比录入

截止时间

	9:00-10:00	10:00-11:00	11:00-12:00	12:00-13:00	13:00-14:00	14:00-15:00	15:00-16:00	16:00-17:00	17:00-18:00	18:00-19:00	19:00-20:00	20:00-21:00	21:00-22:00
每小时销售目标 Target/Hour	0%	2%	3%	8%	9%	12%	9%	11%	10%	9%	10%	10%	7%
累计销售目标 Sales Target	-	400	600	1,600	1,800	2,400	1,800	2,200	2,000	1,800	2,000	2,000	1,400
每小时实际销售 Actual Sales													
累计销售 TTL Sales	-	400	1,000	2,600	4,400	6,800	8,600	10,800	12,800	14,600	16,600	18,600	20,000
每小时客流预估 FCST Traffic	0%	2%	3%	8%	9%	12%	9%	11%	10%	9%	10%	10%	7%
每小时单数目标 Tranx/Hour	-	4	6	16	18	24	18	22	20	18	20	20	14
每小时实单数 Actual Tranx/Hour	-	1	1	2	3	3	3	3	3	3	3	3	2

截止时间

职位	姓名	区域	班次	职责	目标	9:00-10:00	10:00-11:00	11:00-12:00	12:00-13:00	13:00-14:00	14:00-15:00	15:00-16:00	16:00-17:00	17:00-18:00	18:00-19:00	19:00-20:00	20:00-21:00	21:00-22:00
运营	A	男	早	收银	2,000	门迎		中饭			交接会							
陈列	B	女	早	仓库	2,000		门迎	门迎			交接会							
销售	C	kids	早	SA	3,000				中饭		交接会							
SM	D	男	中	DM	2,000						门迎	点数		晚饭				
ASM	E	女	晚	DM	2,000						交接会	点数		晚饭				
销售	F	kids	晚	SA	3,000						交接会	点数	门迎	门迎	晚饭			
商品	G	男	晚		1,000						交接会				晚饭	晚饭		
销售	H	女	晚		3,000						交接会				门迎	晚饭		

第三节 例 会

一名优秀管理者必须善于召开高效的管理会议。对于店长而言，经常召开或参与的例会其实主要就三种，分别是日例会、周例会、月例会。

每家公司的叫法可能不同，但每个会议的目的都是一样的：

- 日例会：解决当天销售如何完成的问题
- 周例会：解决当月销售如何完成以及后续计划的问题
- 月例会：解决月目标拆分、规则制定、团队凝聚力的问题

3.1 日例会

日例会又叫交接班会、简报会、5分钟会议……记得我刚当店长那会儿，有一个笔记本，会随时记录发现的问题，等中午召开交接班会的时候，就召集大家统一沟通。现在的店长越来越职业化，品牌公司的要求也越来越高，往往会给一个专门的日例会模板或者日例会册子。

我看过很多不同版本的日例会表格（见表2-13），一般都会包含以下信息：

- 对昨日店铺各项销售KPI（达成、同比、UPT、CR、ATV、ASP、客流……）的回顾
- 对本月截至目前的各项KPI的回顾
- 今日的KPI目标
- 其他店铺事务情况说明

当然，店长不是要照着这个表直接"读"，而是要能通过对这些KPI的回顾，分析出店铺的问题和提升空间，从而给团队明确的行动方向，并且要让员工信服你所说的目标。

表 2-13 日例会报表

日例会报表 DAILY MEETING REPORT

填写人： 　　　　填写日期：

昨日销售 KPI LAST DAY			本月累计 MTD KPI PERFORMANCE			今日目标 DAILY TARGET	
销售额目标	服装销售目标	服装占比目标	本月目标	服装累计	销售占比	营业额目标	营业额实际
实际销售额	服装销售实际	服装占比实际	实际累计销售	累计销售数量		客单价目标	客单价实际
实际完成	开单目标	实际 Act	实际达成	累计开单数		连带率目标	连带率实际
去年销售	连带率目标	实际 Act	去年同期销售	累计连带率		转化率目标	转化率实际
同比	客单目标	实际 Act	同比	累计客单价		新增会员数目标	新增会员数实际

今日沟通 - 陈列、活动、运营、服务（通知） COMMUNICATION - VM、PROMOTIONS、OPERATIONS、SERVICE（INFORMATION）

陈列 - 标准执行、模特更换、新款位置

活动 - 时间、产品、力度

运营 - 收银、库房、硬件、物料

服务 - 大单分享、8 Steps to WIN、MSP分数

支援事宜 Handover

同时，店长要针对店铺常规的工作，如陈列、活动、运营、服务，进行相应的补充说明，让员工了解除了达成销售目标，还需要做好哪些工作。

除此以外，店长也要掌握一些开日例会的技巧，比如：

- 互动：除了店长说，也要鼓励每个员工开口说
- 授权：对于专门负责某个板块的员工，应该让他们总结自己的部分
- 标杆：让某些优秀员工发言，比如进行大单或顾客服务分享
- 记录与回馈：要求员工记笔记，并在会后抽查一名员工进行复述

一般这样的会议应尽量控制在 5～10 分钟。最后，大家要一起加油鼓气！不过，我曾经见过有的培训机构编了非常多的动作和口号来鼓舞团队士气，结果正事一件没讲，"打鸡血"用了半小时，我认为这种管理方式长不了，大家慎用。

3.2 周例会

周例会又叫店长会。这个例会一般是指区域主管或经理跟店长开的会议。之前在某家公司，开周例会时，一间大会议室里会有 100 多位店长。经理往往会给大家看一些数据，分析一下各店铺的情况，也会点名让店长发言。

如果是团队规模不大的公司，经理可以要求每位店长对周工作进行详细总结，并提供下一阶段的行动方案。店长往往会准备针对店铺人、货、场的全面分析，一般是 5 分钟以内，这往往也是反映店长综合能力的时候，所以，这个会议每位店长都要重视。

店长应该在这个会议上反馈哪些内容呢？以下这个表格是我之前做过的一个模板（见表 2-14），我要求店长按此准备，避免店长做过多的文本工作，其中包括 6 个板块：

表2-14 周例会报表

周例会报表 WEEKLY MEETING REPORT

PART1：周销售同比or环比数据

WK50				电话环比/周期数据，新店同期环比数据							
日期 Date	天气 Whether	达成 Achievement	客流 Traffic	单数 TranX	件数 Units	成交率 CR	连带率 UPT	件单价 ADS	客单价 ATV		
星期一											
星期二											
星期三											
星期四											
星期五											
星期六											
星期日											
TTL											

当月目标 | 累计目标销售 | | 本月销售进度 | 达成率 |

PART2：本周KPI分析

KPI	环比增幅 Growth%	分析 Analysis
销售 Sales	0%	
客流 Traffic	0%	
成交率 CR	0%	
连带率 UPT	0%	
件单价 ADS	0%	

PART3：周边竞品活动（最多选5个活动信息）

品牌 Brand	活动起止时间 Begin / End	活动内容 Promotion	活动起止占比 Promotion%
Nike			
Adidas			
Fila			
Anta			
Lining			
Under Amer			

PART4：人员情况变化（人事配/请假/调岗/病假……）

人事情况说明	反馈 Feedback
目标员工数量：	
实际员工数量：	
本周入职人数：	
本周离职人数：	
本周员工调休：	

PART5：货品分析

品类 Category	性别/分类型	周销售 Weekly Sales	占比 %	库存件数 Inventory	占比 %	面积 Square	占比 %	件单价 ADS	客单价 ATV	SKU数 Units	动销量 Units	动销率 %	同比 or 环比 CR	连带率 UPT	件单价 ADS	客单价 ATV	周销率	可用周存
1	Fashion	男鞋																
		女鞋																
		TTL																
2	Performance	男鞋																
		女鞋																
		TTL																
3	Lifestyle	男鞋																
		女鞋																
		TTL																
4	Kids	男鞋																
		女鞋																
		TTL																

PART6：Action Plan-下周3项工作重点（下周的各项KPI目标/人员管理培训计划/货品陈列管理计划……）

- 销售数据
- KPI 数据分析
- 竞品数据
- 人员情况
- 商品库存分析
- 下周工作计划

以上基本能够涵盖关键的工作点，其实用什么形式表现并不重要，也没有一定之规，管理者要根据公司和上级的核心目标进行设计和延展，学会灵活变通，切勿照本宣科。

对于店长而言，你一定要事先预判区域经理最可能关心的事情，这样你的汇报才能更有侧重点。

如果是外资品牌，一定要有行动方案思维，一名务实的管理者会更想了解你接下来打算怎么做，所以，建议大家使用 3∶7 原则进行汇报：用 30% 的时间汇报已发生的情况，然后针对这个情况，用 70% 的时间汇报下周的计划。

3.3　月例会

月例会又叫员工大会、月度总结大会。我刚做店长那会儿，每个月都会召开面向全体员工的会议，我们内部称之为员工大会。

这个会议和日例会、周例会最大的差异，就是要重点解决一些关于人的问题。每日的日例会往往人不齐，这类问题也讲不透。比如，团队凝聚力问题、员工心态问题、团队成员之间的信任问题、团队的士气及荣誉感问题、团队对于规章制度的遵守情况等。

所以，店长的安排和引导尤为重要，一定要与店铺核心管理层提前策划，现场应该强化互动，让员工多谈想法。

时间方面，员工大会一般会在月底或次月初召开，可以选择店铺早上开店前 1～2 小时，如果内容非常重要，可以下班后进行，也可以和团建安排在一起，比如 KTV、轰趴房，都是比较好的选择。

流程上，大家可以参考图 2-7 进行。

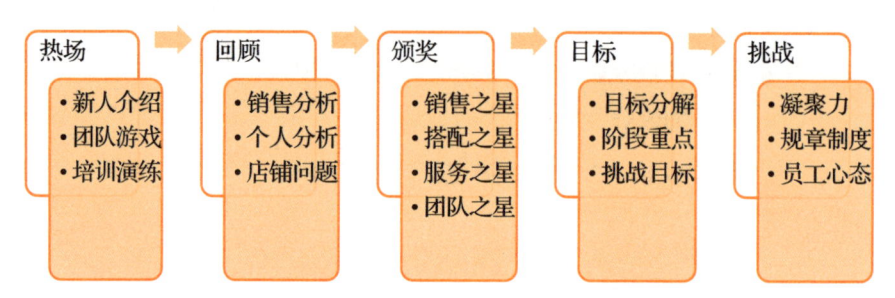

热场	回顾	颁奖	目标	挑战
• 新人介绍 • 团队游戏 • 培训演练	• 销售分析 • 个人分析 • 店铺问题	• 销售之星 • 搭配之星 • 服务之星 • 团队之星	• 目标分解 • 阶段重点 • 挑战目标	• 凝聚力 • 规章制度 • 员工心态

图 2-7 员工大会流程图

我们具体解释一下每个步骤的含义：

（1）热场（20 分钟）

员工大会开场时建议先有个热场环节，可以是团队游戏、FAB 演练、新人介绍等，以把大家的注意力聚焦起来。团队游戏的选择也可以和后面的内容进行挂钩。

（2）回顾（10 分钟）

回顾一般采用主持人提问、大家抢答的形式，可以准备一些小礼物提升氛围。问题可以包括上个月店铺的方方面面，比如 KPI 情况、排名、做了哪些工作，也可以让相关职能负责人做一些工作总结。

（3）颁奖（10 分钟）

设立一些店铺奖励，公司可能也有相关奖励，中途进行颁奖。如果有区域经理或中高层领导出席，也可以让他们参与。

（4）目标（10 分钟）

明确下月目标（参考"店长八法"中的"目标"），鼓舞士气，并签订"军令状"，以增加一点仪式感。

(5) 挑战 (30 分钟)

大家反馈目前店铺存在的问题、有哪些建议。这里店长需要进行引导，并且结合店铺实际情况做一些案例说明。要能切实有效地解决一些"人"的问题。

形式上，员工大会鼓励创新，店长可以根据品牌和店铺条件对各环节进行取舍和调整，最重要的是要能通过这个方式解决当下最核心、最关心的问题。

第四节 激 励

4.1 员工需求（两个理论）

激励的本质就是要满足员工的需求。一提到需求，肯定绕不过马斯洛需求层次理论，以及赫茨伯格双因素理论。在我个人的日常管理中这两个理论的指导意义是非常大的。

4.1.1 马斯洛需求层次理论

我们先说马斯洛需求层次理论[1]（见图 2-8）。首先，企业通过薪酬福利满足员工的生理和安全需求；其次，通过团队建设、文化打造，满足员工的社交需求和尊重需求；最后，通过使命和愿景来满足员工自我实现的需求。可见，企业管理的系统性和完整性也能时时起到激励员工的作用。

---

[1] 亚伯拉罕·马斯洛是美国著名社会心理学家，是第三代心理学的开创者，开创了融合精神分析心理学和行为主义心理学的人本主义心理学。他的主要成就包括提出了马斯洛需求层次理论等，代表作品有《动机和人格》《存在心理学探索》《人性能达到的境界》等。

自我实现需求

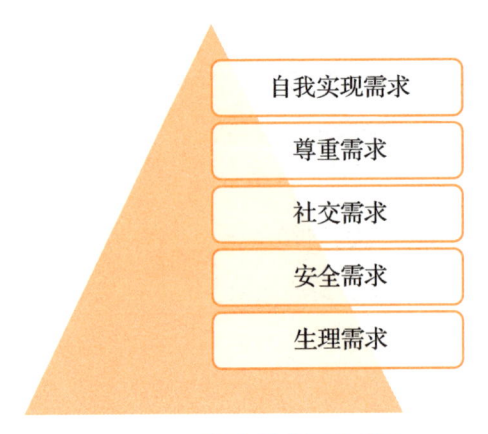

尊重需求

社交需求

安全需求

生理需求

图 2-8 马斯洛需求层次理论

很多老派零售管理者经常跟员工说我们出来做销售就是要赚钱,意思就是告诉员工,在这里工作是可以保障你的生理和安全需求的。乍一听没什么问题,但细想一下,激励员工仅仅满足他们的基本需求就够了吗?

另外,我们也听说过,阿里巴巴在创业初期用 500 元的工资就能号召十八罗汉几乎"免费"打工,甚至还能请到当时年薪 500 万元的蔡崇信做 CFO。可见,你把团队每个人的需求拉到自我实现这个层面的时候,工资便不再是他们关注的重点。所以,马云绝对是员工激励的顶级高手。

而且,我们也要明白,如果你能把员工的需求拉到最高层,那么员工对工作本身的付出也会达到更高的水平,这才是最重要的一点。

既然员工有五个层次的需求,那我们在管理店铺的时候可以怎么样帮他们实现呢?我举几个例子,大家可以体会:

(1) 生理需求

选择员工时要注意员工的家庭距离,不能让员工在上班路程中太累;

排班的时候如果连上三天,可以安排为"早休晚",让员工休息得比较充分;

员工早、中、晚的用餐时间要做好安排,防止员工吃饭不按时得胃病；

员工的基本工资应该能负担得起他们的基本生活。

（2）安全需求

定期进行工作沟通，让员工了解店长对自己的评估，及时改进；

规范工作场合和流程，应注意员工的个人安全（有些品牌的库房堆货很高，拿货是有风险的）；

不要让员工因为盘点或加班回家太晚，或者打车报销不方便。

（3）社交需求

店铺的员工关系健康，没有小团队；

人与人的沟通比较平等，没有过于夸张的等级关系。

（4）尊重需求

店长能一碗水端平；

店铺老员工不欺负新人；

同事之间沟通有礼貌，相互尊重。

（5）自我实现需求

在销售上公平竞争，谁都有机会；

表现好就能快速发展和晋升；

不因为年龄和资历受到发展上的限制；

店铺有集体荣誉感，比如争取获得商场第一名。

作为店长，如果你能关注以上的这些问题，并把店铺往"正道"上引导，团队成员自然会保持较高的自驱性。所以，对激励氛围的打造，要比激励措施更有长远价值。

4.1.2 赫茨伯格双因素理论

赫茨伯格双因素理论[①]（见图 2-9）把激励分为保健因素和激励因

---

① 弗雷德里克·赫茨伯格，美国心理学家、管理理论家、行为科学家，双因素理论的创始人。

素，或者叫物质激励和非物质激励，比马斯洛的模型更简化一些。

保健因素	激励因素
薪金	工作本身
管理方式	赏识
工作环境	成长可能性
安全	责任
行政管理……	成就……

图 2-9　赫茨伯格双因素理论

店长在物质激励方面可用的资源其实并不多，更多可采用的是非物质激励，这是每位店长需要认真思考的。

比如：你是否经常认可员工？是否会合理授权？是否能激发员工潜力？是否能够帮助员工规划职业发展？是否能定期与员工进行面对面的沟通？这些都是事关非物质激励的举措。

但我发现，很多店长基本不做这些工作，然后团队一发生人员动荡，就向上级或公司反馈薪资体系不行，这其实是"偷懒"和"不作为"的表现。

所以，店长应该多增强自己的同理心，善于把握员工的真实需求。

4.2　规章制度（奖罚分明）

我刚做店长那会儿，接了一家表现很差的店铺，区域经理对店铺来了个大换血，把老员工全部打散，换了一批刚入职不到 1 个月的员工。我在观察了店铺一段时间后，借着一次员工大会，做了两件事情：一是制定了店铺新的规章制度（见表 2-15），二是发明了一套销售游戏。

对于店铺规章制度，很多人觉得它不是激励，其实这也是一种激励，专业来讲叫"负激励"，就是店铺要有一个底线，越过了这个底线就要惩罚。在设计的时候需要注意几个方面：

- 内容框架要想好，便于持续迭代
- 要与团队充分探讨，而不是一言堂
- 内容尽量精确，不存在歧义，便于执行
- 能体现店铺管理的方向和意图

表2-15 店铺规章制度样本

\multicolumn{3}{c}{XXX店【规章制度】}		
项目	序号	内容	处罚方法
员工考勤	1	每天应提前5～10分钟到岗进行准备工作，到上班时间必须在卖场进入销售状态	……
	2	请事假提前3天，请病假应在上班时间提前半天请假，否则按旷工处罚，严禁私自换班	……
	3	年假需提前申请，离职小时工需提前7天申请，正式员工需提前1个月申请	……
	4	工作时间不得擅自离岗，离开卖场必须和店长（代班）打招呼；离岗时应及时签到，回来后应及时签回	……
	5	吃饭时间每人1小时	……
员工形象	6	禁止未按要求穿着工服或者工服太脏、有异味	……
	7	营业期间不能照镜子、打哈欠	……
	8	禁止在工作时间饮酒或者饮用含酒精的饮料	……
	9	禁止用店铺电话处理私人事务	……
	10	禁止利用员工内购活动从中谋取差价方面的利益，或私自将公司货品带出店铺	……
	11	禁止在店铺代存私人物品	……
	12	女店员每天精妆上岗，要求画眉、涂眼影、睫毛膏和唇彩；发型时尚整洁	……
	13	站姿优雅，在卖场工作时禁止倚靠墙面、展桌、收银台等家具，不得玩衣架、裤夹	……
	14	在卖场不得聊天、嬉戏、看手机，手机需要存放在库房	……

续表

项目	序号	内容	处罚方法
XXX 店【规章制度】			
陈列细节	15	禁止区域卫生不合格	……
	16	每时段服装区域应及时补货	……
	17	区域陈列细节、排号、鞋底、服装等需要及时查看或整理维护	……
	18	禁止工作时间内把衣服放在层板、沙发、桌面上,未及时收回	……
	19	禁止顾客离开后未及时整理试衣间,未按标准放衣架、裤夹	……
	20	鞋子每半个月进行一次调换,防止出现左右脚问题	……
顾客服务	21	禁止未及时跟身边的顾客打招呼	……
	22	禁止对产品知识掌握不到位	……
	23	禁止跟在顾客身后,没有和顾客有效沟通	……
	24	禁止试衣环节未给顾客做搭配	……
	25	禁止顾客买单后,未告之洗涤方法	……
	26	禁止产生顾客投诉	……
	27	禁止员工因抢单发生争执	……
	28	禁止让家属朋友在店内等待	……
库房与收银台	29	库房内不准吃气味较大的食物	……
	30	库管是否能快速找到货品	……
	31	库管在库房内如果没有工作不能长时间逗留,必须出现在卖场上	……
	32	需要及时更新货仓的编号和对应的商品清单	……

员工签字确认:

大家可以参考这个表格进行设计,最好一张 A4 纸能写完。处罚方法不建议用现金,可以团队讨论决定,比如扣掉一些销售额、给大家买水、请大家吃饭等。

4.3 销售游戏（无本激励）

除了采用规章制度进行"负激励"，我们还可以在店铺做销售游戏进行"正激励"，前提是店长要有"公积金"，否则店长只能自掏腰包，或者等公司那"没影儿"的小奖金了。那"公积金"从哪里来呢？

我当时用的方法就是员工销售的单件商品不算个人业绩，这样店铺每天都会有一些盈余，累计起来就是"公积金"。

可能有人觉得这个力度太大，员工会抵触，这时就是管理者彰显个人价值的时候了，你要想办法说服你的团队，让大家都接受这样的方案。你要给团队解释清楚为什么要这么做，这点非常重要。我一般会说，如果卖单件，等于在浪费顾客资源；强调我们商品种类的丰富性及搭配的可行性；"公积金"的钱会返还给团队；等等。

大家记住，越好的方法往往起初执行推动时越困难，如果所有员工一开始都认可，我劝你谨慎实施。

有了"公积金"后，可以奖励的内容包括但不限于：

- 开单奖：奖励当天第一个开单的
- 大单奖：奖励超过某个金额的大单
- 单款奖：特殊商品奖励，比如高价款、新款、滞销款
- PK 奖：当天赢了竞争品牌店铺
- 搭配奖：对 KPI 的奖励，比如连带率
- 贡献奖：帮助同事或团队销售的奖励

总之，所有奖励都要围绕店长的管理意图展开，若你指哪，员工就打哪，说明你的销售游戏设计对了。

后来我也发现这种方式在操作过程中非常考验店长的领导力和沟通能力，稍不留神店员可能就会"起义"。所以，我后来自己做销售总监时，会让 HR 从员工的薪酬中提取一些钱做"公积金"（表现奖），比如每人 600 元，店铺有 10 个人的话，整体"公积金"就是 6 000 元。

然后，员工若达成奖励目标就会得到数量不等的小星星，也可以在库房设个白板进行统计，这样一个月下来，有的人多，有的人少，加在一起就是分母，个人得的就是分子，用个人的比例乘 6 000 元的基数就是当月个人的表现奖。

同时，也可以把这个小星星的统计和规章制度的处罚进行绑定，这样店长可以动用的激励资源就会更多，管理手段也会更丰富一些。

第五节　教　练

零售行业经常说培训，但那是培训师的工作，他们的价值在于做流程、定标准、开发课程，而我认为店长的主要角色应该是"教练"。

教练的意义在于"适时激励""及时纠错""方向引导""信心建设"，更多的是言传身教，这个角色是培训师所不能替代的。

当然，做一个合格的教练并不容易，既要能对团队的每个成员有充分的了解和认识，也要能对团队的现状了如指掌。那教练要在店铺做好哪些工作呢？

5.1　店员基本功（扎好马步）

我们很多时候觉得专业知识、服务技巧才是培训的重点，其实这些往往都是拔高的内容，就像练武术，马步还没扎稳，就别说其他的了。所以，店长应该先督促员工做好一些基本功，涉及以下几方面：

款号

要记清款号命名逻辑，记住重点款式的款号，便于店铺日常沟通，或给顾客开单结账。

价格

要记住商品的价格，这样在给顾客推荐的时候就可以减少翻吊牌的时间，也会显得你比较专业。

产品系列

记住主要产品系列的风格特点及背景故事。

畅销款排名

每天坚持查看店铺畅销款的位置、尺码，背熟这些畅销款的尺码，及时向顾客推荐。

断码商品

应牢记断码商品的尺码，这样推荐成功率往往较高。

如果一名员工能把以上工作做到位，他的工作业绩肯定不会差。

对于店长来讲，这些知识不需要他教，他只需要制订计划和考核，不断跟进，就能提升员工的熟练度，从而员工接待顾客也能更加自信。

就像《灌篮高手》（见图 2-10）里安西教练一开始不让樱木花道上场，只让他在边上不停练习拍球一样，开始时督促员工打牢基本功、制定目标和给予其精神鼓励，而并不是传授他多高深的技巧。

图 2-10 《灌篮高手》

5.2 资料解码（承上启下）

通常店铺获得的所有培训资料都是由公司提供的，而这些资料往往是针对店长的培训，包括服务流程标准、店铺运营管理标准、产品基础知识、新品知识等内容。

所以店长很重要的一项能力就是转训能力，否则公司培训你100%，你理解60%，然后你对员工进行培训，员工理解30%，最后做到10%。这也是很多公司觉得培训都做了，终端还是执行不到位的原因。尤其是有些店铺做得到，有些店铺做不到，基本可以判定店长的问题会更大一些。

当然，也有一种情况，即很多公司的培训部往往很少下店铺，坐而论道，提供的培训资料非常不接地气，这时候店长就要有能力将其转化为员工可以听得懂的语言，将一个课程拆成几部分对员工进行由浅入深的培训，并进行检查。这对店长自身的学习能力和培训能力是较大的考验。

我觉得店长要想把一份资料充分转训，应该把自己想象成一名备课老师。每个老师参考的书本都是一样的，有的老师水平一般，有的老师表现优异，其中的差异就体现在备课的能力上。

如果给店员备课，需要关注哪些注意事项呢？我们可以把自己想象成一名老师，你需要：

熟练掌握

既然你要培训员工，那自己就要非常熟练，不能你自己都背不下来的知识，非让店员背下来，那就不合理了。

实地应用

有了这个知识，就要在日常工作中实践，并真的帮助你做好成交，要有说有做，店员才会信。

知识扩充

在既有资料的基础上，要对知识进行延展，讲解生动，让大家可以更好地记忆。

互动优化

在转训的过程中，要让团队多互动，也许员工能提供很多不同的见解，这也能够帮助大家理解。

深入浅出

很多专业知识要站在店员日常应用的角度进行改良，尤其是很多专业词汇或话术，可以看，但不好说，所以需要店长进行"解码"，待将其转换成可以直接使用的话术后，再进行培训。

综上，资料解码和转训是店长很重要的功课，优秀的店长首先就是要以身作则的。

5.3 演练模式

为了更好地帮助店员把知识融入销售过程，一般会采用两种练习方法进行提升，一是针对服务标准流程的角色扮演法，二是针对产品搭配技能的搭配演练法。下面具体说明一下：

（1）角色扮演法

角色扮演法是一个比较常用的方法，就是安排一名店员扮演消费者，另一名店员进行正常的服务流程，"消费者"提出有挑战性的问题，店员进行专业知识讲解或者异议解答，店长可以作为"旁观者"进行打分（可以使用第一篇的神秘顾客调查表）。

通过扮演"消费者"的店员以及"旁观者"的反馈，店员能更好地了解整个流程的优缺点，进行反馈和总结，也更接近实战。而且，在店铺没有客流的时候，也能很好地活跃店铺氛围，而不是大家都守在门口。

除此以外，店里的很多工作也都可以通过这种方式进行模拟练习，比如服务流程、收银环节、VIP 介绍、异议处理等。

（2）搭配演练法

服饰行业很重要的一个 KPI 就是连带率，毕竟给顾客推荐多件商品也是衡量店铺和员工个人销售能力的重要指标。

所以，为了提高员工的能力，搭配演练就成为店铺每日的必要功课，尤其是新款到货比较频繁的公司。建议店长每天都要进行这样的练习，同时结合角色扮演法一起使用，效果会更好。

通常，我会选择在日例会之后没有顾客的时候，用 10～20 分钟进行演练。首先，我会描述一下参与演练的员工面对的顾客类型，可以找个店铺老顾客或者大家都认识的人，让该员工根据这个顾客的需求及体态特征进行全套搭配。然后，跟大家讲解这么搭配的理由及思路。最后，我也会让现场的其他员工给这位员工的这套搭配打分（见图 2-11），并反馈可以改进的地方。

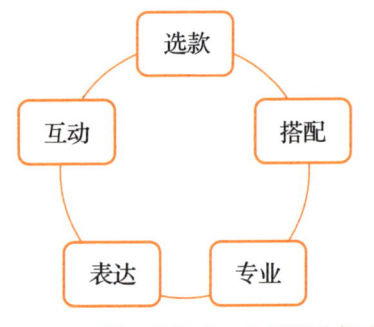

图 2-11 搭配演练法 5 分制评分标准

长期坚持后，店员的搭配技能和 FAB 逻辑会有非常大的提升。以下是注意事项，供大家参考。

搭配准备

- 选择尺码齐全的款式
- 搭配方案最好使用店铺 TOP 20 产品
- 拿货速度要快，要模拟真实销售节奏

搭配方案

- 全身搭配：外套 + 内搭 + 裤子
- 风格搭配：休闲 + 商务 + 运动
- 家庭搭配：父亲 + 母亲 + 子女
- 重点产品搭配：鞋 + 鞋 + 鞋；服装 + 服装 + 服装

评价标准（5分制）

- 选款：是否与客户匹配
- 搭配：效果是否得体
- 专业：FAB讲解是否用的专业词汇
- 表达：是否自然顺畅、逻辑清晰
- 互动：能否充分模拟现实情况、声情并茂

总之，提升搭配技能是个需要持续训练的事情，毕竟人与人的审美差异较大，只有长期练习才能为顾客提供更专业的搭配建议。

5.4 GROW 教练模型

不管是提升员工基本功和专业技能，还是他们面临挑战需要你帮忙解决，约翰·惠特默的 GROW 教练模型[①]（见图 2-12）都是一个非常好用的工具。正如它的英文首字母缩写 GROW（goal、reality、option、will）所言，这个模型能很好地帮助员工成长。

图 2-12　GROW 教练模型

[①] 约翰·惠特默以其在教练领域的杰出工作获得了国际教练联合会授予的总裁奖。他与国际绩效咨询公司一起从事教练和团队建设方面的咨询和演讲工作。他著有多本关于运动、领导力和教练的著作，其中《高绩效教练》最为著名，并被翻译成数十种语言。

通常，这个模型用于与员工的一对一面谈，可以分四步进行：

目标设定

双方希望通过沟通达到什么目标，最好在刚开始沟通的时候达成共识。

现状分析

分析员工的现状和遇到的挑战，最好是他自己进行总结和分析，说得越清晰越好。

发展路径

员工要思考如果要达到想要实现的目标，可以选择的方案有哪些。店长可以给予一些合适的建议，但不要替员工做选择。

行动计划

员工明确了目标，也就知道自己该怎么做了。店长这时候可以问问他如果要达成这个目标现在有多少信心。如果是100%，那没得说，如果还是不足，希望店长能提供哪些支持，以促成他实现目标。

我在过往工作中经常使用这个方法与团队沟通，整体来说效果还是不错的。很多管理者习惯单方面输出，使用这个方法能很好地倾听员工的想法，能真正激发员工的自驱力，大家一定要尝试一下。

第六节 陈　列

陈列又可理解为视觉营销（visual merchandising，VM）。顾名思义，就是通过视觉引导消费者产生购买行为，而且最好不提供任何服务。

比如，优衣库、ZARA 就几乎没有服务员。消费者在整个消费过程中，往往仅在收银台或试衣间能够接触到其员工。现在在优衣库的收银台，连收银员都见不到了，直接是 RFID[①] 自助收银（见图 2-13）。

[①] 即射频识别技术，其原理为阅读器与标签之间进行非接触式的数据通信，以达到识别目标的目的。RFID 技术的应用非常广泛，典型应用有动物晶片、汽车晶片防盗器、门禁管制、停车场管制、生产线自动化、物料管理。

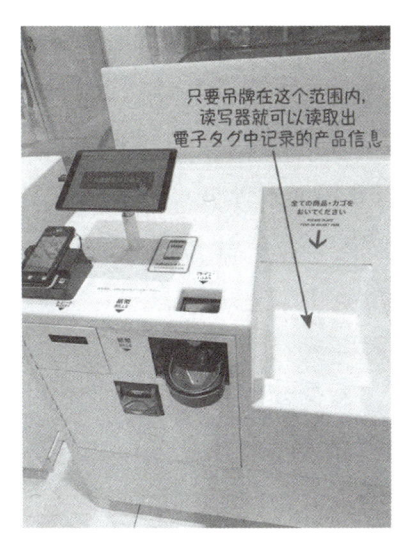

图 2-13 优衣库 RFID 自助收银

鉴于不同品牌的差异化定位，其陈列逻辑也完全不一样，因此要因地制宜进行规范。一般来看，传统零售品牌讲究系列分明，突出展示重点产品，以顾客和员工的搭配便利性为导向；而快时尚品牌则强调自选，货品丰富，让消费者能产生闭环的购物行为；奢侈品则强调细节和精品展示，从内到外都要注重细节。

比如：

● 传统男女装品牌（衣恋、雅莹、九牧王、波司登……）一般出货 2～3 件，强调款式（内外、上下）的搭配

● 快时尚品牌（GAP、优衣库、H&M、ZARA、UR……）一般出货 10 件以上，坚持品类集中原则，尺码按顺序码放，便于顾客自己直接拿

● 奢侈品牌（蔻驰、LV、古驰、爱马仕……）都是一个 SKU 出一件样，体现商品价值感

所以，虽然所有品牌都需要陈列，但一定要先弄明白品牌的 DNA 和产品线的特点，再进行陈列标准的定义，否则可能会南辕北辙。

店铺的现场陈列流程一般分为四步（见图 2-14）：

数据分析 ➡ 陈列规划 ➡ 陈列实施 ➡ 陈列回顾

图 2-14 陈列步骤

6.1 数据分析（磨刀不误砍柴工）

我们先讲第一步"数据分析"。在实际工作当中，店铺到货后，店长往往会参考陈列指引，或者压根什么也不参考，就直接动手凭借经验调整陈列了，很少有人会去研究数据。

但要知道不管你的卖场体量多大，消费者的视觉关注点都存在优先级。数据分析的核心目的就是"要把正确的商品放在正确的位置"。

什么是正确的商品？

比如新款、店铺 TOP 款、尺码齐全款、目标顾客经常购买的系列等，这些都是需要数据进行分析和支持的，绝不能拍脑袋定。很多店长和员工认为好卖的商品往往都是凭主观判断决定的，在实践中往往都是推自己觉得好卖的商品，但经常事与愿违，所以一定要看数据。

什么是正确的位置？

我们要清楚一家店铺不可能每个位置消费者都容易扎堆，所以，店长应该根据消费者的购物习惯，把陈列区域按视觉优先级划分为 A、B、C 位。

橱窗、模特、墙面都是 A 位，中岛一般是 B 位，一些角落或者敞开空间有限的区域是 C 位，"好"的商品一定要放到"好"的位置。

另外，需要注意，陈列面积和销售比例必须是匹配的。比如：店铺里有男装、女装、童装，销售占比分别是 40%：40%：20%，那相关陈列面积或所占的空间就要与之对应，也应该是 40%：40%：20%。

再比如：男装有 40% 的库存比重，并能贡献 40% 的销售额，那肯定不能给它 20% 的面积，否则，有些货可能陈列不出来。而且男装比重也说明了客群比重，如果缩小了男装陈列的相对面积，也会错失销售机会。

这个逻辑也适用于按照"主题系列""功能系列"分区的品牌，本质就是要让店铺的每一平方米都得到充分的利用。有些快时尚品牌会让店铺做金钱地图（money mapping），就是更细化地计算每一个陈列道具的产出，从而为陈列制定更细化的指引。

6.2　陈列规划

很多人习惯上来就调陈列，这是很不好的习惯，中间还要不断反复调试，更会影响店铺的正常销售，所以陈列应该是"谋而后动"。如果一场陈列预计 3 小时调完，我更建议思考 2 小时、动手 1 小时，而不是上来就调。

所以，店员要有画"店铺平面图"和"墙面结构图"的基本功，这样便于提前在头脑中构思陈列，把想法记录到平面图上，减少实际执行过程中反复纠正的时间。

那如何进行规划呢？主要应遵循以下顺序：

性别分区

店铺如果超过 500 平方米，商品往往会包括男装和女装，甚至童装。所以，店铺如果用的统一装修标准，可以进行区域调整。我建议第一步就是先看看分区是否合理，面积比例和销售比例的匹配度是否合理，区域位置和店铺顾客的匹配度是否合理。如果这些都没搞清楚，就先别急着陈列。

区域主题

性别分区确定好了，或者压根不存在这种情况，那就直接进入区域主题部分。比如，一个女装品牌有商务、休闲、民族三个系列产品，你就要思考哪个放店铺入口处、哪个的陈列面积要大等问题。

区域色块

确定好区域主题后，为了让每个区域凸显各自特点，也为了让消费者能充分了解店铺商品的丰富度，就要思考应该展示怎样的色块组合才能吸引消费者。比如，前文提到的三个系列都有蓝色服装，如果全在店铺正面展示，就会让消费者误以为你店里只有一个主题，很容易看看就走了。

所以，可能商务区域用"黑＋灰＋紫"，休闲区域用"白＋蓝＋黄"，民族区域用"黑＋白＋红"，这样区分开大的色块，各区域的风格自然就比较明确了。一般运作经验丰富的品牌，对每个主题的产品都会有相应规划，色彩的色相、明度、纯度都是会有差异的，但每个主题内部要有统一性。

核心款式

以上确定好后，就要认真过一下店铺的款式，思考一下：主推哪些，次推哪些；哪些正挂，哪些侧挂；哪些单独展示，哪些搭配展示；等等。

道具结构

有些品牌的前面道具或中岛道具是有移动插杆、移动层板或者其他辅助道具的。构思好陈列，就要结合实际情况评估是否要调整道具结构以适应商品展示。

总部一般会有相关指引，但由于每家店铺的订货情况、墙面结构都会有差异，还是需要店长和陈列师结合实地进行调整。

其他 SKU

如果商品的 SKU 数量不多，你也非常熟悉，也可以提前构思好非重点 SKU 的陈列位置，这样实际执行会更有效率。

基本上，把以上问题提前在陈列前"记"或"画"到本子上，执行起来就会非常迅速了。

6.3 陈列实施

实际动手操作时就一个原则——快！

因为你已经做好了详细的规划，所以陈列实施基本就是一个体力活了，一般会按照墙面→中岛→模特→橱窗的顺序进行陈列实操。

同时，陈列实施中很多陈列师容易犯的错误在此也提醒各位：

- 把替换下来的款式随便乱丢，影响店铺形象和顾客试穿
- 把整面墙腾空再调整，影响店铺形象。所以，有些大牌调橱窗陈列，一定会先用帘子遮住
- 不会利用店铺人力，都是自己调，员工在旁边看。其实，如果有了好的规划，陈列师是完全可以在没什么顾客的时候，调动员工进行配合的。这样，也能更快地让店铺进入销售状态

好的陈列实施需要相关人员具备较强的统筹管理能力。就像做饭，同样的三道菜，有的人能折腾一上午，有的人一个小时就能做完，就是因为后者有齐头并进处理多线程工作的能力。

6.4 陈列回顾

很多陈列师调整完陈列后，往往就"闪人"了，或者做其他事情了，这其实很不好。

有经验的陈列师往往会拉着店长和店员把整个店铺跟他们过一遍，分享自己的思路，比如，为什么这么分区，为什么把某个款式正挂，为什么这样搭配……同时提供一些灵活的建议，比如有些款式如果卖断货了，店长应该如何开展替款工作。

这样能让店铺销售团队对你的规划有个全面的理解，这对他们之后的销售也会有帮助。并且，团队也会对陈列有信心，销售热情也会更高。

我们做零售时经常发现店长不理解陈列师的想法，陈列师也不了解

店长的想法，陈列师走后，有些比较有主见的店长还会再调整一遍陈列，这样其实是很劳民伤财的。所以，双方务必做好事前沟通和事后回顾。

当然，这个流程是从陈列师角度说明的。如果是店长本人调整的陈列，店长则要跟员工做好沟通。

第七节　后　仓

传统零售的很多店长都是销售型的，他们做业绩、带团队都挺好，但一些后勤工作往往就会做得很差，觉得反正顾客也不会开门看，乱点就乱点，无所谓。

其实一个好的后仓运营对于销售额的稳步提升是非常重要的。比如：能否快速找到商品肯定会影响你的成交率；整齐的库房会避免失货，并能提高盘点效率；清晰的分区能让店员快速找到想要的东西……

当然，有些店铺店长、库管找货其实也挺快，但你一问他是怎么找的，对方往往就会告诉你都在脑子里！这是很可怕的，因为一旦该员工离职，就会给店铺一段时间的销售带来极其负面的结果。

所以库房管理是否到位，最简单的衡量方法，就是找个新人来，如果他通过库房的指引，能快速找到想要的东西，那说明库房管理到位。

本节我们的标题没有用"库房"，而是用的"后仓"（即库房＋办公区），这是因为有些大店和高端品牌一般都有这样的设置，这样定义也更全面。我们将分成四部分进行讲解。

7.1　八大分区

通常我们可以把库房分为八个区域，分别是货品区、理货区、残品区、留货区、道具区、物料区、卫生洁具区、私人物品区。大家也可以结合自身品牌的特点进行调整。

货品区

应按标准进行整理，对于不同服装，要看是挂放还是叠放，吊牌要好看，找货要方便；对于鞋子，要规范每个货架的存储量，便于计算仓容（这是鞋子和服装最大的区别）。

理货区

库房相对较大的店铺应该预留一个小空地，便于商品的出入库整理。否则，我们经常看到员工在卖场理货，把商品扔到地上，这非常影响品牌形象。

残品区

因质量问题而退货的商品应统一放置，并按公司要求标注原因，待公司有退货要求时，再统一寄回。应避免盘点时漏盘，或把瑕疵商品二次出售给消费者。

留货区

留货区临时存放顾客购买后过段时间再来拿的商品，或者老顾客电话预约订购的商品。如果不小心把这些货混入常规商品，它们被出售后，可能会引来投诉。所以，要留好商品并备注顾客的信息和留存时间。

道具区

闲置的模特、插杆、挂通、层板等陈列道具，不用的时候要妥善保存，以备不时之需。

物料区

一般是备用纸箱、购物袋、小票纸、POP[1]等物品，应统一整理放置，便于需要时拿取。

---

[1] 即售点广告，是一种有效刺激消费、扩大销售的促销媒介，指在零售商店内的墙壁上、天花板上、橱窗里、通道中、货架上、柜台上张贴或摆放的各种广告物和产品模型。

卫生洁具区

卫生洁具一般包括抹布、墩布、簸箕、玻璃水等，便于员工或保洁员使用。有些品牌会专门配清洁车，这样会更加方便。

私人物品区

有的品牌会配发员工柜，如果没有的话，可以腾出一个货架放员工的私人物品，如果库房有监控，最好正对监控。

以下是我之前在某品牌工作时要求全国店铺达到的统一标准（见图2-15），因为是快时尚品牌，所以未必适用于所有场景，仅供大家参考。

图2-15 某快时尚品牌库房照片

综上，库房管理要先有区域的概念，这样才能更好地管理库房，并且有效利用空间。

当然，不是所有品牌都能这么安排。毕竟有的品牌在店铺库房设计上存在不足，往往就几平方米，放货都困难。所以，标准因品牌而异。

7.2 检索系统

之所以叫"检索系统"，是因为找货的流程很像图书管理员找书。

早期零售店铺为了快速找到一件商品，都会聘用专门的库管做这项工作，库管主要靠记忆管理商品。

随着零售店铺的发展，出现了越来越多的大店模式，再靠记显然就不行了，所以会进行货架编码，然后再通过和 Excel 结合的方式检索商品，这样效率会高一些。

有一些大零售商，比如滔博运动采用科技赋能的方式，通过一部手机实现商品进销存的有效管理，为商品检索提供了很大的便利。

建立检索系统之前，我们先要思考一下这个操作的逻辑是怎样的。

● 第一步，我们要对每个货架单元进行顺序数字命名，并且对每一层进行命名，比如从下到上分 A、B、C、D 4 层，即该货架共有 4 个仓位，这样就能确定唯一仓位编号，如 22-A、43-D 等

● 第二步，如果我们把某件商品放进去，那么商品的款号要和仓位产生系统关联

● 第三步，通过卖场商品的某些标记，如款号或条形码，我们查到商品在哪个仓位

● 第四步，知道仓位后，我们通过库房地图能知道这个仓位编号在哪里，从而快速拿到商品

这就是我们能快速找货的逻辑，即便是 50 平方米的库房，通常也能在 30 秒内找到货。鉴于不同品牌的库房管理系统存在差异，我分享三种检索系统的逻辑，供大家了解。

（1）货号排序法

这是大部分品牌都在用的方法。前提是品牌货号是有规律的，可以由小到大进行码放，并在货架上标注。当然，也可以提前按照品类或系列进行一级逻辑划分，这样更快。

（2）纸质查询法

即通过打印库存清单和标记仓位号来进行商品查询，其流程大致

如下：

- 通过 ERP 收银系统导出所有库存信息
- 通过 Excel 编辑表格，将款号从小到大排列
- 手动将仓位信息写在款号旁边
- 将编排好的表格打印出来，装成一册放在库房一进门的地方
- 需要找哪款直接对应查找即可

理论上，每次发生大批量退换货都要由专人重新打印和记录（见表 2-16）。所以，这种方法也需要专职的库管跟进。

表 2-16　某品牌纸质查询法表格

款号	仓位	款号	仓位	款号	仓位
ON2401BLK001	13A	ON2401YEL007	17B	ON2403WHT004	11A
ON2401BLK002	13A	ON2401YEL008	17B	ON2403WHT005	11A
ON2401BLK003	13A	ON2402YEL001	15C	ON2403WHT006	11A
ON2401BLK004	13A	ON2402YEL002	15C	ON2403WHT007	11A
ON2401BLK005	13A	ON2402YEL003	15C	ON2404GRA001	9B
ON2401BLK006	13A	ON2402YEL004	15C	ON2404GRA002	9B
ON2401YEL001	17B	ON2402YEL005	15C	ON2404GRA003	9B
ON2401YEL002	17B	ON2402YEL006	15C	ON2404GRA004	9B
ON2401YEL003	17B	ON2402YEL007	15C	ON2404GRA005	9B
ON2401YEL004	17B	ON2403WHT001	11A	ON2404GRA006	9B
ON2401YEL005	17B	ON2403WHT002	11A	ON2404GRA007	9B
ON2401YEL006	17B	ON2403WHT003	11A	ON2404GRA008	9B

（3）PDA 查询法

各种方法的原理都一样，只不过 PDA（personal digital assistant，个人数字助理，即掌上电脑）查询法可以通过手持 PDA 进行扫码查询，而且卖场扫完码马上就能知道顾客要的尺码有没有库存。也可以用对

讲机让库房的同事找好货拿出来。采用这种方法时一个月盘点一次即可。以下是大致流程：

- 盘点店铺所有货品与仓位
- 建立货品与仓位的绑定关系
- 员工帮顾客找货品，可使用 PDA 扫描货号
- PDA 会显示货品的仓位信息
- 员工根据仓位布局图（见图 2-16）直接前往对应的仓位处取货

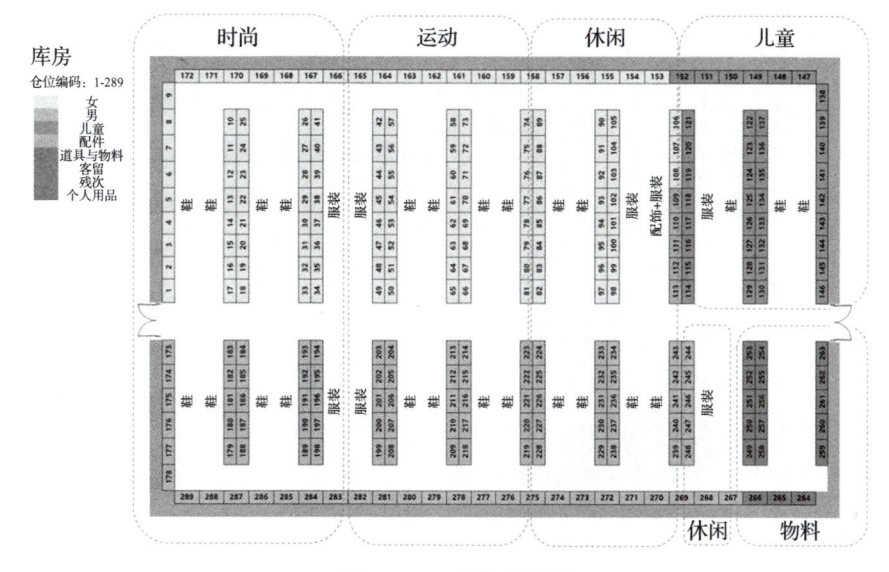

图 2-16 仓位布局图

7.3 盘点管理

盘点对于服装品牌肯定是例行的管理操作，每家公司都会非常重视，甚至优衣库还有专门的盘点日——当天可以不营业。迪卡侬则通过 RFID 技术实现了机器人盘点，这应该也是新零售未来的一个发展方向。

而大多数传统零售品牌目前还是使用盘点枪的方式，一般分为如下几个环节，我主要说一下需要特别关注的地方。

（1）盘点准备

绘制店铺盘点分区图（见图2-17），标注区域代号，防止出现多盘或漏盘现象。同时，区域的分配要确保工作量的均衡。

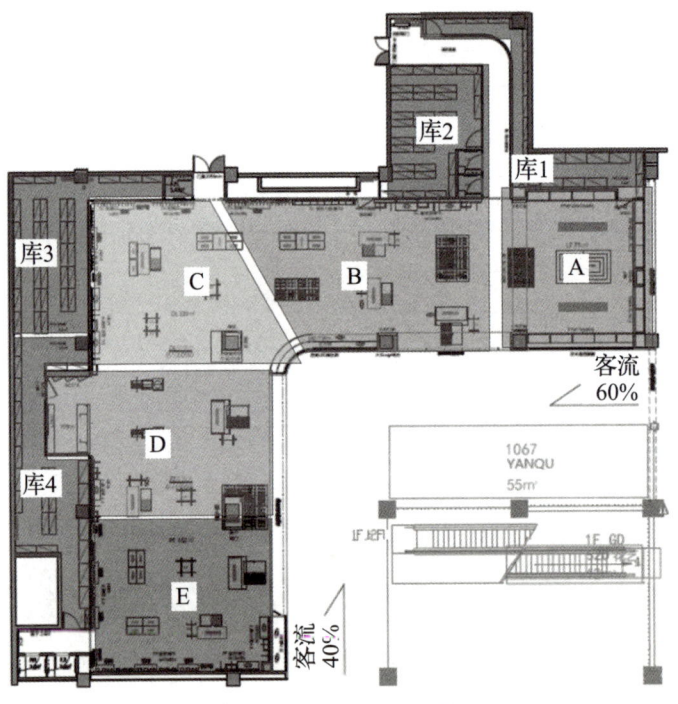

图2-17 盘点分区图举例

（2）盘点执行

最好两个人配合盘一个区，一人拿枪，一人负责翻吊牌，这样效率会比较高，同时要协助点数，确保盘点枪的数据和人工统计的一致。然后，将数据记录到点数表（见表2-17）上，且要与盘点分区图对应。

表 2-17　点数表

分区	小区	件数	负责人	件数	负责人
A	墙面1	34	许××	40	徐××
A	墙面2	36	章××	50	陈××
A	墙面3	32	刘××	58	……
A	中岛	16	张××	16	……
A	模特	8	李××	8	……
A	汇总	126		172	
B	墙面1	32	……	34	
B	墙面2	34	……	36	
B	墙面3	30	……	32	
B	中岛	14	……	16	
B	模特	6	……	6	
B	汇总	116		124	
C	墙面	30	……	32	
C	中岛	32	……	34	
C	模特	4	……	4	
C	汇总	66		70	
	……	……	……	……	……
	……	……	……	……	……
	……	……	……	……	……
期初汇总件数：	308	期末汇总件数：	366
销售件数（减）：	20		
到货件数（加）：	78		
期初交接时件数：	366	差异：	0

签字确认：　　　　　　日期：

（3）差异核对

针对差异较大的商品，找到该商品在卖场的所有位置，再重新点数确认，并及时进行调整。

（4）提交盘点

确认盘点差异后，参与盘点人员应该集体确认签字。因为如果有缺货，店铺员工是需要按照公司的标准进行赔偿的。

盘点其实非常考验店长的计划统筹能力。同一个店铺，有的店长可以白天抽空就盘完，有的店长则要盘到凌晨两三点。

另外，有些高端品牌每天都会要求员工盘点，确保"每日期初库存＋进货件数－销货件数＝期末库存"，这样如果失窃，可以第一时间发现。使用上面的点数表时每月打印30张，就可以按部就班地操作了。

不管怎样，大家要认真对待盘点。我见过很多因盘点问题导致的大额赔偿情况，最后店铺全体员工承担巨大损失，甚至一个月工资都没了。要不然就是店铺交接盘点不合规，导致老店长离职很久才发现存在大额盘点差异，这时候再追就晚了。

7.4 办公区管理

办公区管理也是后仓管理的一部分，有些大品牌在这方面的要求非常严格，要求有专门的档案区，每个档案放什么也都有要求，店铺要有白板，上面的内容也有要求。下面我提供了关于档案区、资料区、白板区的建议，供参考（见图2–18）。

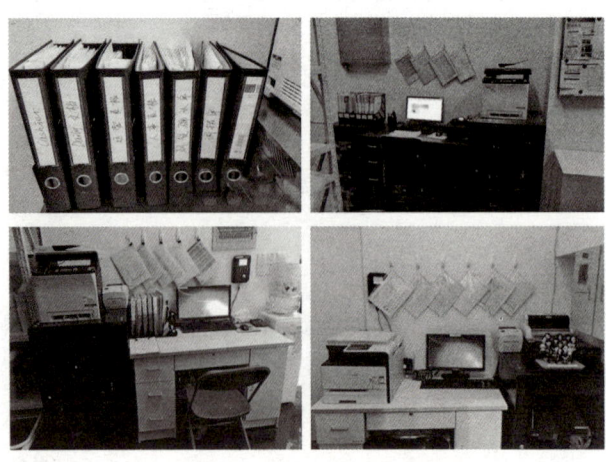

图2–18 某品牌后仓办公区照片

档案区（用文件夹存放，更新频率较低）

- 培训资料
- 运营手册
- 人事资料
- 例会材料

资料区（用文件袋存放，挂墙上，更新频率适中）

- TOP 款排名
- 班表
- 神秘顾客评分
- 店铺运营检查表

白板区（直接写字，更新频率较高）

- 员工销售排名
- 当日目标
- KPI 数据
- 员工星星激励记录（参考"店长八法"中的"激励"）
- 待办事宜

第八节　现　场

8.1　三大禁忌

现场管理就是店长在店面工作的时候明确自己应该做哪些事情、不应该做哪些事情。我们先讲不应该做的。

扎在收银台

这是非常不好的习惯，可是很多店长都控制不住，以为自己是财神，扎在那里就能出业绩。如果店长把自己的角色转变为收银员，那我们要店长有什么用呢！所以，店长一定要走出来。

做个人销售

除非店铺的人员配置很少，或者客流高峰时忙不过来，否则店长最好不要做个人销售，而是应该更多地帮助其他店员或团队成交，并及时总结，这样才能培养出更多优秀的销售高手。作为店长，如果你是店铺最能卖货的员工，说明你还没有明白管理的价值。

坐办公室

大品牌的店铺往往都会配有办公室或办公区，于是很多店长一坐就是一天，似乎在忙很多事务性工作，这也是非常不好的习惯。

我在巡店的时候，如果看到卖场有客流而店长在办公室，通常我会直观感觉这个店长不太合格，抓不住真正的管理重点。

综上，店长要想做好现场管理，先要杜绝以上三种不良习惯。

8.2 走动管理（MBWA）法

马里奥特是万豪酒店集团的创始人。早期管理酒店的时候，他的办公楼在顶楼，他一天要上上下下 50 多次，就是在不断地巡视，寻找问题，并及时解决，从而创造了所谓的走动管理（management by walking around，MBWA）法。

一名好的店长首先要培养自己走起来的意识。走起来做什么呢？我给各位几点建议。

时时了解商场和竞争品牌的动向

我们不是只在店铺这个小圈子里走动，而是要对整个商场和竞品有及时的了解。我们要提升、改进，就要找到问题，而问题本质上就是与标准的差异，不走出去看做得更好的店铺，是不容易了解自身问题的。所以，要先学会走出去。

以顾客视角审视店铺

我们要经常以顾客视角审视店铺，问自己一些问题：你是顾客的话会不会进来？进来和不进来的理由各是什么？如果进来了，会不会买？买与不买的理由各是什么？买过了还会不会再来？来与不来的理由各是什么？把这些问题解决了，生意一定会有快速的提升。

观察员工的行为

要习惯观察员工平时都在做什么、是否有效率、是否与销售有关、是否尽职尽责等。

观察顾客的行为

通过观察顾客的行为，来了解什么样的顾客会来店铺、顾客对哪些商品感兴趣、顾客愿不愿意多待等。

如有需要，也可以跟顾客进行攀谈，注意这里不是指运用销售技巧销售商品，而是指请教顾客对品牌、店铺、产品、服务有没有什么建议。顾客的看法往往能给我们提供很多不一样的角度和灵感。

协助维护店铺形象

以身作则，随手维护陈列细节，维护卫生细节，带头做好门迎工作，与擦肩顾客打招呼，等等。

做好团队销售

协助店员给予顾客更多的服务，以促成大单。

做好教练式沟通

随时关注员工状态，做好及时的沟通和激励；也要了解员工的个人销售完成进度，帮助其调整状态。

相信各位只要用心，在走动过程中一定能发现很多新的问题，或者产生新的灵感。

8.3 店长角色

每名管理者在不同的情境下都会扮演不同的角色。那一名店长应该扮演什么角色呢？

假如一个中高层管理者到一家店铺，在没人介绍的情况下就能快速发现谁是店长，我们认为这名店长是合格的，反之，如果看了半天，还要问谁是店长，这个店长多半就不大合格。这其实就是因为店长对自己的角色没有把握好。

比如：有的店长喜欢扎在收银台，他的角色就是收银员；有的店长喜欢做个人销售，他的角色就是导购；有的店长喜欢坐办公室，他的角色就是文员。这些角色显然都不应该是一个合格店长应该扮演的。

我认为一个好的店长角色应该是：

将军

指挥全场，调兵遣将

教练

需要他的时候，他就在那里

船长

精神领袖、导航员

设计师

店铺管理框架、流程、制度的设计者

服务大使

树立店铺服务标杆，以身作则，协助员工开单

你认为店长还应该扮演哪些角色呢？

8.4 现场管理

在"店长八法"中的"报表"部分我已给大家分享过现场管理表，其中包含了现场管理的关键点，比如人员的时段排班、责任分区、工作内容、时段业绩表现等。

店长应该每天拿着这张表，随时检查每位员工的工作情况，及时进行沟通。

- 比如，关注店铺和员工的目标完成情况，及时提醒、鼓励，或召开临时短会

- 比如，检查责任分区，在非繁忙时段提醒员工整理细节，保持店铺整洁
- 比如，针对一些卖断货的情况，及时进行陈列调整，进行补货等工作

店长可以做的事情非常多，但要有发现问题的眼睛。

另外，销售是靠人做的，员工的情绪状态对当天的销售表现非常重要。店长要学会在现场随时随地与员工进行沟通互动。可能你的一个小小的赞美，受到激励的员工就能开出一个大单。

通常店长和员工的互动可以包含几个方面：

- 询问销售进度，提高员工紧迫感
- 帮助员工总结某单的成功经验或失败教训，提升员工销售技巧
- 给予员工赞美，激发员工的工作热情
- 指出员工的问题，帮他们养成良好的工作习惯

总之，零售管理是一个勤活儿，管理者要学会"五教"：管教、说教、身教、请教、施教。越往上，对管理者的领导力要求也越高，大家可以自己体会。

第三篇
PART THREE

区域多店管理者

区经六会

适用对象

资深店经理

区域主管

区域经理

销售总监

中小代理商

开 篇

相较店长，区域管理者应该有更宏观的思维方式。首先，要能通过竞品分析取长补短，帮助品牌在甲方项目里有突出的表现，从而提升品牌市场地位，并赢得更多甲方资源的支持。

其次，一名合格的区域管理者也要懂得盈利分析，要有一定的生意思维、老板思维，要能更深入地分析店铺生意，从而降本增效。

再次，区域管理者有责任与甲方保持积极互动，了解重点节假日商场和竞品的活动，结合同期的店铺情况，向总部进行客观反馈，从而找到最适合该区域的促销活动，这对店铺全年区域目标的达成也是至关重要的。

同时，区域管理者手下会有较大的团队，人员管理水平也会直接关系到公司的人才发展。另外，要学会整合和调动资源，因为你可以随时看到货品的实际情况，要比坐在办公室的商品专员更了解实情。所以，商品管理也是你必不可少的一项工作。

最后，打好以上所有基础后，才是生意追踪。很多区域管理者习惯高频跟进店长追生意，结果上文提到的很多工作都没做到位，最终只能事倍功半。

一名合格的区域管理者40%的工作是协助店长做好"店长八法"，另外60%的工作才是"区经六会"（见图3-1）——具体比例也可以根据店长的能力进行调整。过多或过少介入店铺工作都未必是好事，区域管理者要把握好自己工作的分寸，最大限度提升自身的工作效率和价值。

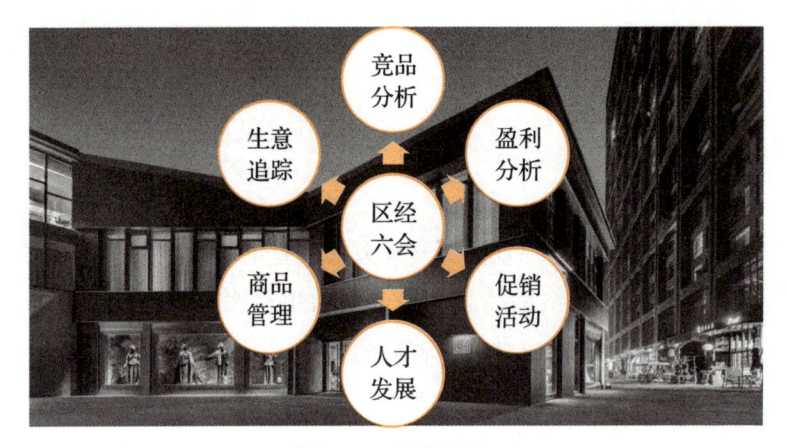

图 3-1 区经六会

第一节 竟品分析

很多企业管理者有个通病，就是喜欢闭门造车，只把注意力集中到品牌自身的人、货、场上，你问他竞争对手是谁、为什么是这个品牌，很多人或者回答不上来，或者回答一堆品牌，或者压根不在意。

我们经常讲企业要有战略，其实战略的标准定义就是找到自身的差异化定位，从而形成比较优势。但如果连竞争品牌是谁都不清楚，那谈何战略，谈何比较呢？

因为战略是更高层次的思考模式，我们将它放到"总监九知"中讲解，但区域经理也要培养并具备这个思维，从而帮公司提供有效的竞品信息。

1.1 竞争对手

我之前工作的某公司的 CEO 非常高明，他会让自己公司的几个品牌进行 PK，甚至会将 PK 结果关联团队 KPI，创造一种良性的竞争环境，这对渠道、产品、团队等都是一种激励。

那如何选择对手呢？我们可以参考市场营销学中的4P模型（见图3-2），即产品、渠道、价格和促销。如果某品牌在这四个方面与自己都很接近，基本可以将它认定为竞争对手。

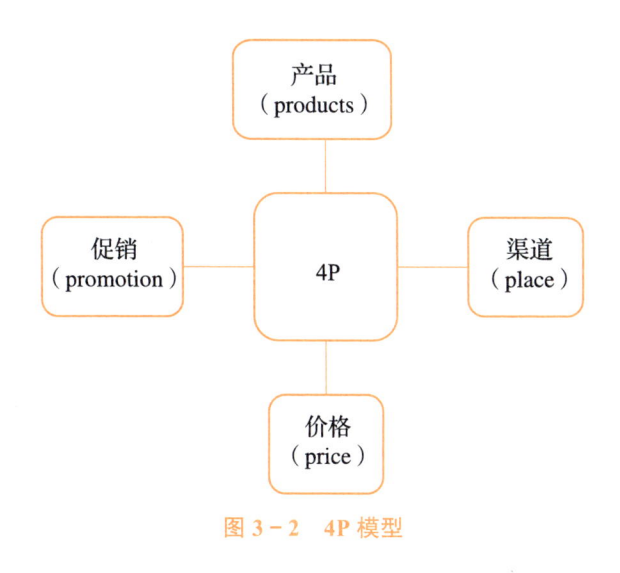

图3-2　4P模型

比如：

路易威登和古驰：二者都是二线奢侈品牌，产品以皮具为主，渠道会选择省会城市最高端的商圈和商业项目，产品均价一般在15 000元左右，不会做促销。

ZARA和H&M：二者都是快时尚品牌，产品以时尚类服装为主，渠道会选择购物中心的一层，均价在300～500元，每年都是两次季末和季中折扣。

耐克和阿迪达斯：二者都是体育品牌巨头，产品以运动功能类为主，渠道会覆盖1～5线城市，均价在700～1 000元，正价店的促销力度不大，主要通过奥特莱斯渠道清理存货。

MO&CO.和地素（Dazzle）：二者都是淑女装品牌，产品有相对鲜明的设计风格和客群定位，渠道以购物中心和百货商场为主，面积在

100～200平方米，均价在1 000元左右，在同类品牌中偏贵，每年有两次季末折扣。

九牧王和七匹狼：二者都是国内男装品牌，产品偏商务休闲，渠道以百货商场和街铺为主，面积在200平方米左右，均价在700元左右，价格中等，促销相对频繁。

以上是对不同类型品牌的举例，大家也可以按照这个思路想想你的竞品应该是谁、为什么。

除了通过4P模型找对手，我们也要评估对手的店铺规模及分布、目标顾客类型、运营水平是否符合我们的目标期望（愿景），总不能找的对手比自己差很多，那参考价值也不大。

1.2 竞品分析

作为区域管理者，我们要如何做好竞品分析呢？以下是常用的一些角度。

楼层排名

可咨询业主或直接询问竞品的销售情况，并做好统计工作。清楚品牌自身在商场中的位次，有助于同甲方争取资源或谈判，也可以提高团队的荣誉感。

核心商品

了解竞品到了哪些新品、哪些商品畅销、己方的商品相对有哪些优势，可以避实击虚，让员工有针对性地推广，因为你不"搞定"顾客，顾客就会被对手"搞定"，蛋糕往往就那么大。

有的时候甚至可以购买竞争对手的商品，拿到公司给同事参考，告诉他们竞品的哪些款式好卖，己方是不是也可以生产类似款式。

促销力度

及时了解竞品的活动方案，并采取有针对性的策略，但建议只做参考，品牌一定要有适合自己节奏的活动，不能盲目跟风。

团队管理

了解竞争对手的人员水平、薪酬情况，评估己方的人员质素是不是有优势。你如果想超过竞品，在品牌力和产品力相对不足的情况下，往往就只能靠运营力来强化竞争优势，这也是区域管理者的价值体现。

当然，作为区域管理者，你的认知范围和关注圈肯定要大于店长，要培养自己的这个意识，才有可能更好地发现店铺的问题，从而找到店铺提升的机会。

1.3　行业透视

如果把竞品分析再延伸一步，其实一名优秀的管理者还要具备对整个行业的认知能力。日本著名管理学家大前研一就具备一种能力——可以随时随地观察和思考各行各业的方方面面，从而提炼和总结出有价值的管理理念。

我来讲两件我自己经历过的小事，谈谈什么是行业透视。我们知道日本的旅游服务质量在全世界排名很靠前，我个人也在旅游的过程中有很多难忘的经历。你会发现在日本的餐厅，都不需要大声叫服务员，一般一抬头总有一双眼睛与你四目相对，服务员也会想到你是需要服务，会马上过来。如果要达到这个标准，应该如何进行培训呢？这是值得思考的第一件小事。

第二件小事是有一次我想在英国的博柏利买一把雨伞，卖场上没有，一位银发的老先生让我在沙发上稍等，并让同事给我倒了杯水。等了一会儿，他拿来了好几把伞，而且一把一把打开给我看，耐心地介绍，非常细心。我赶快就买了。出于良好的服务体验，我还买了个钥匙扣。我想未来国内的销售人员应该也会逐步老龄化，那品牌公司还会雇用他们吗？年龄增长后销售人员是否还能保持出色的职业水平？应该建立怎样的人力标准？

其实，获得这种经历的机会很多。海底捞刚起步时，很多零售业老板就带着团队去海底捞做团建，其中一个目的便是希望大家能向其学习和借鉴。所以，我们不要把自己的视野局限在服装零售业，只要是线下实体的 To C 业务，都是值得我们去观察和学习的。

第二节 盈利分析

财务领域有三大表，分别是资产负债表、利润表和现金流量表。通常，作为公司中层管理者，我们主要接触的是利润表，因而分析和解读利润表就是中层管理者必须掌握的技能。

2.1 利润结构

我们都知道最基本的利润公式，即利润＝销售额－成本。如果更细致地了解，利润还分为毛利润、运营利润、净利润。不同的指标衡量的维度、反映的问题也是不同的。

假设店铺的销售额是 10 万元，平均折扣为 8 折，营业税为 6%，销售成本占到了 20%，那最后算下来毛利润就是 67 500 元，毛利率就是 54%。

考虑支付租金 18 500 元，人工成本为 13 875 元，每月的装修摊销是 4 625 元，每月的杂费是 3 700 元，每月的物流广告费用是 1 850 元，总的管理费用就是 42 550 元。用毛利润减去管理费用就是运营利润 24 950 元，运营利润率为 27%。

还要减去后台的管理费用，包括品牌营销费用、总部管理人员工资、所得税等，最后剩下的就是店铺净利润 8 712 元，净利润率为 9%（见表 3－1）。

表 3-1 某店铺利润表模拟举例　　　　　　　单位：元

吊牌金额	125 000	
折扣	80%	
销售额	100 000	
营业税	7 500	6%
净销售额	92 500	
销售成本	25 000	20%
毛利润	**67 500**	**54%**
租金	18 500	20%
人工	13 875	15%
装修摊销	4 625	5%
杂费	3 700	4%
物流广告费用	1 850	2%
管理费用	42 550	
运营利润	**24 950**	**27%**
品牌营销费用	5 000	
总部管理人员工资	5 000	
总部费用	10 000	
所得税	6 238	25%
净利润	**8 712**	**9%**

通过这个例子我们可以看到，不同利润结果反映的问题其实是不一样的：

毛利润

毛利润是品牌力和产品力的体现，即能否用更高的倍率定价，或产生更少的折扣损失。

运营利润

运营利润是运营力的体现，即能否用更少的成本撬动更高的销售产出。

净利润

净利润是公司综合治理能力的体现，要求有管控后台整体费用的能力。

如果从公司或投资层面看，有些外企的报表或 KPI 还会涉及息税前利润（EBIT）、息税折旧摊销前利润（EBITDA）。中层管理者大概了解即可。

2.2 费用比例

我们已经了解了服装零售业利润表的基本结构，本部分我们要思考我们可以重点控制的项目，以及它们的合理比例。

本着以终为始的原则，我们要知道，大部分企业对店铺运营利润率的目标要求是要达到 20% 以上。这样扣除总部费用以及所得税，可以争取 10% 以上的净利率。

可能你会问为什么定这个目标，因为如果只有几个点的利润，那投资人完全可以投资一些风险系数更低、投资回报也不错的业务，而不是做零售业这么辛苦的工作。

根据以往经验，关于各项费用的比例限值，我给大家一些参考：

毛利率，理想目标在 55% 以上

一般品牌的成本价是吊牌价的 10%～20%，因而全年平均折扣 80% 也合理，所以毛利率在 55% 以上是一个品牌做直营的基准。

奢侈品牌可能做到 80% 以上的毛利率。同样，由于采买折扣会在 3～5 折，经销商的毛利率水平也就在 40%～50%，跟品牌公司相比有一定的差距。

租金费用率或租售比，控制在 20% 以内

传统百货商场的租金费用率一般会在 10%～25%，这取决于商场所在城市和商圈的等级，以及它自身的地位。位于购物中心的店铺的租金费用率往往最高，所以测算下来 20% 的租金费用率通常就是上限了，高于这个值，品牌盈利就会很困难。

人力成本率，控制在 12% 以内

人力成本是指包含了员工工资和"五险一金"的总费用。早年我在 BS 公司工作时，当时 BS 公司的人力成本率可以控制在 8% 以内。但随着近些年人力成本的上升，及销售额被各种品牌分散，控制在 12% 以内已经是比较理想的目标了。12% 是均值，不同的城市级别、不同的薪酬水平、不同的生意量级，会造成这个比例发生很大的浮动。

装修摊销率，控制在 5% 以内

店铺通常会按照合同期限将装修总成本（硬装＋软装）摊销到每个月的利润表中。很多品牌会做一些新形象设计，如果业绩没有因此而拉动，就会导致这个比例很高。所以，店铺装修也是一门很大的学问，要非常清楚同类店铺装修的市场行情。

杂费率，控制在 3% 以内

杂费一般包含店铺的水电费、商场费用、日常杂费，3% 已经是上限了。

营业利润率，控制在 20% 以上

20% 以上的店铺营业利润率是大部分零售品牌的目标，如果你所在公司的大部分店铺都能达到这个水平，那就要恭喜你了！如果远不及这个目标，就要好好看看下面的内容。

这些费用比例都是结果值，大家要灵活掌握，根据品牌店铺的情况合理调整目标。另外，作为管理者，还要清楚如何控制这些费用，比如：

- 根据品牌定位，如何定价？毛利润多少合理？
- 同类品牌不同渠道的平均租金是多少？如何通过谈判尽量将租金压低？
- 市场工资的中位数是多少？人力成本支出多少算是边际最优？
- 根据店铺的装修效果，每平方米的软装和硬装多少钱合适？如果批量装修，还能优惠多少？是否有必要提前做好某类物料的集中采购？
- 店铺的日常费用一般多少比较合理？

这些就要看大家的经验了，且有较强的地域差异，我就不举例说明了。

2.3　利润改善

很多人会有一种惯性思维，认为利润不好后要做的第一件事情就是消减成本，其实这是最后一步，是没办法的办法！通常我们会通过以下四步来提升利润水平（见图3-3）。

第一步：业绩拉升

提升四个绩效指标，即客流、成交率、连带率、货单件，确保这四个指标的最大潜能已释放出来，如果还有很大的增长空间，我们先要围绕其中的"关键杠杆"（提升难度相对较小的绩效指标）进行撬动。大家可以参考"店长八法"中的"报表"的内容。

第二步：折扣控制

要注意设计活动，以及控制折扣率。很多人觉得业绩不好，加大活动力度就能提高销售额，但这样往往会降低利润，而且也不利于品牌在该商场的长期发展。所以，活动的形式、力度、节奏都是需要认真筹划的，要做到在推动销售的同时，毛利率不会明显下滑。

第三步：降租谈判

如果前两步都行不通，我们可以考虑这个方法，即通过谈判争取业主降租。当然，也可以和第一步、第二步并行。

根据我个人的经验，进行这个谈判的前提是必须要有闭店的决心。业主一般不会让步。谈三个案子，结果往往是一个降租成功，一个和平"分手"（不收违约金），一个撤出（赔偿违约金）。当然，这也取决于业主对品牌的需求程度。

第四步：费用控制

将这个放到最后是因为减少人力费用或店铺日常费用的投入，很有可能会减少相应的销售产出。比如很多品牌甚至商场，往往通过不开空调、少开灯来节省电费，殊不知这些都是饮鸩止渴的行为。当然，如果是费用本身使用很不合理，该砍还是要砍的。

图 3-3 利润改善四步法

如果这些方法都用了还是不能提升业绩，那就需要做财务比较，即对比"合同结束期预计总亏损额"和"提前撤柜预计总亏损额"，如果前者明显大于后者，那不如早早关门。

2.4 盈亏平衡点

不管是做新店的盈利评估，还是做已有店铺的盈利改善计划，盈亏平衡点都是一个很重要的指标。对店铺利润结构了解比较深入的管理者一般知道了一些基础数据就能将盈亏平衡点心算出来。其实，你如果能掌握一些窍门，也能应对自如。

这里有三种方法供大家参考：

利润表建模

录入销售、费用等所有预估数据，利润等于 0 的销售量就是盈亏平衡点。这种方法最精准，但也最费时。

毛利率法

毛利率法即用总费用（租金、人力、装修摊销、管理费用）除以毛利率（参考品牌均值）。这种方法相对上一种方法要快一些，适合一次性计算一揽子店铺的盈亏平衡点。

毛估法

毛估法即把租金乘以 4 ～ 5（参考品牌平均租售比），销售额越高，倍数可以越小。这种方法主要适用于在项目现场快速估算。

第三节　促销活动

促销活动对于区域管理者的要求往往是执行层面的，但我认为大家既要知其然，也要知其所以然。所以，我就把促销活动的全部相关内容放到"区经六会"里讲解。

3.1　促销策略（谋定而后动）

很多品牌缺乏策略思维，往往都是出现问题才考虑是不是要做促销。这常常会导致两种极端：要不就是价格保持刚性，不做活动，导致错失销售机会；要不就是高频做活动，导致毛利失控。

正确的做法应该是配合全年的销售预算计划，在上一年度末提前规划出次年的活动，并调集相关部门共同探讨。然后，在实际执行过程中进行微调。

我们制定促销策略，需要重点关注以下几点。

（1）市场规律

"五一"、"十一"、春节是传统购物黄金时段，"双11"和"6·18"是电商创造的购物日，6月、7月、12月、次年1月往往是品牌清货的重要时点，可能还会有商场周年庆或购物节等活动。

这些日子都符合市场规律，我们必须要做符合市场规律的事情。如果大家都做活动，就你不做，你就会失去市场，除非你的品牌有很强的品牌附加值，比如爱马仕，或者性价比已经很高了，比如名创优品。

（2）商品生命周期

要结合品牌商品的生命周期和售罄进度来规划促销活动，切忌盲从。比如，因为时尚是稍纵即逝的，所以时尚品类商品的生命周期一般都比较短，也就2～3个月，这也是快时尚品牌一年要做四次促销，对应销售春夏秋冬的产品的原因。

而类似于无印良品或Tumi这样的品牌，商品的生命周期非常长，因为都是耐用消费品，不涉及时尚领域。所以，这类品牌在商品迭代时专门清货即可。

（3）促销节奏

结合市场规律和商品生命周期两个维度，再结合竞品分析，就可以初步拟定品牌的促销节奏。

比如，哪些时间做活动、做多长时间、力度多大，这些都是可以提前拟定和策划的。建议的原则是"短平快"，这样可以最大限度提高运营效率，也不会让消费者觉得品牌老做活动，影响顾客忠诚度。

如果能定好一个节奏并能坚持一个轮回，就会有历史数据进行参考，从而逐步微调品牌的活动企划。从长期来讲，此举可以让消费者形成对品牌的认知，并养成购买习惯。

（4）借力使力

商场一般都会搞店庆、周年庆这类活动，它们可能并不是某个节日，但也会动员消费者购物。

比如，早年间北京新世界百货的 72 小时不闭店，就非常有名。而举办这样的大型活动，肯定也是要提前规划的，并且可以与业主联动，以最大化利用资源，冲高销售额。

（5）平均折扣

品牌在制作年度预算时一定会参考平均折扣，所以在做活动企划的时候也要同步考虑，否则，即便销售目标达成了，利润可能也会差很远。

比如 5 月，预期的平均折扣是 7 折。如果在夏季，春季商品可以做到 5 折，新款可以做到 8 折，老款可以做到 6 折，从而基本可以确保整月的平均折扣在 7 折以上。那么促销活动就可以确定为：春季商品 5～7 折，夏季新品享受会员折扣。

要一起分析平均折扣和促销活动的设计，找到一种适合本品牌的促销策略，并长期坚持，才能逐步优化。

以上都是制定活动策略过程中我们要考虑的关键点。根据以往经验，管理体系越强的品牌，其促销方式往往越有规律和节奏，不会有很多临时变数，或者盲目跟着别的品牌走。那我们具体应该怎么做呢？

3.2 促销企划

确定好我们的促销策略之后，就要具体设计促销企划了：要先收集信息进行分析，然后结合未来的销售目标进行信息整理，最后形成一幅全景图，作为未来行动的主要参照。

（1）信息收集

活动不是拍脑袋定的，要先参考各种数据和产品信息。通常，我们做全年的活动企划时需要同时关注如下九个方面的内容。当然，根据品牌情况可以适度增减。

同期销售

对比去年的销售趋势，寻找生意机会点

本年预算

了解今年的销售压力点

重点节日

关注核心的销售爆发期

去年活动

作为参考，优化今年的活动企划

平均折扣

用于设计活动力度，同时便于测算利润预算

今年活动

参考以上信息制订今年的活动企划

会员活动

针对VIP顾客，增加特殊的活动计划

激励计划

结合促销规划，提前制定全年的激励预算方案

产品计划

关注年度重点产品的推广时间节点，参考并配合新品上市活动

（2）信息整理

以上信息都做了规划以后，将其整合到一起进行检查，确保整体计划更加完善。

表3-2是我之前做的公司级年度活动企划，在内容上我做了删减，表头也可以调整为以周为单位。现在表格的颗粒度比较大，更细的规划可以针对每个部分单独完善。

表 3-2 年度促销活动企划

年度促销/CRM/奖金/新品上市计划表

项目		1月	2月	3月	4月	5月	6月	7月	8月	9月	10月	11月	12月	总计
销售和KPI分析	2.1销售													
	2.2预算													
	增长													
节日分析	节日	元旦	春节	妇女节	清明节	劳动节	端午节			中秋节	国庆节	双十一	圣诞节	
	法定假期	1-3日	11-17日	8日	3-5日	1-3日	15-17日			17日	1-7日	11日	25日	
	天数	3	7	1	3	3	3			1	7	1	1	
	销售预算													
	占全年比重													
促销力度和形式														
促销策略	活动主题													
	活动时间													
	活动天数													
	销售目标													
	占全年比重													
CRM活动	主题													
	时间													
	礼品													
赠品计划	主题													
会员日(会员专场)	店铺数量													
奖金计划	预算													
	方案													
	规则													
重点节日激励	预算													
	方案													
	规则													
产品激励	预算													
	方案													
	规则													
KPI激励	预算													
	方案													
	规则													
新品上市计划	产品系列													
	上市日期													
	SKU数量													

3.3 活动形式

有时候，虽然是同样的折扣，但通过设计活动其实能带来更多生意。表3-3是我总结的各种品牌常见的活动形式及优劣势分析，大家可以参考。

表3-3 常见活动形式举例与优劣势分析

活动形式	举例	优势	劣势
满减	满500元减100元	设定满额目标，便于顾客连带消费	员工需要对价格很熟悉，或者有价格POP，否则顾客不好凑金额，影响成交效率
满送	满1 000元 送500元	可推高结算金额	顾客会觉得很难选出更多商品，故而放弃参与活动
买赠	买一赠一	力度较大，品牌可快速减少库存	容易对品牌价值造成冲击
明折	全场5折	简单直接，顾客计算方便	不利于拉高客单额和增加业绩总量
几件几折	两件8折；三件7折；四件6折	有利于拉高UPT	客流大的情况下，不利于快速成交
GWP（满赠礼品）	消费满500元，赠送雨伞一把	有利于保持价格刚性，控制毛利	赠品的选择和价值感很重要，否则有可能不是拉动销售的赠品，而是白送给顾客的礼品
积分抵现	消费10元兑换1积分，每100积分兑换200元现金券	可以帮助品牌积累顾客资源	积分的利用率不高，顾客很容易忘记使用

当然，我们发现以上活动形式与零售业的发展有很大关联，不同时期市场上的主流形式是不一样的。而且，自从有了电商，线上的活动形式线下也会借鉴，且做得更加多样。

所以，在设计活动的时候，我们需要结合顾客习惯和品牌背景进行综合考虑。

3.4 活动谈判

由于百货商场大多采用扣点的形式，所以，如果做促销的话势必要争取甲方的让扣。品牌通常会谈一个活动期的特殊扣点，以防止卖多亏多。如果找商场谈判，我们通常采用损失均担的方式与甲方沟通。

举个例子，商场的扣点是 20%，假设销售 200 元的吊牌价商品，正常毛利是 60%，活动后毛利预期是 40%，那就会产生 20% 的额外毛利损失。如果按照损失均担的原则，商场要给品牌方让扣 10%，这样本着双赢的原则，品牌方做活动帮商场拉客流和业绩，商场则进行让扣，从而与品牌方共赢，这也是长期合作应有的态度。

当然，现实过程中一般不会这么顺利，强势的品牌方希望商场给出更大的让扣优惠，而强势的甲方也希望品牌方可以无条件配合活动。

区域管理者必须具备这种谈判知识，否则活动虽然拉高了销售额，但最后一看利润反而亏了，这就得不偿失了。

一般确认完促销让扣或补贴政策后，要第一时间和业主签订相关补充协议，确保后续财务结账有章可循。

3.5 促销执行

一旦确定了活动的周期和形式，接下来就是要确保终端执行了。

很多时候，一些公司的促销活动往往准备得非常紧张，活动都要开始了，店铺员工还不知道，或者相关的宣传工作还没做到位，或者 IT 系统还没更新活动设置，这样非常影响促销执行效果。

所以，我们应该设置一个相对合理的时间轴来推动促销活动的有效执行，否则活动设计得再合理，没有高效的执行，一切都是白费功夫。

图 3-4 是我整理的公司整体促销活动或筹备店庆的时间轴，供大家参考。

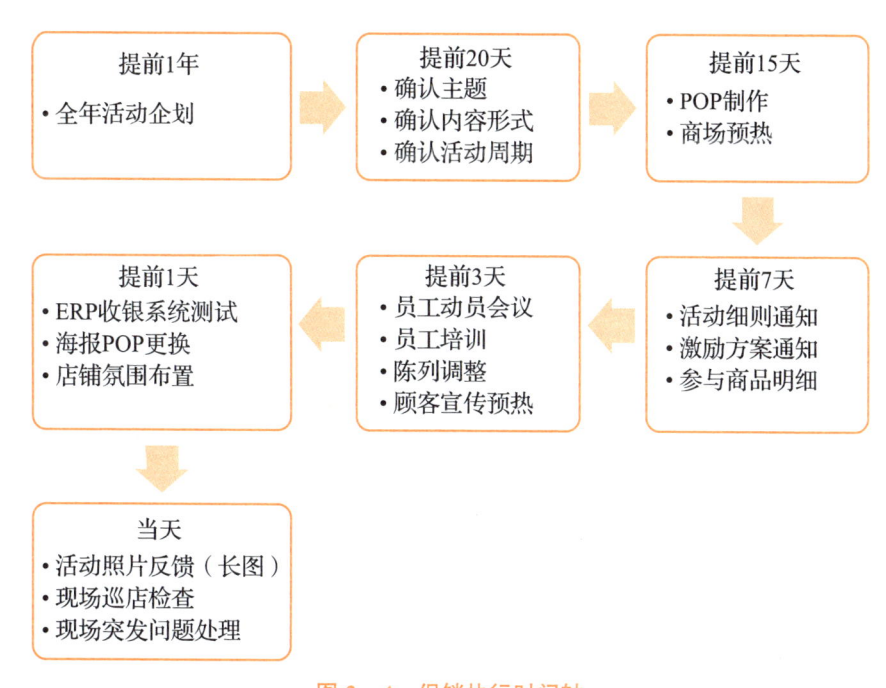

```
提前1年              提前20天            提前15天
·全年活动企划    →   ·确认主题      →   ·POP制作
                     ·确认内容形式       ·商场预热
                     ·确认活动周期
                                            ↓
提前1天              提前3天             提前7天
·ERP收银系统测试  ← ·员工动员会议   ←   ·活动细则通知
·海报POP更换         ·员工培训           ·激励方案通知
·店铺氛围布置        ·陈列调整           ·参与商品明细
  ↓                  ·顾客宣传预热
当天
·活动照片反馈（长图）
·现场巡店检查
·现场突发问题处理
```

图 3-4　促销执行时间轴

具体时间节点要与相关部门或同事开会沟通来确认，实操过程中也可以调整为采用甘特图[①]的方式进行跟进。

第四节　人才发展

人才发展是企业管理的基石。作为区域管理者，我们的职责是发展终端店铺团队，为公司储备优秀人才，这也是在为自己的职业发展铺路。一个带不出人的管理者，通常在企业也很难有大的发展。

因为将这个内容放在"区经六会"中，所以人才发展对象主要指的

[①]　甘特图（Gantt chart）通过条状图来显示项目、进度和其他与时间相关的系统进展的内在关系随时间进展的情况，以提出者亨利·劳伦斯·甘特（Henry Laurence Gantt）的名字命名。

是店长和店员。如果是高级管理人员，此处所指的人才发展对象则未必完全适用。

那中层管理者需要具备哪些有关人才发展的认知和技能呢？

4.1 人才四字诀（选/育/用/留）

刚入行时我的一位导师就告诉我对人的管理就是"选育用留"。我当时其实理解得并不深，但随着这些年管理经验的积累，我对这四个字有了更深的感悟。

（1）选

如果在这四个字中选一个最重要的，我认为一定是"选"字。因为如果选对了人，其实后续的育、用、留也都会非常省心。

人才画像

对职位候选人要有个大概的画像，比如品牌背景、经验特质、基本素质等，这样在前期筛选的时候可以进行一些过滤。

三选一

一般建议一个岗位要看3个候选人，这样横向比对才能找出相对更适合本岗位的人。

结构化面试

对于一些初中级职位，可以固定面试问题，即进行结构化面试，这样便于横向比对，后文将列出一些常见的面试问题。

（2）育

曾经有一个很著名的问题，就是名校的学生之所以优秀，到底是因为名校培养了优秀的学生，还是因为名校本身招的就是优秀的学生。其实，"育"并不容易做到，如何因材施教对于企业来讲很有挑战，人才培养大部分都是靠个别领导者的经验传承进行的，不是开发一些课程就能"育"人。

其实，"育"人的本质就是帮助他人成长，我通常会关注如下几点：

环境塑造

同样品种的鱼，用鱼缸养、用池塘养、用湖养、用海养，鱼的生活环境完全不是一个量级的，这就是环境塑造的意义。所以，管理者与其思考如何逐个培养每个人，不如想想你的团队要培育什么样的空气、土壤和阳光。环境好了，自然就会成长出优秀的人才。

狭义上，环境可以塑造价值观、企业文化、管理制度、薪酬体系、团队氛围等一系列要素。

但对于中层管理者，你不如直接告诉团队你的个人风格、行事原则、好恶标准……，这其实也是一种环境塑造的方法，即让大家清楚在这个团队里应该怎么做事。

GROW 教练模型

这个我在"店长八法"中的"教练"部分中有提及，是在专业知识提升背景下举的例子。其实，这个模型更适合下属遇到困难和挑战时中层管理者与他们的沟通。

运营管理 SOP（standard operating procedure，标准操作程序）系统

企业需要有一套相对健全的管理系统，这样对人才的培养也会比较快。比如，优衣库就是招聘应届毕业生，最快 1 年就能将其培养成店经理，这在传统零售业是不敢想象的。就是因为优衣库有非常全面的管理系统，充分掌握每个板块的管理标准之后，就能高效运营一家月销售额在 200 万～ 300 万元的店铺。

（3）用

用人考验的是用人者的认知和理念，同样的人在有的人手下就生龙活虎，换个人管可能就废了。所以，用人其实是对管理者修为的考验，其关键并不在员工。那管理者应该注意什么呢？

我自己有一些用人理念，供大家参考。

用人格局

曾子说过,"用师者王,用友者霸,用徒者亡"。这句话充分体现了管理者的格局:一个人如果只会用徒子徒孙(不如自己的人),早晚会出事;如果能用朋友,或者用能力与自己差不多的人,将能成就一番事业;如果能用比自己强很多的人,比如,武王用姜太公,刘备用诸葛亮,则会称王。

用人之长

汉高祖刘邦曾说过,"夫运筹策帷帐之中,决胜于千里之外,吾不如子房;镇国家,抚百姓,给馈饷,不绝粮道,吾不如萧何;连百万之军,战必胜,攻必取,吾不如韩信。此三者,皆人杰也,吾能用之,此吾所以取天下也"。这充分体现了刘邦识人之长的能力,这也是用人的要诀。

容人之短

美国南北战争期间,北方统帅格兰特将军在军中酗酒被人告发,林肯知道后非但没有责怪,反而奖赏了他几桶威士忌,最后格兰特将军帮林肯赢得了胜利。所以,用人之长,必要容人之短。

(4) 留

"留"人的话题可能涉及两个截然不同的方向,即要不要留以及如何留。

要不要留

如何判断主要还是取决于当事人双方的关系。在这方面民营企业很难像外企一样凭借绩效考评来做客观评估,可能处理起来很主观,如果非要定量考虑,那只能通过权衡利弊来做选择。

如何留

如果你能提前给对方升职加薪,那么对方大概不会提离职。提前很重要,因为如果对方已经向你提离职了,你再补救,效果通常就很差了。

另外,如果可以将上面理解为用"物质银行"去留人,还有一个对应的概念就是"情感银行",即日常管理中能否与对方真诚沟通、给予用心指导，这一点一滴的积累就是"情感银行"，当你有一天要用的时候，对方也是会慎重考虑的。

以上就是我对"选育用留"的理解。

4.2 面试流程

作为中层管理者，你一定会经常面试候选人。选择正确的人才是团队管理的重中之重，所以我们要关注如何让面试更专业。

以下六个字是面试的关键点和技巧。

备

自己先要做好充分的准备，熟悉简历，找好面试地点，注意着装。当然，也要看候选人有什么需求，要让对方充分放松。

问

了解对方过往的经历，提前准备几个与面试职位相关的问题（结构化面试）。

记

将重点信息补充记录在简历上，后续也可深入提问。

听

80% 的时间要用于认真听对方讲，20% 的时间用来做公司和职位的介绍以及答疑。

辨

应用 STAR 原则 [STAR 分别指 situation（情景）、task（任务）、action（行动）、result（结果）]，通过让对方举出具体案例，分析对方经验的真实性。

选

遵循三选一原则，一个岗位最好面试三个候选人。

以上是面试的一些技巧。另外，一件很重要的事情就是应该问哪些问题，对此我也做了一些罗列，我们通常称之为"结构化面试问题"，它们比较适合对中低岗位人员的面试。与之对应的"非结构化面试问题"往往比较适合对高级管理者的面试。

哪些问题适合问店铺管理者呢？

- 请做一个自我介绍。
- 如何提升店铺业绩？请举一个成功案例。
- 如何评价你个人的优缺点？
- 你曾经面临的最大挑战是什么？是如何克服的？
- 你的上级领导和下属一般如何评价你？
- 你是否了解我们的品牌和我们的产品？

其实这类问题有一个特点——都是可以提前准备的。面试的主要目的之一也是考察候选人是否进行了充分的准备。当然，我们也要防止有些候选人的"演技"过于出众，所以面试官要有对人的核心判断能力。

我自己也有过很多面试经历，这里面也是存在问题的，因为 HR 关心的人员稳定性和自己选人的标准不被公司挑战，而业务负责人往往更关心对方的实际问题解决能力，以及对方是否能与自身风格匹配。

所以，人事部门和业务部门必须进行充分的沟通才行。很多公司的招聘给人的感觉是在蒙着来，也没有职位描述，人事部门对业务不熟悉就把候选人叫来沟通，是很不专业的行为。

4.3 发展规划

中层管理者应该具备人员考察能力，要能分析下属的优劣势，帮助他们找到适合自己的发展路径，这样员工才会有更强的动机和愿望在你的团队尽心尽责。

零售行业大部分从零售终端升上来的中高层管理者，一般会有五种职能来源（见图 3-5），包括销售、拓展、商品、陈列、培训。所以，管理者可以根据人才特质从这五个方面培养员工，这些也是大部分零售企业都会提供的职位机会，只不过职级的上升空间可能因企业管理的侧重点和规模而有所差异。

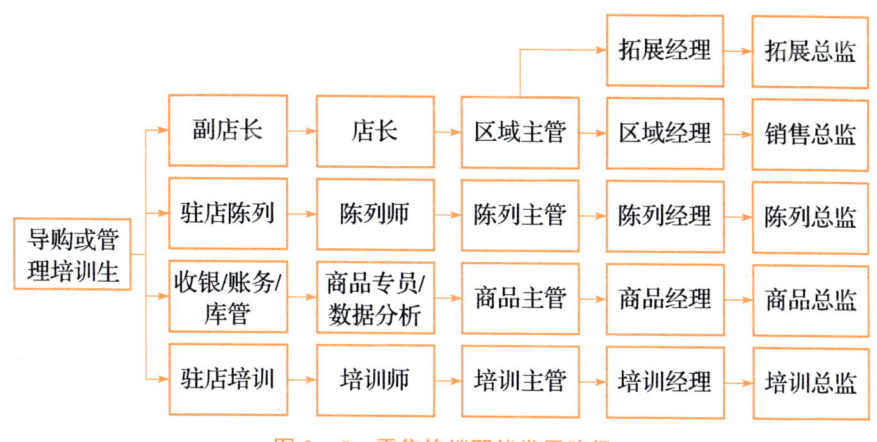

图 3-5 零售终端职能发展路径

这个路径标准既可以作为人才发展的参考，也可以作为我们自己选择零售行业发展方向的参考。

这些岗位的人才的主要特点是什么呢？

销售

热情，外向，有领导力、团队影响力，结果导向较强。

拓展

外向，善于沟通、谈判，有较丰富的社会阅历。

商品

有较强的数据分析能力，对商品比较敏感，擅长办公软件和ERP系统的操作。

陈列

个性鲜明，有较强的审美能力，擅长搭配，追求时尚。

培训

喜欢分享，有较强的学习能力、表达能力、业务梳理能力。

当然，不管在什么岗位上，责任心、学习能力、主人翁精神都是必不可少的素质。

4.4 季度回顾

作为团队领导者，我们除了要与团队时时沟通，还应该有较为正式的工作沟通。很多外企都会有季度或半年度的沟通要求，通常也会将其跟未来的晋升和加薪挂钩，类似于政府部门的述职报告。

但是很多管理者觉得自己每天都在跟下属沟通，没必要走这个流程，这其实是很大的误解。这个沟通和日常工作沟通还是有很多区别的：准备更充分，思考更全面，且系统性也更强。

比如：总结和回顾员工过往的工作成绩，深入了解员工职业发展需求，了解员工的工作困难，帮助员工分析自身优劣势……同时，也会增强上下级之间的信任感，对于长期合作有很大的帮助。

为了体现沟通的正式，很多公司都会有一个专门的模板（通常由HR部门提供），用于定期工作沟通，一般会包含几个模块：

- 阶段 KPI 达成情况
- 员工表现评级
- 员工过往表现优异或不足的地方
- 员工个人的阶段性目标

我们沟通时需要在上面做一些记录，确保双方认可沟通内容，并签字确认，便于我们下次回顾的时候参考。

具体的沟通方法大家可以参考之前讲过的"店长八法"、GROW教练模型以及马斯洛需求层次理论。

4.5 人力资源整合

管理者一个很重要的能力就是要把合适的人放在合适的位置上，这句话说起来简单，实践起来其实很有难度，这往往也是区分区域管理者能力的一个重要指标。

在店铺层面，我们要定期进行店长的轮店安排，这是最主要的人力资源整合工作之一。不能让一个店长在一个店铺待的时间过长，这里一般有几个考虑：

- 换环境可以提升店长对不同类型、不同人员团队的管理能力
- 流水不腐，户枢不蠹，防止店铺管理者的热情下降
- 可以防止店铺搞一些不合规的小动作，换店很容易使问题暴露出来
- 通过对比前后的业绩变化，也能更好地了解哪些店长更有能力

但这样一个动作，很多人就是推进不下去，离家远近、能力与店铺匹配度、工作量与薪酬的关系，往往都会成为推进不下去的原因。

所以，我们需要建立一种制度和文化来使人力资源整合成为常规动作。比如，优衣库在这方面就做得很好，基本上每名店长在一家店铺待的平均时间都是半年，并有与之相适应的人才发展机制，所以，优衣库的人才成长速度要比很多企业快很多，很多刚毕业的大学生往往不到两年就能成为店经理或第一代行（优衣库内部职位称呼，相当于代班或副店长）。

同理，对于店员，尤其是想重点培养的店员，也可以进行类似安排。

最后，人员除了可以进行横向整合以外，也要有晋升和淘汰的要求，用我们前文讲的季度回顾进行工作评估即可。

第五节　商品管理

商品管理其实是各品牌商品部门的工作重点，但区域管理者也会不

同程度地接触到这方面的工作，同时每家公司的要求也不尽相同。

将商品管理放到"区经六会"中也是希望能够让中层管理者对商品管理的整个链路有一个系统的了解，从而能更清楚终端出现一些问题的原因。比如：

- 为什么有的店铺上了某个款式，而有的店铺没上？
- 为什么有的店铺经常出现断货的情况？
- 如何调货才是最佳的方式？
- 为什么公司会让区域经理找特卖场？应该怎样布置才能确保产出？
- 为什么店铺不是爆仓就是脱销？

只有你有了一定的相关专业度，你才能理解以上问题的根源，并能跟商品部门的同事有效沟通——不仅仅是抱怨，更多的是能站在对方立场上提出双赢的解决方案。

5.1 商品管理五字诀（订/配/调/清/退）

商品管理就五个字："订""配""调""清""退"（见图 3-6）。但每个字所包含的工作内容非常专业。

订（订货会） → 配（配货表） → 调（调拨表） → 清（清货） → 退（新老交替）

图 3-6　商品管理五字诀

订货会相信大部分做零售管理的人都参加过，这是后续所有工作的源头。极端一点，如果你订的全是市场需要的，那后续四步也就省了。但服装行业目前是不可能做到这一点的（某些线上快反平台或 C2M 定制模式可以实现一部分），所以才需要后续步骤进行持续管控。

有一定规模的品牌都是整体下期货订单，一般提前半年。期货提完并集中到物流中心之后，我们就要进行配货。比如，将哪些SKU配到哪个店铺、配货深度是多少等，就都需要商品同事进行把关。这要求他们有较强的数据分析能力和市场洞察力。当然，这个环节也不可能100%完美，所以就需要通过调货来调整。

调货就是做商品资源整合，因为不同商品可能在某些区域或某些店铺卖得好，而在其他区域或其他店铺卖得不好，这就需要通过调货进行资源优势整合。但也要考虑如何调、调多少、以什么频率调，这些都需要相关人员有一定的数据分析能力。

清货一般在季末进行，会采用相对较低的折扣来加快资金回流。如果"订配调"做得好，这一步就比较轻松，否则就要结合"区经六会"中的"促销活动"进行更有计划的统筹。

最后就是退货，每一季度商品销售到季末，不管怎么清货，肯定还是会产生库存。如果持续积压在店铺，会对运营管理带来较大的压力。通常我们会统一安排退到仓库。

在进行二次整合后，要考虑通过哪些渠道倾销，比如"唯品会""特卖场""内买会""切货"（以超低价购买某些清货渠道）等，都是为了清这类商品。

以上就是我们讲的商品管理五字诀，接下来我们详细讲一下每个字涉及的管理流程和重点。

5.2　订货会（赢在源头）

这里不是讲品牌公司应该如何组织订货会，而是讲销售团队或者经销商去订货会如何才能买到适合自己的货。首先我们要清楚订货会的基本流程（见图3-7）。

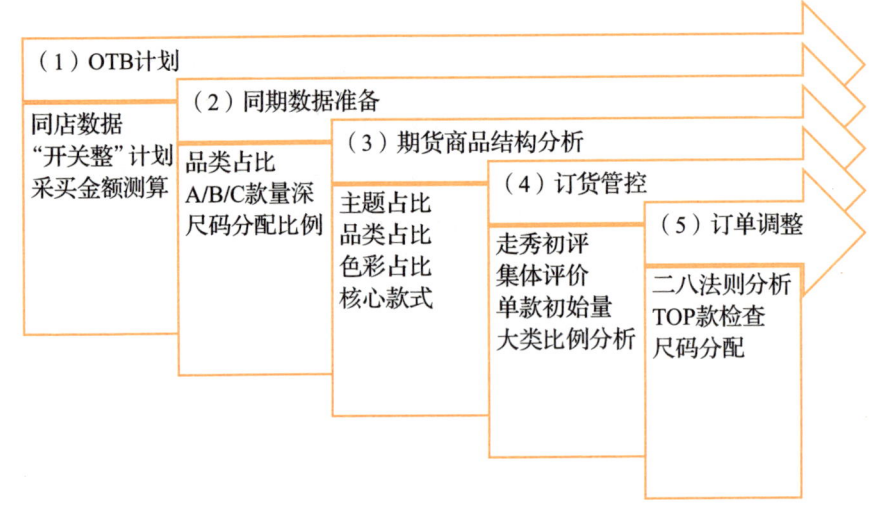

```
（1）OTB计划
   同店数据
   "开关整"计划      （2）同期数据准备
   采买金额测算     品类占比         （3）期货商品结构分析
                  A/B/C款量深     主题占比
                  尺码分配比例    品类占比         （4）订货管控
                                 色彩占比        走秀初评
                                 核心款式        集体评价         （5）订单调整
                                                单款初始量       二八法则分析
                                                大类比例分析     TOP款检查
                                                                尺码分配
```

图3-7 订货实操流程

（1）OTB计划

同店数据

做OTB（open to buy，采购限额、采购预算）计划，首先就是要对未来的销售有一个预估，要结合品牌趋势、市场趋势、产品情况综合考虑。

我之前在BS公司做预算，CEO会给一个大概方向，比如：3年以上的店铺增长5%，2年以上的店铺增长15%，1年以上的店铺增长25%，这样可以做一个大概参考，但具体也要因店而异。近几年考虑到疫情原因以及商场需求下滑，适当负增长也是合理的。

"开关整"计划

如果店铺有新开、关店、整改升级等计划，也要结合实际情况调整单店每月预算，确保全年预算尽量准确。

- 新店预算一般需要商务拓展部门进行预估
- 老店要参考合同截止日期，提前关店计划则要结合谈判预期进行预估

- 整改升级则要与甲方确认好意向机会

现实情况往往是业主通常提前 3～6 个月跟品牌方确认，但订货会往往是提前半年订。所以，我们经常会发现订货会预算与实际核对不上的情况，不是订了货没开店，就是没订货却开店了。对于这些情况，我们要做好预防工作，不能把预算做得过满。

采买金额测算

因为是用销售预算反推采买金额，所以要有个反推的计算过程，各品牌的逻辑大致相同，可能用的计算表格和参数会有差异。计算过程通常如下所示：

- 全年销售预算 = 同店预算 + "开关整"预算
- 当季销售预算 = Σ（每月销售预算 × 每月当季商品销售比重）
- 最终采购预算 = 当季销售预算 ÷ 平均折扣 + 陈列备抵 + 库存备抵

我们用一个具体案例说明，假设：

全年销售预算 = 1 000 万 + 200 万 = 1 200 万（元）

说明：这个品牌打算明年做 1 200 万元的销售额，其中同店贡献 1 000 万元，"开关整"后额外新增 200 万元。

当季销售预算 = 4 月的（100 万 ×10%）+ 5 月的（100 万 ×40%）
+ 6 月的（100 万 ×80%）+ 7 月的（100 万 ×80%）
+ 8 月的（100 万 ×50%）+ 9 月的（100 万 ×20%）
= 280 万（元）

说明：拿夏季商品举例，商品从上市到退市横跨 4—9 月，高峰期是 6—8 月。假定每个月都卖 100 万元，再参考同期夏季商品的销售比例，就可以推出需要销售多少金额。

最终采购预算 =（280 万 ÷80%）+（280 万 ÷80%）×15%
+（280 万 ÷80%）×15% = 455 万（元）

说明：预估平均销售折扣为 8 折，预留 15% 做铺场陈列，再预留 15% 做备抵库存。

通过以上推理，我们就能算出夏季的采购预算应该要达到 425 万元才能支撑我们的销售预期。

（2）同期数据准备

这里的同期数据指的是商品销售类数据，主要是品类、量深、尺码等数据，对订货下单有更细化的参考意义。

品类占比

通过同期销售分析，我们可以了解到该季节销售的品类占比。拿夏季女装举例，品类包括 T 恤、连衣裙、面料裤、牛仔裤、半裙……通过占比我们可以明确采买方向及大致金额。

A/B/C 款量深

确认好每个品类的预算比重后，可以再参考品类的个款销量，评估这个品类 A、B、C 款的合理定量分别是多少。

- A 款：参考历史同期头部 20% 款式的销量均值（再乘以预算增幅）；对于 A + 款，可以尝试大于等于历史同期的爆款定量
- B 款：参考历史同期中间 50% 款式的销量均值
- C 款：参考历史同期末尾 30% 款式的销量均值

尺码分配比例

考虑完单款量深标准后，就可以考虑尺码销售比例，既要结合历史销售情况，也要结合款式特点。

尺码一般服从正态分布，但品类和款式之间会有差异，表 3-4 是举例。

表 3-4　尺码分配表举例

XXS	XS	S	M	L	XL	XXL
5%	10%	20%	30%	20%	10%	5%

（3）期货商品结构分析

服饰品牌每季往往都会有不同的产品主题故事，尤其是偏时尚类品牌。订货的时候要清楚有哪些商品主题，确保主题订货的完整性。

同时，我们会看品类占比、色彩占比，要提前在头脑中规划出这盘货的展现形式，品牌方也会组合相应的样板墙陈列，给订货人员参考。

另外，还要能抓到整盘货的核心款式，因为服装销售往往遵循二八法则，能抓到给你贡献 80% 生意的 20% 的款式，尤为重要。

订货就是利用设计师提供的这盘现货和历史销售找到最优解的过程。

（4）订货管控

以上三步都是前期的准备工作，第四步和第五步则是具体的执行。

走秀初评

品牌方在每季订货时都会安排走秀，我们当时都是一边看秀一边就把款式评级和初步定量确定了，这样后期过款效率会高很多。

集体评价

走秀后，品牌方往往会让模特一个个出来，再逐一讲解，这时候就可以组织现场的参会人，如买手、代理商，进行主观评价，询问"认为 A 款好的请举手，认为 B 款好的请举手……"，这样可以参考集体经验，避免看走眼。

单款初始量

集体评价后，通常会让客户详细看款，客户可以近距离触摸、试穿，再修正初始定量，并进行 ERP 系统入单或通过 iPad 直接下单。

大类比例分析

下单完成后，客户一般会看一下大类的比例是否合理，然后与品牌方确认。

（5）订单调整

订单调整也叫过单，一般是品牌方的客户经理和商品经理与经销客户进行订单审核工作。如果是自营下单，相关人员一起复盘即可。以下内容是必须要检查的：

二八法则分析

一般我们订完总量后，有一个很重要的数据要看，那就是定量排名靠前的 SKU 总量占总预算的比例是多少。

因为实际销售情况往往符合帕累托原理，即较少的 SKU 贡献较多的业绩产出，虽然不太可能达到 80/20，但 60/40 是肯定没问题的，即 40% 的款式产生 60% 的销售额，所以我们定量也要满足这个规律。

具体是按照 60/40、65/35 还是 70/30 等，是要参考同期数据或款式情况来评估的，不能一概而论，因为每个品牌的比例都是不一样的。两者越接近，越说明款式优劣差异不大，反之则说明不同款式的开发水准可能存在较大差异。

TOP 款检查

在以上数据比例合理的前提下，接下来就要看一下 TOP 款的定量是否充足了。可以参考已上传的全国款式定量排名，重新审视自己的选款订量并进行微调。

当然，这也存在一定风险，就是全国定量排名靠前的款式在当地未必就一定卖得好，也要结合我们对当地市场的了解进行评估。

尺码分配

最后，通过已经准备好的尺码比例，匹配单款定量即可。

5.3 配货逻辑

期货商品生产完毕且到仓后，我们就要开始配货了。资深的商品负责人一般都会通过一个配货表进行这项工作。其复杂度虽然并不高，但要求商品部门的同事必须具备两项能力：

- 要清楚当时订的这些款式的情况，因为都是期货订单，可

能记不清了，要参考当时的图册和笔记

● 要清楚店铺的情况，哪些款式适合配发哪些店铺，要遵循A款全铺、B款选铺、C款铺重点店铺的原则，切忌平均分配

最后，也要确认单店铺货的尺码逻辑，即要符合订货的正态分布逻辑，不能是1:1:1。这样一卖就会断货，从而错失销售机会。

5.4 调拨技巧

配货之后，销售了一段时间就会出现缺码断货的情况。这时及时调拨并货就非常重要，可以帮助店铺抓住更多的销售机会，同时也能防止货品出清不够到位。

但很多人调货的逻辑往往有很大的问题，他们会采用"哪家店卖得多，就将货品集中到哪家店"的原则。我给大家的建议是遵循"哪家店卖得快，就将货品集中到哪家店"的原则。

举个例子（见表3-5）：

表3-5 调拨表举例

店铺	周销售	库存	周转
1店	15	15	1
2店	5	10	2
3店	10	5	0.5
4店	5	7	1.4
5店	6	4	0.67
总计	41	41	1

由表3-5可知，一款商品在5家店铺销售，整体周转1周（也就是按照目前速度还能再卖1周），在这种情况下肯定会出现严重的缺码断号，因而必然要整合。

我们可以先计算出每家店铺此款商品的周转速度，并在最右侧列

出。不难发现 3 店周转最快，2 店最慢。可以考虑把 2 店的 10 件商品全部给 3 店，再把 4 店的 7 件商品全部给 5 店，这样可以保证 1 店、3 店和 5 店都有 1～2 周的存量。而再下一周，可能这 3 家店铺的货还会再归并到其中 1 家或 2 家店铺。

这种调货逻辑的好处是：

- 避免好卖的商品都集中到 A 类店铺，资源分配不合理，甚至出现 A 类店铺库房爆仓的情况
- 店铺员工对新货的销售热情更高，会积极主推
- C 类店铺虽然配货量不大，但也可以通过提高反应速度保有畅销款

5.5 清货管理

清货管理可以参考"促销活动"的内容。除此以外，特卖场也是我们常用的方法，能对季末清货提供很大助力，也是店铺综合管理能力的体现。图 3-8 所示的常规准备流程可供大家参考。

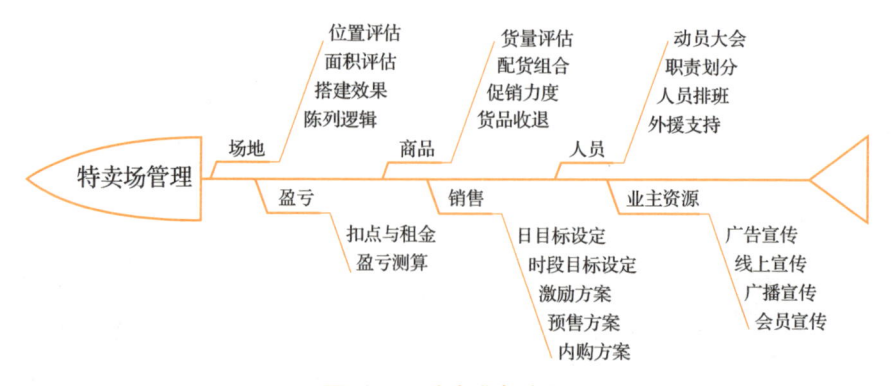

图 3-8 特卖准备流程

另外，对比常规店铺管理，特卖场（见图 3-9）还有些需要特别注意的地方，比如：

- 不需要提供太多的服务，可以请兼职工或小时工，但要确

保他们熟悉商品和活动
- 不需要考虑搭配陈列，而是要考虑顾客找货的快捷，可以将品类或尺码集中
- 对库管和收银的要求可能更高，人数要充足，工作速度要快
- 因为场地开放，每天要点数，避免夜间失货
- 尽量减少不必要的试穿，提高成交效率

图 3-9　特卖现场图

5.6　退货节奏

每个货品季结束后，品牌方都会进行退货，把店铺的过季商品整合到公司总仓，等需要二次销售的时候，再重新进行配发。

退仓时应主要做好三件事：
- 要做好店铺仓存控制，不能太过饱和或发生断货
- 退仓应循序渐进，应根据天气情况，分大类、分批次退仓
- 商品退货包装要有标准，便于总仓整理验收

但管理者也要清楚，退货会产生额外的仓储费用和运输费用，还是

要本着能不退则尽量不退的原则进行管理。但也绝对不能卡着不让退货，导致运营管理出现问题，得不偿失。

5.7 五大库存指标

库存一是会占用企业大量现金流，二是会不断贬值，造成资产折价，所以不管是直营业务还是经销商，都需要随时关注库存情况。

有5个库存指标我认为是大家必须要掌握的。

（1）周转率

这个概念其实是从资产负债表里衍生出来的，计算方式为"截至目前的库存"除以"近一段时间的销售量"。不同类型品牌方的算法不同，计算周期可以是日、周或月。

以周举例，你现在有1 000件库存，最近一周销售了100件，那周转率就是10周。这个10周怎么理解呢？就是你的这个商品按照目前的销售进度，预计还要卖10周才能完全销出。所以，这就引申出一个问题，就是10周到底是否合理。

其实这一点主要取决于产品特性，比如快时尚品牌，因为产品更替速度快，8周可能都慢，很可能过了两个月这个款就过气了，卖不动了。如果是体育品牌，你卖耐克的经典款Air-Force，每年都有，可能50周都是安全的。所以，周转率必须结合品牌、产品、季节特性进行综合评估。

如果你的周转率慢于标准值，那就要及时设计促销方案，来防止库存积压。

（2）售罄率

这个概念与库存周转率其实比较类似，计算方式为"截至目前的销量"除以"到货总量"。前者重在评估库存总量的合理性，后者重在评估某一季产品的库存销售进度。

比如：我们春季的库存总量是10 000件，截至5月底，销售了

6 000 件，我们的售罄率就是 60%，这个数值是否合理呢？

我们要知道，服装行业的春季一般指 2—6 月，其中 3—5 月是核心月份。那理想目标是截至 6 月底应该全部出清，即 100% 售罄，但那是不可能的。10 年前，很多品牌可以做到 90%，但现如今的服装行业，能做到 75% 就算很优秀了。

所以，假定到 6 月底售罄率目标是 75%，截至 5 月底做到 60% 可能就会有点慢了，如果要追 75% 的目标，可能 6 月的促销计划就要提早安排。

之后，剩余的 25% 的库存会留在卖场中逐步出清，或者通过特卖场的形式打折出清，确保现金尽快回流。

商品部门一般会根据去年的同期进度和今年的定量，制定每季的售罄目标，并进行跟进。你在季中通过一些促销手段将货品尽早出清，总比压到最后高折扣出清要划算。

你看 ZARA，每年固定 2 次季末清货、2 次季中促销，整体的库存节奏就会控制得非常好，再加上它们"快反"的物流管理，每季的售罄率都是可以做到 90% 以上的，这也是品牌的核心竞争力。

（3）动销率

动销率对于 SKU 多的品牌非常重要，计算方式是"一个阶段内累计销售大于 1 件的商品的 SKU 数量"除以"截至目前的 SKU 总量"。

比如：你的店铺有 500 个 SKU，过去一个月有 300 个卖出过，那动销率就是 60%。当然，这个数值越大越好，说明你的款式都有受众人群，但现实中肯定不可能。

一般这个数据可以帮我们来优化产品线结构、库存结构以及陈列面积的比重。

（4）仓容率

仓容率的计算公式为"店铺库存"除以"店铺总仓容"。一般鞋类品牌因为鞋盒的固定体积，所以会计算这个数据，以避免爆仓。最好将这个数值控制在 80% 以内，因为要给新货预留空间。

（5）SKU 饱和率

SKU 饱和率的计算公式为"SKU 总量"除以"店铺可陈列的 SKU 总量"，因为陈列有相关标准，所以利用这个公式可以计算出一家店铺陈列铺满的合理 SKU 量是多少。过多的话，陈列不了浪费资源，过少的话，重复出样会影响成交率。所以，最好将此数值控制在 100% 上下。

第六节　生意追踪

6.1　报表系统

我们在"店长八法"中已探讨过报表。除此以外，作为区域管理者，你还应该看更多维度的报表。我们一般还会用到以下几类报表：

YTD（year to date）报表

分析店铺从 1 月 1 日至目前的目标达成、同比、连带率、成交率、客单价、平均折扣、营业额、店效等。

MTD（month to date）报表

分析店铺从本月 1 日至目前的数据（同上）。

WTD（week to date）报表

分析店铺上一周的销售数据（同上）。

时段销售

通过系统推送每个时段全国店铺的销售排名。

库存分析表

分析店铺库存、库存饱和度、SKU 量、SKU 饱和率、周转率、动销率。

畅销款报表

分析各个品类的畅销款的上市时间、销售、库存、周转情况。

通过以上报表，可以比较快速地通盘了解生意现状，当然在实际报表展示形式上，可能每家公司有所不同，可以结合业务进行调整。

我之前也曾与 IT 部门的同事共同开发过 BI 报表，让他们协助运营部门设计报表，这样报表每天可以直接发送到邮箱中，大大提高了数据跟进频率。当然，现在某些体量的公司会通过企业微信 App 的数据罗盘，随时查看销售数据。不过，个人感觉还是没有分时段推送的 BI 报表方便。

所以，工欲善其事，必先利其器，能看到实时数据可以大幅提高销售追踪效率。很多体量不大的民营品牌暂时实现不了这个功能，就只能靠店铺在微信群里进行时段报数来跟进。

6.2　例行检查

一天之计在于晨，我通常会要求区域经理每天早上花上半小时，通过每家店铺的微信群进行当日例行工作的检查，一般需要店铺反馈：

- 日例会照片
- 现场管理表照片
- 班表照片
- 工服妆容照片
- 店铺形象照片（位置可抽查）
- 库房照片
- 搭配演练照片
- ……

这样，即便是远程管理，也可以进行一定程度的监控，确保店铺基础工作是合格的。当然区域经理可以根据公司方向和最新的需求调整店铺反馈的内容和形式，但准备这些反馈内容不应该占用店铺太多的时间。

6.3　销售周例会

区域经理要每周组织店长召开周例会，要对上周的销售表现进行分析，可参考"店长八法"中的"例会"来了解目前的销售进度，制订下一周的工作计划。

会议形式通常没有统一标准，可围绕收集问题、解决问题、明确行动计划、指令传达这几方面内容进行。

6.4 行动计划

要求店长提供行动计划是绝大部分零售公司会采用的方法，但由于店长能力有差异，行动计划的分析深度和呈现形式也会存在差异，这时候就要用到 SMART 原则[①]（见图 3-10）。

具体的 (specific)	可衡量的 (measurable)	可实现的 (attainable)	相关的 (relevant)	有时限的 (time-based)
目标清晰具体，团队可以充分理解	目标要可以定量跟进，最好能用数字体现	基于现状，跳一跳可以实现的目标	与团队最终目标协同一致	有阶段性的时间节点

图 3-10　SMART 原则

SMART 分别代表五个单词的首字母，所以你提供的方案必须包含全部五个要素，这样你的行动计划才算完整。

---

① SMART 原则是管理大师彼得·德鲁克在 1954 年出版的《管理的实践》中提到的管理工具。

比如，店铺的神秘顾客评分不到 60 分，你可以写这是由哪几项导致的，这叫"具体的"。如果哪几项做好了，可以达到 80 分，这叫"可衡量的"。同时，这个分数是有机会实现的，所以是"可实现的"。如果要实现这个目标，你要每天带领员工进行一次角色扮演，以强化员工意识，让大家重视，这是"相关的"。最后，你告诉领导下个月的成绩保证在 80 分以上，这叫"有时限的"。如果你能把以上几点说清楚，这基本就是一个及格的行动计划。

当然，一定要说到做到，写不是目的，行动计划主要是帮你梳理出一套可行的方案，并最终实现你想要的目标。

6.5 沟通方式

我们现在虽然可以通过微信、邮件等方式与团队进行沟通，但涉及销售追踪时最有效的方式是电话沟通，而且最好是打店铺的电话。

可以把你发现的销售问题反馈给店长，看看店长当下有什么样的应对方案。通过这样的沟通，可以给店长一些方向性的指引，便于店长尽快采取提升销售的措施。

当然，可以通过更多的提问来启发店长，比如：

- 为什么销售进度不好？
- 为什么 UPT（或者 CR）最近很差？
- 目前店铺客流怎么样？有什么后续安排？
- 今天哪些员工上班？状态如何？
- 今天预计可以完成多少业绩？

当然，这些问题都是比较随机的，需要根据数据和店长的反馈进行深入沟通，但时间也不要长，最多 10 分钟即可。

我当店长时，如果区域经理给我打电话问销售情况，我就非常有压力，会尽快调整团队的状态，看看哪些环节还能加强。

其实，销售有的时候也是逼出来的，毕竟不可能每个人都能持续保持最佳状态，但如果放任不管，只能越来越差。

6.6 检查清单

每周的巡店检查是区域管理者最常用的生意追踪方法，能够帮助区域经理深入了解店铺的实际情况，或者协助店长处理一些实际问题。

同时，我们也可以对店铺进行系统性的检查和打分，也就是我们常说的检查清单。基本上每个品牌都会有这样的清单，但检查清单往往也会存在一些问题，比如：

- 每个部门各做一个，缺乏统一标准
- 检查标准不够量化，没有打分"指引"
- 与店铺的绩效考评没有形成足够的关联，店长不重视
- 区域管理者使用得比较随意，没有具体规则

以下是我在某公司做过的一份检查清单大纲（见图3-11）。根据这个框架，设定相应的检查标准、打分原则、考核机制，这样定期对店铺进行检查，会大大提升店铺的基础运营能力，而良好的基础运营能力也是提升销售的必要条件。

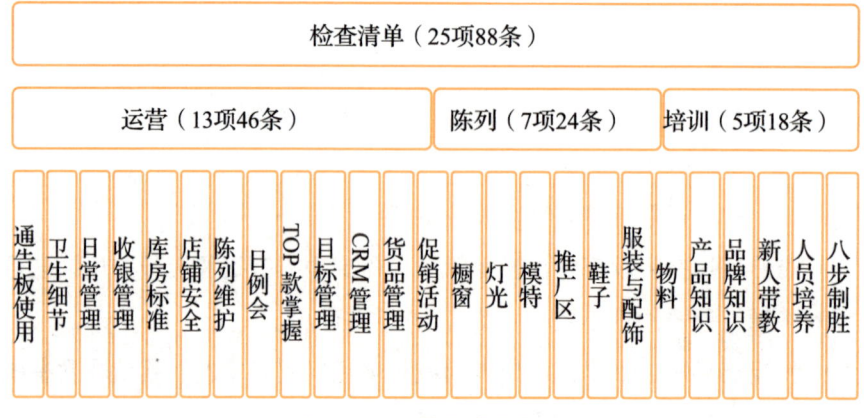

检查清单（25项88条）

运营（13项46条） | 陈列（7项24条） | 培训（5项18条）

通告板使用 | 卫生细节 | 日常管理 | 收银管理 | 库房安全 | 店铺标准 | 陈列维护 | 日例会 | TOP款掌握 | 目标管理 | CRM管理 | 货品管理 | 促销活动 | 橱窗 | 灯光 | 模特 | 推广区 | 鞋子 | 服装与配饰 | 物料 | 产品知识 | 品牌知识 | 新人带教 | 人员培养 | 八步制胜

图3-11 检查清单大纲

随着技术的发展，现在通过专门的巡店 App 或者问卷星可以进行内容的线上提交和归档，非常方便。

表 3-6 至表 3-8 是这份检查清单的具体检查细项，供大家参考。建议有需要的朋友可以根据自己品牌的情况进行删减。

表 3-6　运营标准检查表

项目	序号	分数	选项	标准
通告板使用	1	2	Y/N	MTD 销售数据（可用 A4 纸）及员工个人销售排名（可用交接本）
	2	2	Y/N	公司活动方案以及激励政策，包括内容、时间、产品（可用交接本）
卫生细节	3	2	Y/N	地面、镜子、层板无垃圾、脏污、水印
	4	2	Y/N	试衣间、休息区无垃圾、脏污，且不堆放货品
日常管理	5	4	Y/N	完成日例会表格填写（可用交接本）
	6	2	Y/N	清楚本岗位非销售的主要职责，例如负责区域、补货频率、价签检查、卫生标准、门迎
	7	2	Y/N	参照周、日、时的销售高峰期进行排班
	8	2	Y/N	员工考勤记录完整，加班工时控制合理
收银管理	9	1	Y/N	收银台面上无杂物，内部整洁，没有明胶或任何贴纸
	10	1	Y/N	收银台 POP 摆放符合公司标准，直营店要有顾客须知、会员注册、活动 POP
	11	1	Y/N	日结单据、收银小票、礼券被妥善存放
	12	1	Y/N	结账后，现金存放于保险柜中
	13	1	Y/N	次日 15:00 前，完成现金汇款，且找换金与店铺标准一致
	14	2	Y/N	定期清理垃圾杂物

续表

项目	序号	分数	选项	标准
库房标准	15	4	Y/N	分八个区域,即货品区、理货区、残品区、留货区、道具区、物料区、卫生洁具区和私人物品区,且位置合理
	16	2	Y/N	建立店铺仓位布局图(展示货架数量、货架编码),并粘贴在库房入口处或门后
	17	2	Y/N	库房有绑定仓位,直营店采用PDA检索标准,经销商可用纸质检索标准或Excel检索标准
	18	2	Y/N	商品码放整齐,空间利用合理
	19	2	Y/N	在库房能够在1分钟内找到顾客所需商品
店铺安全	20	1	Y/N	自营店备有安全手册,按要求填写、更新
	21	2	Y/N	店铺云盯系统运行正常,角度合理,用App核实
	22	2	Y/N	店铺的玻璃橱窗贴有防撞贴
陈列维护	23	2	Y/N	鞋带系法符合陈列标准,所有鞋子出样朝向一致
	24	2	Y/N	叠装出样尺码由小到大,每叠不少于3件且高度一致
	25	2	Y/N	商品统一安装防盗扣,所有吊牌不外露(不适用防盗扣,可仅查吊牌)
	26	2	Y/N	每件商品都要有价签(鞋子价签粘贴在鞋底,服装价签粘贴在吊牌)
	27	2	Y/N	鞋类折扣产品正确使用鞋帮三角标签
日例会	28	2	Y/N	销售回顾及目标制定:月进度、日进度、店铺目标、个人目标(如未旁听,可询问店员)
	29	2	Y/N	产品回顾:新款、TOP款、搭配建议
	30	2	Y/N	品牌事务及活动传达清晰
	31	2	Y/N	会议有互动,有分享,有认可
TOP款掌握	32	4	Y/N	每周至少更新一次本店铺TOP款排名,有打印版或手机图片可查
	33	4	Y/N	抽查员工按区域指出哪些是TOP20产品,并清楚库存情况
目标管理	34	3	Y/N	员工了解当月全店目标达成进度:金额、百分比
	35	3	Y/N	员工了解当天的个人目标:金额、单数

续表

项目	序号	分数	选项	标准
CRM 管理	36	2	Y/N	员工知晓会员福利条款
	37	2	Y/N	要有专门的微信客户群，人数不少于 100
货品管理	38	2	Y/N	店长或库管清楚每周的商品到货计划
	39	2	Y/N	店长能通过公司"门店信息反馈帮手"公众号反馈产品配货或质量问题
	40	2	Y/N	检查是否有未出样到店铺的新货，除待通知款式
	41	4	Y/N	店长熟悉店铺库存 KPI（库存总量、周转率、动销率、库存上限），能合理反馈退货和调货需求
	42	2	Y/N	TOP20 断码率不低于 80%（计算方法：TOP20 款断码 SKU 数量 /20；"断码"指 S、M、L 码缺任意一个号码）
	43	2	Y/N	收到调拨邮件后，次日完成调拨（可查店铺收银系统），快递单有归纳整理
	44	4	Y/N	服装出货标准为"薄 4（件）厚 3（件）"
促销活动	45	2	Y/N	员工清楚地了解店铺活动或哪些商品参加活动
	46	2	Y/N	员工了解竞品活动内容，清楚自身优势
总计		100		

表 3-7 陈列标准检查表

项目	序号	分数	选项	标准
橱窗	1	4	Y/N	使用最新的市场推广物料，不能摆放过季物料
	2	4	Y/N	出样产品与推广主题一致且符合市场活动推广指引要求
	3	4	Y/N	灯光焦点优先落在产品、模特、海报上
灯光	4	4	Y/N	卖场灯光聚焦到产品上，而非地面或墙面上，且灯具没有损坏（或已报修）
	5	4	Y/N	橱窗、模特、鞋服板墙、正侧挂、展桌、试衣区、收银台区域有合理的灯光照射

续表

项目	序号	分数	选项	标准
模特	6	5	Y/N	出样为市场活动推广产品，且符合陈列指引要求
	7	5	Y/N	出样符合陈列就近原则，模特身上的产品不影响销售
	8	5	Y/N	搭配能体现品牌风格，并合理运用配饰，着装细节处理得精致美观
	9	5	Y/N	色彩符合交叉对称、平行对称、内外呼应等原则
推广区	10	5	Y/N	店铺入口位 DP 能够清晰传达当季市场的推广信息并易于被顾客发现（POP 海报、模特群组、展桌……）
	11	5	Y/N	区域规划、中岛道具摆位、动线符合公司要求，无擅自调整和挪位现象
	12	5	Y/N	物料道具为最新市场活动准备，且符合陈列指引要求
	13	5	Y/N	推广道具安装正确无缺损，海报不能有破损、污迹等，店内不能摆放过季物料
	14	5	Y/N	LED 屏播放当季最新的推广视频，店铺播放公司指定季度音乐且音量适中
	15	5	Y/N	产品出样符合陈列指引要求及当季标准
鞋子	16	4	Y/N	鞋墙陈列符合陈列基础原则（SKU 出货量、TOP 款和新款位置、陈列次序……）
	17	4	Y/N	海报产品对应陈列，且在视觉最佳区域
服装与配饰	18	4	Y/N	服装墙的系列、性别规划清晰，高度合理
	19	4	Y/N	服装正挂第 1 套需成套搭配，挑选 TOP 款或库存量大款陈列
	20	4	Y/N	服装细节处理精致，适当运用配饰，中岛道具符合 360（服＋鞋＋配饰）出样原则
	21	4	Y/N	配饰出样数量和标准按陈列指引陈列，包类产品要有填充物，填充物需要用塑料纸包装
物料	22	2	Y/N	店内外品牌标识使用正确并维护良好（包括但不限于店铺 Logo、门头、外立面形象）
	23	2	Y/N	所有 POP 位置摆放正确且合理，对应相应产品，不易使顾客混淆
	24	2	Y/N	店内常规陈列物料在仓库分类存放且整齐，方便随时拿取
总计		100		

表 3-8　培训标准检查表

项目	序号	分数	选项	标准
产品知识	1	5	Y/N	清楚品牌主要产品线的区别、核心功能、核心卖点
	2	5	Y/N	清楚新款、联名款特点
品牌知识	3	5	Y/N	成立时间、地点、主要代言人（至少说出两个）
	4	5	Y/N	企业文化
新人带教	5	5	Y/N	新人有专属带教流程（能提供带教表）
	6	5	Y/N	有明确的带教责任人和清晰的带教思路
人员培养	7	5	Y/N	员工会定期参加公司或品牌方的培训
	8	5	Y/N	员工使用线上学习App学习没有未完成任务（经销店可打Y）
	9	5	Y/N	店长对员工有阶段性工作沟通回顾（使用员工沟通记录表并签字记录）
	10	5	Y/N	清楚了解本店铺的店规店纪及处罚标准
八步制胜	11	5	Y/N	第一印象（统一工服，形象专业，举止得体）
	12	5	Y/N	欢迎顾客（迎宾语正确，有微笑及眼神交流，并告知店铺活动）
	13	5	Y/N	了解顾客（与顾客沟通自然，可以了解顾客需求）
	14	10	Y/N	产品介绍（FAB技能熟练）
	15	5	Y/N	产品体验（鼓励试穿，协助试穿，两件出仓）
	16	10	Y/N	产品续销（推荐搭配款式，有合理的理由）
	17	5	Y/N	顾客付款（成交建议专业，结账高效）
	18	5	Y/N	完美道别（客流较小时，需送顾客到门口）
总计		100		

第四篇
PART FOUR

高层管理者

总监九知

适用对象

总经理

副总裁

销售总监

运营总监

商品总监

代理商

开　篇

我在一些企业工作的时候，有机会与 CEO 或创始人交流学习。虽然企业的规模和所处行业不尽相同，但这些高层管理者往往都会专注于一些相同的主题，所以我总结了"总监九知"（见图 4-1）与大家分析探讨。

当然，这些内容其实也是大多数高管很重视的部分，每一个部分都可以写一本书。在这里，我仅从销售运营的视角，结合自身经历提供一些经验和看法。对于过于专业的内容，大家若有兴趣可以找单独的书学习。

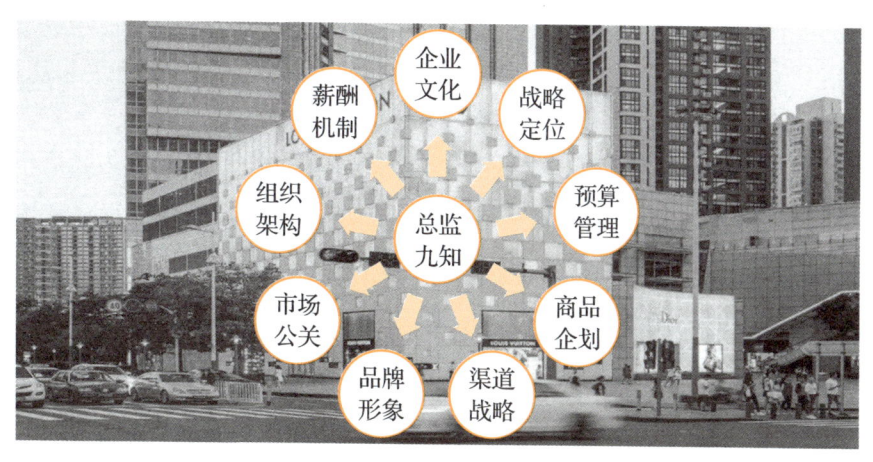

图 4-1　总监九知

企业文化代表了企业的 DNA 以及创始人的格局，是企业先天具备的特质，所以放到第一节来解读。战略定位能帮助企业扣好衬衫的第一粒扣子，这粒扣子扣得正确，之后企业才能顺水行舟。预算管理是财务管理最为重要的一环，也是企业管理的剧本，我们放到第三节讲解。

有了以上宏观规划,接下来我们就要讲解商品企划,以便找到供给与需求的平衡点。有了适合市场的产品后,我们要考虑渠道战略。在供大于求的时代,"酒香不怕巷子深"这句话已成为过去式,好的产品更要有好的渠道加持。有了渠道后,品牌形象建设就尤为重要,要有一套差异化的视觉识别系统,让消费者记住你。

经过以上一系列的包装后,如何让消费者认识你呢?市场公关是必要环节。有句话说得好:"真正厉害的市场营销甚至可以废掉销售环节。"不断壮大之后,组织需要不断变革,与人力资源有关的工作往往是很多企业成败的关键,因而组织架构和薪酬机制也是重要环节。

最后,当下是信息时代,企业管理者应与时俱进,掌握最新的数字化管理理念,有能力通过信息系统升级提升企业管理水平。

第一节　企业文化

一提到企业文化,很多人都觉得非常虚,认为它很容易成为华而不实的口号。但如果对企业发展进行过深入研究,就会发现,很多伟大的企业都有一些坚如磐石的企业文化在支撑其长远发展。

吉姆·柯林斯曾写过《基业长青》和《从优秀到卓越》等畅销书,他便以企业文化为切入点,分析世界顶尖企业的发展都需要具备哪些相同条件。

1.1　使命与愿景(要去哪?要干吗?)

使命与愿景是大多数规范化企业都会思考的内容,具体应该怎么理解呢?我们先看几家知名企业的使命与愿景(见表4-1)。

表 4-1 企业使命与愿景举例

品牌	使命	愿景
阿里巴巴	愿天下没有难做的生意	成为一家能活 102 年的企业
迪士尼	使人们过得快乐	成为全球的超级娱乐公司
苹果	建立用户对互联网的信任	每人拥有一台计算机
花旗	为消费者提供各种金融服务	一家拥有最高道德行为标准、可以信赖的公司
3M	寻求用创新方法解决未解决的问题	通过致力于环保，履行社会责任和实现可持续发展

使命可以说是企业赋予自己的责任，套用现在比较流行的一句话，就是你要解决什么社会痛点。愿景则是指你的终极目标是什么，即可以期望的蓝图是什么样子的。

通常企业的使命与愿景都来源于企业创始人的认知。作为企业的掌舵人，他们要思考如何能让全体员工理解它们并在工作中践行。只有强有力的使命与愿景才能凝聚同道中人，并构建一家伟大的企业。

现在很多企业家喜欢借用成功企业的文化，我个人觉得应该慎重，毕竟企业的性质、创始人的背景和特质都是不一样的。

1.2 价值观（怎么干？）

当我们清楚了"要去哪？"（愿景）和"要干吗？"（使命）之后，就要进一步思考"怎么干？"了，这其实就是价值观的意义（见图 4-2）。

我们先看看应该如何理解价值观。每个人的价值观通常包括家庭观、事业观、友情观、爱情观、金钱观……我相信每个人都会考虑这些。之所以人和人有差异，本质在于每个人对它们的排序是不同的。你的优先级决定了你的行为方式和准则，这就是你的个人价值观。

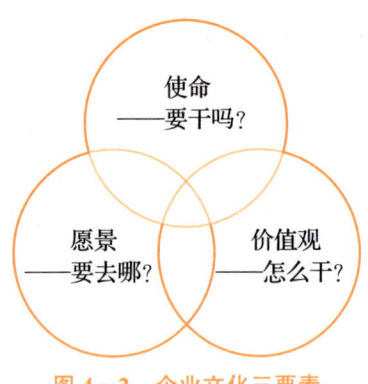

```
          使命
         ——要干吗？

  愿景              价值观
 ——要去哪？        ——怎么干？
```

图 4-2　企业文化三要素

如果企业的价值观是顾客第一、员工第二、股东第三，那当顾客出现问题和需求的时候，是不是应该第一时间解决？如果零售行业有同样的价值观，当老板巡店的时候，是先接待顾客还是先接待老板？同样，如果员工排在股东前面，那出差的时候，应该是老板坐头等舱还是员工坐头等舱？其实喊口号容易，真正要让价值观落地是需要一系列行为和标准来落实和规范的。

所以，价值观绝对不是一纸空文，让员工背下来就可以了。企业的人才发展、薪酬福利、办公环境、内部流程机制等，处处都能体现企业的价值观。

企业高层需要反思：

● 企业如果提倡"健康"，能否让员工准时上下班？能否定期组织团队锻炼？

● 企业如果提倡"学习"，高层是手不释卷，还是把书作为装修道具？

● 企业如果提倡"平等"，是开放办公，还是高管都有单间办公室？

● 企业如果提倡"主人翁意识"，是否给员工分红，让员工自己当老板？

● ……

现实中，大多数企业都不能真正贯彻自己的价值观。如果老板没有想清楚如何将其有效落实，并且将其具象化，最好不要直接向员工宣布，否则员工一定会私下议论，反而起到反作用。

1.3 知行合一

企业文化既是一种文化，也是一种经营哲学。要让文化落地生根，就必然要知行合一。我觉得王阳明《传习录》中的核心思想也许能帮助企业家做好企业文化管理。即：

无善无恶心之体，

有善有恶意之动。

知善知恶是良知，

为善去恶是格物。

第一句说人的初心就像是一张纯净的白纸，没有什么善恶分别。

- 正因为如此，建立文化的初衷就是要帮助企业统一人心，建立共同信仰。所以，企业创始人在建设企业文化的时候要遵循自己和员工的初心，抓住人性中的本真并加以提炼和凝聚。比如：稻盛和夫强调工作是对精神的磨炼，其实这对团队的引导就非常正向

第二句说人的意念一经产生，善恶、好坏随之而来，也就是佛家所说的起心动念。

- 创建企业文化，我们要清楚自己的起心动念是什么，想明白为什么要创业、凝聚人心的动力在哪里

第三句说人看到恶的现象后，会痛恨恶行，看到善的事物就会喜欢。这是人的"良知"，即内心善良光明的德行在起作用。

- 我们的企业文化认同什么行为？不认同什么行为？是否符合人性和社会的良知（正确客观的认识，符合客观存在的规律）？

第四句说人可以主动去除由不合理的私欲和小我所产生的不良行为，

主动做正确的事。格物意为探究事物的道理、纠正人的行为。

- 我们是否可以为了坚守我们的文化，放弃很多既得利益并坚持走下去？

我觉得只有想明白了你希望企业可以带来什么社会价值，你才能真正践行知行合一的企业文化。所以，不存在什么标准答案，一切都应该是企业家或创业者本心的提炼。

第二节 战略定位

战略一直是管理领域里很重要的话题和研究方向。几乎每位企业高层都会时不时地提到这个词，但具体应该如何理解，则是见仁见智。

我接触企业战略得益于两个契机：一是读MBA时选修了战略相关课程，二是曾有幸协助过一位民企董事长做过一年特劳特战略定位项目。

我打算从如下几个方面讲解战略定位：一是先讲解战略的定义和思维框架；二是系统讲解战略定位理论的落地，针对其核心知识进行详细讲解；三是再分享一些战略管理中的常见模型。

2.1 战略的定义

结合在战略课程中的学习，如果让我给企业战略下一个定义，那应该是：

- 企业通过对自身资源的判断，选择一条适合自己的战略路径，明确发展目标，并通过强化自身核心竞争力，依靠差异化的定位产生比较优势，从而赢得市场份额

所以，提到战略的时候一般都会涉及资源、路径、目标、核心竞争力、差异化、优势、份额这些内容。

除此，我们还应该至少具备三种战略思维（见图4-3），以使我们

更加全面地思考战略问题。

资源思维	宏观思维	策略思维
• 自己做 • 别人做 • 一起做	• 外部性 • 内部性	• 成本领先战略 • 差异化战略 • 集中化战略

图 4-3　三种战略思维

资源思维

企业做任何事情前都应该先想清楚，这件事是应该自己做、由别人做，还是一起做。比较常见的就是很多零售企业家在直营、代理、联营上往往举棋不定，最后就变成了大杂烩，导致资源分散。

宏观思维

学会考虑外部性和内部性两个方向。外部性可以通过波特五力模型、PEST 模型等分析，内部性则可以通过 SWOT 模型、VRIO 模型等来深度思考[1]。

策略思维

掌握三种基本战略模型：成本领先战略、差异化战略、集中化战略。企业家在评估完自身所处环境和条件后，会选择一个最适合自己的战略模型。我们着重要讲的战略定位其实可以理解为差异化战略的一种。

2.2　定位理论经典案例：可口可乐的世纪大战

可口可乐有 100 多年的历史，由彭伯顿发明。早期本来是在药房销售，后来逐步发展为日常饮料，且市场表现稳如泰山。

直到 20 世纪 60 年代，百事可乐找到了自身方向，开始定位于"年轻人的可乐"，才在市场中抢占了一席之地，并开始了对可口可乐的猛烈冲击。百事可乐的广告语非常有冲击力——"如果你不想跟父母喝一

---

[1] 详细论述见本书第四篇第二节第七部分。

样的可乐，请喝我们吧，年轻人的可乐"。

后来，百事可乐还推出了一个非常经典的电视广告，就是一个小男孩来到自动贩卖机前，先买了两罐可口可乐用来垫脚，这才够得着买百事可乐的按钮，结果走的时候不拿可口可乐，把它留在了原地（见图4-4）。

图4-4　小男孩用可口可乐垫脚买百事可乐的电视广告

而可口可乐直到1970年才开始打响防卫战，通过强化正宗货这一点才保住了江湖地位，并对百事可乐进行疯狂碾压。而百事可乐在这段时间一直没有找到新的宣传方向，各种广告都不够有力。

直到20世纪80年代，百事可乐迎来"殷瑞杰时代"，重启年轻一代定位，并请迈克尔·杰克逊做了宣传广告（见图4-5），获得了空前成功。

图4-5　迈克尔·杰克逊参与的百事可乐电视广告

但其实这只是百事可乐战略中的一部分，它具体还做了哪些相应的战略配称（企业运营活动之间的配合和加强），可以参考图4-6。

图4-6 百事可乐的战略配称

为应对百事可乐的冲击，可口可乐当时的CEO罗伯特·戈伊苏埃塔采取了"新"可乐策略——为了迎合年轻人在包装和配方上进行了调整。但这次调整给可口可乐带来了灾难性打击，纽约甚至因此爆发了游行活动，该策略仅仅实施3个月便宣告失败。

以上的可乐世纪大战对你有什么启示呢？

2.3 极度竞争时代

除了可口可乐，美国的其他一些品牌其实在过去的很多年里也都经历过类似的商战，最后才沉淀出一些我们耳熟能详的国际品牌，比如英特尔、IBM、福特、3M、耐克……

而美国品牌经历的这些商战，也预示着中国品牌在进行品牌建设时必然要走的路。简单来说，就是每个行业都会经历从大浪淘沙到逐步沉淀的过程。中国是从改革开放后才开始进入这个时期的，回顾起来可以分为三个阶段，见表4-2。

表 4-2　改革开放以后中国市场商业环境变化

	20 世纪 80 年代	20 世纪 90 年代	2000 年以后
供求关系	供＜求	供＝求	供＞求
选择难度	容易	复杂	困难
信息量	少	多	泛滥
应对方法	追逐	接受	排斥

对于任何品牌，或早或晚都会经历图 4-7 所示的发展阶段，即在刚开始的行业风口期，大量资源涌入，导致竞争加剧，产品过剩，选择过剩，最后只有那些有清晰定位、打通消费者认知的品牌，才能实现"剩者"为王。

行业产生 ➡ 竞争加剧 ➡ 信息爆炸 ➡ 差异定位 ➡ "剩者"为王

图 4-7　品牌发展趋势图

再想想近几年的"奶茶大战""单车大战"，看看现在还有哪些品牌活着？哪些品牌又能笑到最后？

2.4　五大心智模式

做战略要习惯从消费者的视角看问题，如此才能发现一些消费者行为的底层逻辑。我们先了解一下消费者都会有的五大心智模式（见图 4-8）：

心智容量有限

大脑只会记忆有限的信息，而且是有选择性地记忆。市场上数一数二的品牌享有更大的心理优势。例如在啤酒行业，多数曾经风光一时的地方性啤酒品牌早已销声匿迹，很大程度上是因为青岛、燕京和雪花三大全国性品牌已经足够我们选择了。

图 4-8 消费者五大心智模式

我在培训过程中见到，老师询问听众能说出几种感冒药品牌，结果100多人中仅有一人能说出5种以上品牌，其他人能想到两三种就不错了。

服装品牌也一样。你如果做女装，可以找个朋友问问他知道哪些女装品牌。行业内的人可能说出10多个没问题，但真正的消费者呢？

心智厌恶混乱

企业家对自己的产品总是充满感情，恨不得把产品的里里外外都夸个遍。但要想让你的品牌信息穿透厌恶复杂、混乱的顾客心智，产品就必须极度简化，聚焦于一个字眼、一个强有力的差异化概念。成功的品牌莫不如此。

比如，王老吉正是因为成功地将消费者的注意力集中于"怕上火"这一概念，而不是述说凉茶历史、健康饮品、药用价值等，从而与其他凉茶形成了显著差异，使消费者形成了对其凉茶独特品类的认知，占据了消费者的心智资源，成为中国凉茶第一品牌。

耐克就是因为成功地与专业运动装备画上了等号，才做成体育用品的老大。

心智丧失焦点

在品牌设定上，企业应将产品集中于某一卖点。我们赋予品牌的内容越多，该品牌在顾客心智中就会越模糊，进而失去焦点，这将更易使竞争对手占据我们原有的定位。

比如，ZARA强调快时尚，而非面料、服务、质量、价格、休闲、代言人等一些服饰品牌常用的套路，最终在消费者心智中成为快时尚品类的代名词。

心智缺乏安全感

人们在消费新品牌、新产品时往往是缺乏安全感的，通常会根据他人的认知来做出购买决定，有一种从众心理。

如就餐时，人们往往更愿意找那些排着队的餐馆。因此，企业需要提供某些"证明"，以安抚人们消费时的不安情绪。最有力的证明当然就是市场地位。奢侈品的历史沉淀便最大化地迎合了消费者缺乏安全感的心理诉求。所以，即使高仿做得再好，大部分人还是会选真货。

心智憎恨改变

消费者一旦对某产品形成认知，就将很难改变。

比如：啤酒厂家做威士忌，消费者恐怕会觉得这酒会冒泡；羽绒服品牌如果做短袖和短裤产品，估计会积压一堆库存；男装品牌如果利用本品牌的知名度做女装，女性顾客估计会觉得一点都不时尚。

2.5　战略定位落地四步法

如何确保战略定位落地呢？这也是定位与大多数战略管理工具最大的差异，就是有一套完整的方法论来确保定位能够真正帮助企业解决实际问题，带来销售和利润。

我们将从以下四步进行深入探讨（见图4-9）。

第一步：竞争环境分析　第二步：九大差异化定位方法　第三步：获取信任状支持　第四步：关键战略配称

图 4-9　战略定位落地四步法

2.5.1　竞争环境分析

关于竞争环境分析，定位理论提供了一个空位法，即从竞争、认知、优势、趋势四个维度找到认知蓝海（见图 4-10）。

图 4-10　战略定位空位法

（1）竞争

通过波特五力模型，我们可以了解行业内部的竞争度，然后再分析产品的溢价能力，最后再看潜在进入者和替代品的情况，就能了解这个行业是不是还有空间和机会。

当然，通常认为空间越大且竞争越少的行业越有发展机会，这个就是品牌要想办法切入的点。

（2）认知

这个认知是指消费者的认知。我们一定要记住一句话，即"认知大于事实"。品牌营销的本质就是要将消费者的认知与品牌想传达的概念牢牢绑定在一起，能做到这一点，品牌就会有非常大的价值溢价。至于这种认知是不是事实,其实并不重要。

最简单的例子就是茅台,它真的比几百元的酒好那么多吗?从成本结构上看,茅台的毛利率是90%,即生产成本也就200元不到,但是能卖到10倍于生产成本的价格,就是通过营销让消费者认为茅台等于国酒,等于身份,等于地位。这个认知带来的价值要远远大于产品本身的价值。

(3) 优势

优势指的是自我优势分析,可以通过SWOT模型和VRIO模型进行分析。

罗永浩推出过锤子手机,最后倒闭,之后转行做网红带货,却风生水起,就是一个很鲜明的要利用自身优势而不是喜好的例子。

(4) 趋势

抓趋势是一种非常重要的能力。很多人说巴菲特厉害,其实他也是抓住了美国股市过去几十年的高速增长期,如果换个市场,他想当股神也许就难了。

随着中国人均GDP的提升,每一个阶段都会产生新的市场机会。现在中国人均GDP突破1万美元,这也是知识付费、美容整形、大健康等领域能快速崛起的根源。

从服饰品牌上看,露露乐蒙、泡泡玛特、ubras、蕉下、Bosie(伯喜)、DR等很多差异化定位的新消费品牌也是踩在了这个风口上。

2.5.2 九大差异化定位方法

(1) 差异化误区

做定位,就是做差异化。但我们很多企业往往把重心放到价格优势、产品质量、服务质量、产品齐全度、广告创意上。如果是在供小于求的前提下,也许这些差异点能帮助企业异军突起,但在品牌聚合度如此之高的今天,这些方法显然就不够了。

更低的价格

低价策略曾经是非常多企业的制胜法宝。可能很多人都听过一个故事：有个人在海边卖渔网，越卖价格越低，最后其他家都倒闭了，他一人垄断了市场，从而也能压低供应商的价格，获得规模效应。沃尔玛及很多快时尚品牌都采用了这个策略。但如果我们拉长时间轴，可以发现一个规律，即做低价策略的企业没有一个活得久的，反而是那些年年涨价的奢侈品都活了一两百年以上。其实，沃尔玛现在也在做山姆会员店，从模式上获得更多利润，也不再说什么"天天低价"了。

产品质量

我们总说质量是企业的生命线，但在现如今管理/生产流程标准化的背景下，要想把质量做得比竞品好很多，则越来越难，边际收益也会很低。所以，现如今质量好并不代表卖得好。酒香不怕巷子深的年代已经过去了。如果企业操盘人再天天强调提高质量，则必然将面临被淘汰的结局。

优质服务

服务是零售行业的基础，海底捞就是利用差异化服务起家的，但你看现在海底捞也是危机重重。因为用服务做差异化必然会面临几个不可控的问题：容易被模仿，海底捞的策略已被很多餐饮企业复制了；人员管理要求很高，但人又是不能进行标准化定制的，有较大的不确定性；高服务质量是行业趋势，未来大部分零售行业的服务质量都会达到一个较高的水平，要想突出自己越来越难。

产品齐全

这也是很多企业家的想法——做大做全，全方位满足消费者的需求。但问题是消费者未来的心智会认为专精才是高手，才符合工匠精神。你做得越全，消费者反而会觉得你哪个都不擅长，这也是为什么我们研究企业多元化案例时发现成功的企业不足10%。

所以，未来的大趋势绝对是聚焦，而非多元。要把我们的品类做窄，但要足够纵深。新晋互联网品牌做伞，都能一年卖好几亿元，而很多知名品牌，可能啥品类都做，开几百家店，也未必能一年卖 10 亿元。这就是趋势。

广告创意

很多大企业都会找 4A 公司做广告，也会请明星做代言。但是作为消费者，你认真想一想，你头脑中对一个品牌的认知真的是广告和明星吗？因为越有创意的广告，我们发现它跟产品的联系越弱，而一些大牌明星可能会代言 100 多个品牌，消费者真的能通过记住明星而记住品牌吗？更糟糕的是，如果明星出事，对品牌的杀伤力更大。

所以，以上五方面虽然很多企业都在实践，但绝不是差异化定位要考虑的角度，我们要尽快从这些思路中走出来。

（2）九大方法

差异化定位总结下来有"三种维度"和"九种方法"（见图 4-11）。三种维度分别是地位、感知、产品：地位是品牌的市场地位，感知是消费者对品牌的认知和理解，产品则突出了一些具有独创性或竞争壁垒的特性。

由于战略定位是通过分析海量品牌得出的结论，各类品牌都有，所以我尽量选一些大家知道的品牌做解释。同时，也会在每种差异化方法里找一个采用类似定位的服饰品牌案例，供大家参考。

与地位有关	与感知有关	与产品有关
成为第一	传承经典	拥有特性
领导地位	热销流行	制作工艺
市场专长	最受青睐	新一代

图 4-11　九大差异化定位方法

成为第一

成为第一是指成为顺序上的第一。比如世界第一高峰是珠穆朗玛峰，第二高峰估计很多人就不知道了。2021年举办的东京奥运会上的中国首金是谁夺得的呢？大家也许会记得是女子射击冠军杨倩，但第二枚金牌是谁获得的还有几个人记得呢？

所以，你如果在某个领域成为先驱，一定要强化消费者对这件事的记忆，这样，即便之后有很多品牌做跟你一样的东西，你在消费者心智中的地位也是不容易被轻易动摇的。

比如：

- 中国第一个网上支付平台——支付宝
- 第一个中文搜索引擎——搜狐
- 美国第一所大学——哈佛大学
- 历史上第一瓶可乐——可口可乐
- 世界上第一条牛仔裤——李维斯
- 第一个去 Logo 化的品牌——无印良品（见图 4-12）

图 4-12　无印良品广告

领导地位

领导地位高不代表出场顺序早，但代表了在行业和相关领域中的绝对地位，即行业的老大。当然，行业老大也是有标准的，通常要远超第二名才可以用这个名号，否则名不副实的宣传会让消费者产生怀疑。

比如：苹果说自己是智能手机的老大，恐怕没人有异议；ZARA（见图4-13）说自己是服装行业的老大，也是有理有据的；LV说自己是奢侈品行业的老大，也无可厚非。所以，如果成为老大，那地位就很难被撼动了，除非自己出昏招自毁长城。

图4-13　ZARA海报

市场专长

市场专长是指在某一个领域有专攻，或者具有凭借某一种核心竞争力让消费者认为你是专家的能力。比如下面的这些品牌通过经年累月的宣传，通常都会和消费者的认知有明确的挂钩，消费者有专门需求的时候，自然会第一时间想到这些品牌。

比如：

- 剃须刀——吉列
- 咖啡——星巴克
- 功能饮料——红牛
- 高端羽绒服——盟可睐（Moncler，见图4-14）
- 男裤——九牧王

图 4－14　盟可睐广告

反过来，我们也可以这么想，如果你有某种使用需求，而不能马上想到某个品牌，说明这个市场也许还有空间，品牌战略调整尚存在机会。

传承经典

能成为经典的品牌，基本都历史悠久。而一旦成为经典，品牌就可以借势进行宣传。例如，当你想起表 4－3 中这些国家的时候，你会自然地认为这些国家生产的某些东西肯定好，尽管未必是事实。

表 4－3　地域经典

地域经典	
美国	电脑、飞机
日本	汽车、电子
瑞士	银行、手表
法国	香水、葡萄酒、时装
俄罗斯	伏特加、鱼子酱
南非	钻石
意大利	服装、豪车
中国	丝绸、瓷器

如果想买一件好的皮具，你可能会想到 LV；如果想买一件好的风衣，你可能会想到博柏利（见图 4－15）；如果想送别人一条经典款的丝巾，你会考虑爱马仕。这就是品牌通过运作经典产品，从而引领的消费需求。

图 4－15　博柏利广告

热销流行

热销流行代表的是销售额或销量呈现骤增的情况。如果商家能把握住这个机会，则会对品牌带来非常大的正面影响。比如李宁打国潮旗帜，请顶流明星代言（见图 4－16），带来了巨大的销量，这是有意为之的。再比如 2021 年河南水灾，鸿星尔克和蜜雪冰城这样的品牌捐赠现金和物资体现了企业社会责任感，站在了风口，造成了消费者疯狂追捧的热潮。

图 4－16　肖战代言李宁广告

所以，品牌既可以创造这样的流行点，也要学会借力使力，创造机会。喜茶最早的营销方案就是通过排队来制造流行，《战狼2》通过票房数据来制造引爆点。

最受青睐

最受青睐的窍门在于得到专业领域人士的认可。

消费者通常是先信任专业人士，才信任品牌。所以，不是说明星代言都不好，如果是请相关的专业领域的专业人士做代言人，则会充分体现品牌的专业性。

以下是一些有代表性的品牌，以及信任这些品牌的专业人士。

比如：

- 佳洁士——牙医
- 海澜之家——商务男士
- 劳力士——钟表师
- 耐克——专业运动员
- 亚瑟士——长跑爱好者（见图4-17）
- 劳斯莱斯——成功人士

图4-17 亚瑟士广告

拥有特性

拥有特性是指产品通过拥有某种特殊的功能来满足消费者的需求，

比如我们常说开宝马坐奔驰，就是在强调宝马的操控感好，而奔驰的舒适度高。如果品牌所拥有的特性能让消费者产生其不可替代的认知，那品牌将充分占领消费者的心智。

比如：

- 海飞丝——去头屑
- 沃尔沃——安全
- OPPO——照相手机
- 路虎——越野车
- 斯凯奇——舒适（见图 4-18）
- 潘多拉——银制首饰

图 4-18 斯凯奇广告

制作工艺

制作工艺强调产品背后凝聚的技术壁垒——别人不好模仿，或者说是听起来别人不好模仿。比如：20 世纪 80 年代曾经有一种的确良面料风靡中国，现在看其实就是涤纶＋棉，也并不是什么高级面料，但当时听起来就很厉害。

优衣库起家是借助了当时推出的摇粒绒面料，当时在日本大行其道，其实我们现在说的抓绒跟摇粒绒一比，二者在保暖上也没什么大的差异。

除此以外，以下这些品牌的制作工艺，大家可以细细揣摩。

- 佳洁士——含氟牙膏
- 劳斯莱斯——手工打造

- 耐克——气垫鞋
- 始祖鸟——使用 Gore-Tex 面料，防泼水，具有超强吸湿透气力
- 优衣库——摇粒绒（见图 4-19）

图 4-19　优衣库摇粒绒服装广告

新一代

新一代的定位会让消费者对品牌的改进持续关注，并且也会让消费者认为品牌在研发方面十分专业，所以也是能撬动消费动力的定位。除此以外，也会带来持续的销售产出，因而品牌无须过多担心商品过气后市场萎缩。

比如：

- 苹果——每年换代一次
- Windows——持续更新换代
- INTER——持续更新换代
- 耐克——乔丹鞋

涉及服饰品牌，耐克的篮球鞋算是把这个概念运用得淋漓尽致，仅

乔丹系列就出了29代（见图4-20），都已经被定义到收藏级别，这对提升品牌在消费者心智中的地位起到了非常重要的作用。

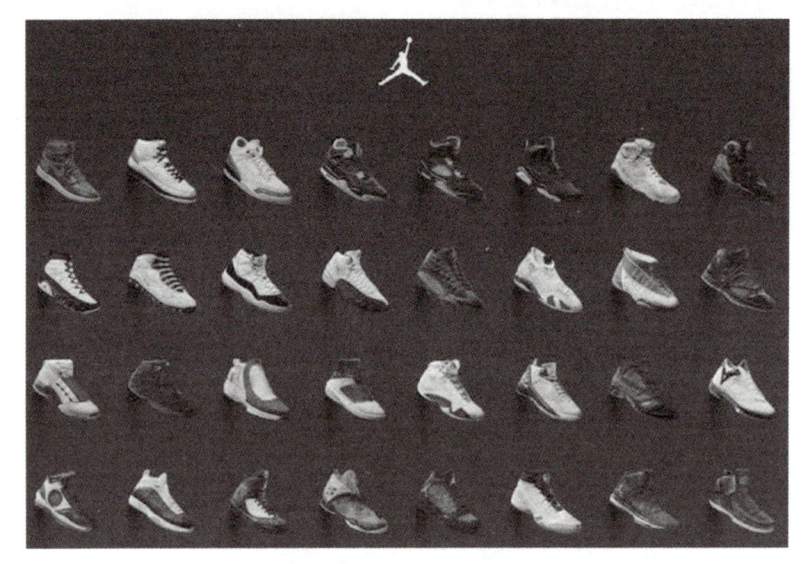

图4-20 耐克的乔丹系列鞋（部分）

2.5.3 获取信任状支持

信任状一般是由第三方权威机构给品牌颁发的奖项、证书、证明，会给品牌带来强烈的信任支撑。

我们一再强调认知大于事实，信任状就是要让消费者对品牌完全信任，从而获得更高的品牌溢价。

比如五星级酒店、米其林三星餐厅、5A级旅游景区、中华老字号、非物质文化遗产等，这些招牌都会被品牌通过各种渠道大力宣传。所以，零售品牌也要思考和建设自己的信任状。

比如：

- 比音勒芬——赞助高尔夫赛事
- Lacoste——赞助网球四大公开赛
- 卡地亚（Cartier）——法国王室御用

- 安踏——中国奥运会合作品牌
- 法拉利——F1 车赛冠军车

品牌在有了信任状之后，就要进行全方位的使用，而不是表现得很低调，因为了解品牌背景的人毕竟是少数。如果你有好的信任状，就应该不遗余力地宣传和利用。比如，将信任状放入品牌标语中，装裱在最显眼的位置，在相关领域强化宣传和排位……中国人往往做事比较低调，但如果从运作品牌的角度看越高调越好。

当然，你可能会说没有这样的信任状该怎么办。有两种办法：一是找权威第三方了解对方的标准，努力争取获得对方的认可；二是结合九大差异化定位方法，创造相应的信任状。这当然不是在欺骗消费者，而是以事实为基础，找出有价值的信息来宣传。比如，波司登近几年就不断强调"畅销全球 72 国"，就是要调整消费者早期对波司登低端的认知，让大家了解这是一个国际品牌（见图 4-21）。

图 4-21　波司登店铺

特别提醒：有效的信用状，一个就够了。

2.5.4　关键战略配称

讲第四步之前我们先来回顾一下战略定位落地四步法的前三步：

- 第一步，找到可以采用战略定位的市场空白区
- 第二步，结合品牌基因，从九大差异化定位方法中选择适合自己的定位方法
- 第三步，思考怎样获取信任状来支持我们传达给消费者的认知

关键战略配称（见图 4-22）就是让战略落地的具体方案。

图 4-22　关键战略配称

我们再用两个比较有特点的零售品牌来解释如何做好资源配称。

[爱马仕]

- 产品：核心产品是皮具和丝巾，皮具有 Kelly 和 Birkin 经典款式，丝巾有限量款和复杂的工艺故事
- 包装：以橙色为主色调，并配以经典马车图案，让人产生深刻记忆
- 价格：4 万元以上
- 渠道：国际一线城市，顶级商业项目或商业街
- 信任状：顶级奢侈品牌，百年历史，皇家、贵族、明星、

成功人士的最爱
- 传播：租金昂贵的一级商圈，四大时装周，国际知名杂志
- 研发：稀有材质，顶级设计师，全方位的产品线
- 组织：家族传承，分产品线精细化管理

[优衣库]

- 产品：百搭基本款
- 包装：红色 Logo，超大、简洁、日系的店面风格
- 价格：均价 400 元
- 渠道：亚洲一线城市、省会城市
- 信任状：亚洲第一休闲服装品牌
- 传播：所有商场的外立面 Logo，以及最好的位置
- 研发：亚洲版型，高性价比材质，联名产品
- 组织：强供应链支持，强运营系统

以上配称都是在确定和清晰品牌战略定位后，再逐步思考完善的。

因为篇幅有限，战略定位部分就分析到这里，有兴趣的读者可以找《定位》这本书来深入学习。

因为近几年做战略定位的咨询公司越来越多，很多人会说这个理论就是教你如何给消费者洗脑，必须用钱砸广告。也有人说，现在市场变化很快，消费者跟以前完全不一样，不会被轻易洗脑，毕竟很多品牌也用了定位理论，但最后也没有做起来，所以这个理论不可靠。

其实，我觉得任何理论在发展过程中，可能都会面临这样的情况。我认为这个理论最有价值的地方并不是要你设计多么有杀伤力的广告语，而是让你有个定海神针，从而能更有效、更精准地整合资源。希望大家能更多地体会如何做到这一点，如此才能真正有所收获。

2.6 定价策略

价格与品牌定位息息相关，是战略配称的重要一环。所以，我们继续分享一些定价策略方面的相关知识。

2.6.1 三种经典定价法

合理的价格是买卖双方能够达成合作交易的一个重要因素。一个比较好的定价方法，既可以保证企业盈利，也可以让消费者感觉到产品的高性价比。有三种常见的经典定价法：

- 成本导向法
- 竞争导向法
- 需求导向法

其中，应用比较普遍的是成本导向法。这种方法是根据成本加上目标利润来进行定价的。只要将产品的成本乘以（1+利润率），即可得到相应的定价。

竞争导向法是将竞争对手的定价作为主要依据来进行本公司产品的定价，这种方法适用于竞争比较激烈的行业和产品。

需求导向法则是根据消费者的支付意愿而不是产品的成本来进行定价：如果消费者的意愿比较强烈，可以提高定价；如果消费者的意愿比较低，要适当降低定价。

采用何种定价方法，最终是要由产品所处的市场情况和消费者的接受程度来决定的。可以使用单一的定价方法，也可以结合多种定价方法来综合使用。

当然，如果前面我们讲的战略定位你能理解得比较透，那么其实在现如今的市场环境下，竞争导向法可能更适合服饰零售市场。

2.6.2 成本倍率定价

我们通常会在产品成本价的基础上乘一个系数（倍率）来估算零售

价。比如：一件商品的成本价是 100 元，倍率是 5，则零售吊牌价就是 500 元。这种方式其实采用了归纳法思维。

按照成本导向法也可以做此推算，基本逻辑可参考利润表：

零售价 = 成本价 + 增值税支出 + 折扣损失 + 变动成本（租金 + 人力 + 费用）+ 固定成本摊销（装修）+ 目标利润

我们认为倍率越高，品牌价值越高。比如奢侈品牌的倍率通常都是 10 以上，这样品牌抵御风险的能力也会远远高于平价品牌，这也是有历史、活得久的基本都是奢侈品牌的原因。

当然，你可能会说可口可乐也不贵，但活了 100 多年。其实想一想，可口可乐的倍率也高，3 元一罐的可乐，你猜它的成本能有多少。所以，我们不要把"贵"和"卖得贵"混为一谈。我们需要的是能"卖得贵"的品牌。

2.6.3 定价技巧

还有其他一些定价技巧，主要是依据消费者心理做的灵活变通。这里跟大家分享几种。

地理定价

在考虑购买地点时，大多数消费者为了方便，会选择去附近的商店。地理定价策略考虑了商店的位置，那些靠近市中心的商店，其定价可能比郊区的商店更高，主要是因为前者的房租更贵。

预订定价

若客户提前预付款，会给客户一些折扣或优惠，一般是搭配会员系统一起使用，比如健身房就经常使用这种模式。

动态定价

动态定价也称为激增定价、需求定价或基于时间的定价。这种方法依赖于消费者对产品的需求。比如很多民宿或酒店在旅游旺季价格就贵很多，而淡季就相对便宜。

免费定价

这也是当前常见的定价策略，即从免费到付费慢慢转变：当公司免费向客户提供基本产品时，用户可以通过付费来访问高级功能，爱奇艺等采用的就是这种策略。

撇脂定价

撇脂原指取牛奶上的那层脂肪，有提取精华的意思。此处指商家在把新产品推向市场时，利用一部分消费者的求新心理，定一个高价，以攫取利润。然后随着时间的推移，再逐步降低价格，使新产品进入弹性大的市场。苹果手机就是典型的例子。

捆绑定价

把两个商品捆绑在一起销售时通常采用捆绑定价策略。很多卖家会把热销商品和销售欠佳的商品或商品周期（保质期）快结束的商品组合起来销售。采用这种方法能很快售出之前不好卖的商品，在超市中很常见。

尾数定价

比如价格中使用"9"结尾：299元就会比较吸引顾客，因为开头是2，容易让消费者理解成是200多元的东西，而不是300元的。

2.7 常见的战略理论模型

最后，跟大家分享一些常见的战略理论模型，以帮助各位构建战略思维。

2.7.1 波特五力模型

如果企业选择进入一个行业或者分析行业现状，波特五力模型（见图4-23）就是一个非常好用的模型。

在运用波特五力模型时我们要做如下思考：

- 行业内部竞争：比如现在的女装、男装、快时尚市场的竞争就非常激烈，而体育品牌和儿童品牌相对没那么激烈，后者是不是更有机会一些？

● 卖方力量：对供应端是否有溢价谈判优势，比如人力成本、店铺装修成本或者服装设计及生产成本等？

● 买方力量：消费者能否接受你的定价？是否需要频繁打折促销？消费者的选择是否很多？

● 潜在进入者：国外还有哪些优秀的品牌没有进入中国市场？哪些新创立品牌正蓄势待发，一旦发展起来，将会分割你的市场？

● 替代品：不买你的这个品牌（品类），消费者还能买什么品牌（品类）？

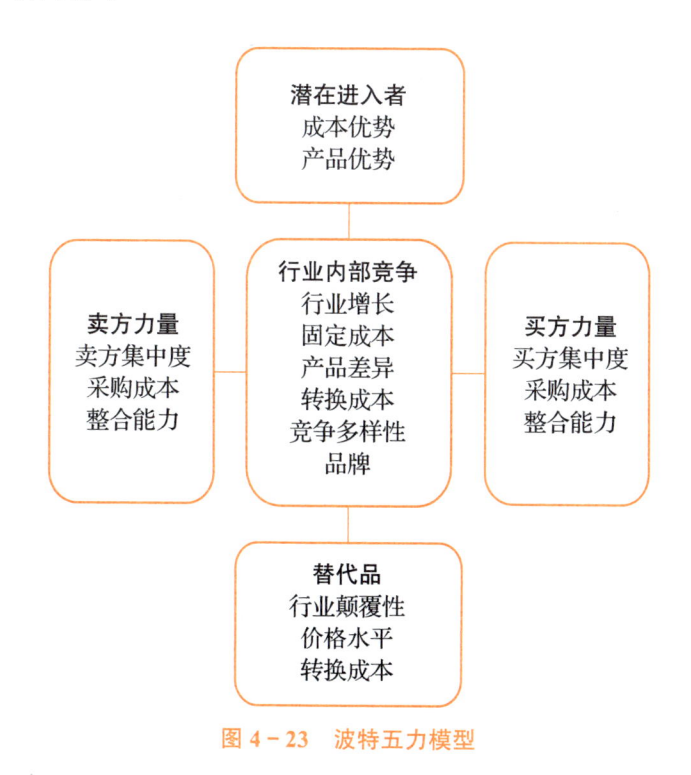

图 4－23　波特五力模型

2.7.2 PEST 模型

PEST 模型（见图 4-24）比较适用于企业开拓陌生市场。因为不同国家、社会、区域往往有着人文、习俗、法制等方面的差异。一个企业如果不遵守当地的风俗习惯和法规制度，我行我素，很容易招致毁灭性打击。

政治（politics）
- 政治稳定性
- 市场道德标准
- 竞争制度
- 税收制度
- 环保制度
- 消费者保护法

经济（economy）
- 经济环境
- 通货膨胀率
- 汇率
- 货币政策

社会（society）
- 人口增长
- 年龄分布
- 收入分布
- 社会福利
- 职业与休闲态度

技术（technology）
- 技术更新速度
- 技术变革
- 政府研发开支

图 4-24　PEST 模型

政治

D&G 辱华事件、耐克新疆棉事件就是近些年比较有代表性的事件。

经济

中国经济发展迅速，中国人的审美也在不断变化，中国已进入人均 GDP 一万美元的年代。早期很多品牌喜欢做大 Logo 迎合市场，现如今一些低调的品牌反而大受欢迎，所以品牌要和经济发展挂钩。

社会

我曾在一家四川公司工作，公司老板打算在全国布局。结果店铺开到山东时生意很差。理由也很简单,版型与山东人的身材不符。所以,对于人口特征等社会因素,也需要做好调研。

技术

在很多服装品牌还在做期货的时候,现在很多品牌已通过快反(优衣库)或垂直供应链(Inditex)的方式加快了存货周转率,从而解决了服装行业最大的问题——库存。

2.7.3 SWOT 模型

几乎所有管理层做报告时都用过 SWOT 模型(见图 4-25),这个模型适用范围很广,我觉得只要框架理解到位就可以了。

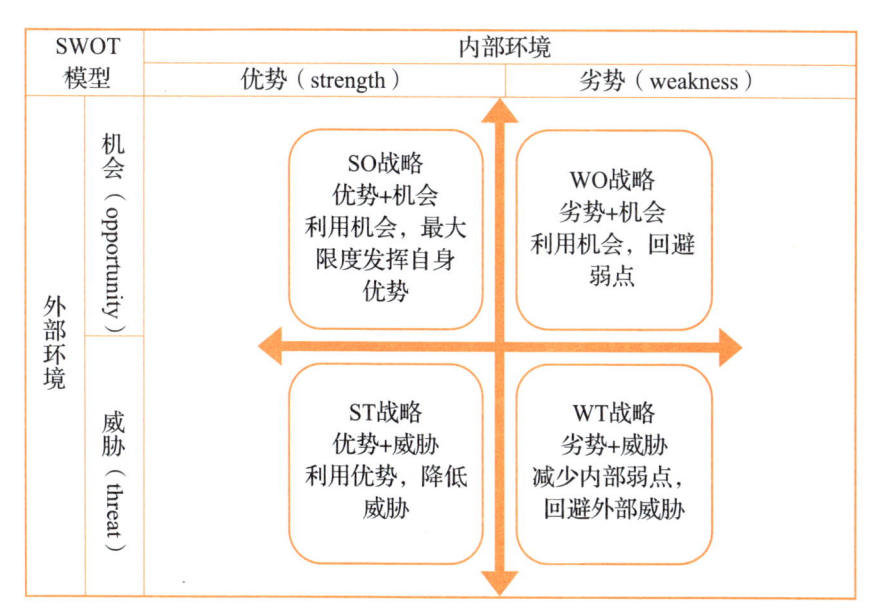

SWOT模型	内部环境	
	优势(strength)	劣势(weakness)
外部环境 机会(opportunity)	SO战略 优势+机会 利用机会,最大限度发挥自身优势	WO战略 劣势+机会 利用机会,回避弱点
外部环境 威胁(threat)	ST战略 优势+威胁 利用优势,降低威胁	WT战略 劣势+威胁 减少内部弱点,回避外部威胁

图 4-25 SWOT 模型

SWOT 模型多用于企业对自身竞争地位的分析。先从内部看自身的优劣势——当然这要对比竞品才能知道,不能凭空自己认为,再从外部看有什么机会和威胁。当把四个维度组合在一起,又会形成四个象限,从而产生四种战略方向,企业可依此进行相应的战略规划。与波特五力模型相比，SWOT模型的分析框架更加发散，容易产生见仁见智的问题，所以作为小组讨论或头脑风暴的工具，可能帮助更大。

2.7.4 波士顿矩阵

波士顿矩阵（见图4-26）由美国波士顿咨询公司创始人布鲁斯·亨德森于1970年创立，用于分析企业现有产品的市场份额和整体市场成长性，便于企业做出战略决策。这个模型后来也被用来帮助多元化企业进行业务梳理和聚焦。

波士顿矩阵			市场份额	
^			低	高
整体市场成长性	高		问号业务 收入：低、不稳定、增长中 现金流：负或平衡 战略：决定是否有潜力增长为明星业务，或衰退为瘦狗业务	明星业务 收入：高、稳定 现金流：平衡 战略：投资成长
	低		瘦狗业务 收入：低、不稳定 现金流：负 战略：放弃，或改变价值主张	现金牛业务 收入：高、稳定 现金流：高、稳定 战略：持续投资

图4-26 波士顿矩阵

一个企业能发展到一定的体量，往往都会有一个现金牛业务，比如阿里巴巴的淘宝业务。随着企业的发展，阿里云和支付宝成为自身孵化的明星业务。不过阿里巴巴也做过非常多的多元化投资，包括夸克搜索、来往等。但这些业务也许是它的瘦狗业务或问号业务，因而要考虑是继续投资，还是果断止损。

通用电器作为开展多元业务公司的鼻祖，在波士顿矩阵的基础上发展出了通用矩阵，有兴趣的朋友可以深入研究。

2.7.5 VRIO 模型

VRIO 模型是由美国管理学家杰恩·巴尼提出的。他认为公司之间存在着一种异质或差异，正是这些异质或差异使得一部分公司长期保持竞争优势。

这些异质或差异即公司是否有有价值的资源；这个资源是否稀缺，仅少数公司独有；这个资源是否无法复制、模仿、仿制；公司能否有效利用好和组织好这些资源。它们很像巴菲特所说的"企业的护城河"。

在零售服装领域，资源有非常多的维度。梳理供应链的上下游，可以很好地帮助企业看清自身现状，强化优势资源，挖深自己的护城河。

表 4-4 为 VRIO 模型举例，第一列的资源项企业可以根据实际情况进行调整，表身部分也可以调整为打分形式。

表 4-4　VRIO 模型举例

资源	价值性（value）	稀缺性（rareness）	不易复制性（imitability）	组织性（organization）
品牌力	√	×	×	×
产品力	√	√	×	×
运营力	√	√	√	×
企业文化	×	√	√	√
财务管理	√	√	×	×
生产制造	×	×	√	×
组织管理	×	×	√	×

第三节　预算管理

3.1　预算目的（做好彩排工作）

我们经常提预算，但要先弄明白为什么做预算。

首先，经典管理学包含计划、组织、领导、控制四个部分，而预算是企业为了满足内部管理中的计划需要，对企业未来经营管理活动的彩排、模拟或预演。

其次，企业通过预算对现有资源进行最佳配置。而资源通常包括人、财、物、信息、时间等内容。所谓有效配置，可以理解为田忌赛马，即在资源不变的情况下，通过策略性配置，达到结果最优。

再次，预算是对企业经营管理者的"权""责""利"的科学分配："权"是指对预算管理的授权；"责"是指对战略目标的分解；"利"是指绩效考核的依据。权、责、利的关系理论上应该呈等边三角形。

最后，预算是企业沟通协调的重要平台。通常上下级通过预算沟通形成双方认可的目标，只有上下齐心，其利才可断金。

3.2 预算目标

预算目标来源于企业的战略目标及愿景，是企业基于已有信息对未来增长的预判。预算目标也要考虑两个核心要素，即企业的资源和能力。比如：企业去年销售5亿元，计划今年销售10亿元，这时就要评估企业是否有这样的渠道资源支持、产品供应支持、人力组织支持等一系列资源，否则就是"三拍预算"——领导拍脑袋定，团队拍胸脯保证，最后拍屁股走人。

目标制定的准确性非常重要，但毕竟是预测，实际执行中还是会产生偏差，所以采用三级目标制（见表4-5）才更合理。

例如，如果公司只定一个目标，那团队一定有人达成得好，有人刚好达成，有人达不成，这样的话达成好的人，没有想法冲得更高，而达不成的人可能会选择放弃，最终会导致更大的目标偏离。

底线目标通常是理想值的80%，是明确要求团队必须达成的指标。如果不能达成，通常是要实施末位淘汰制的，这样就不会有人吃"大锅饭"，拖后腿。

进取目标通常是经过几轮讨论，最终确认的预算目标。达成是要奖励的，但也不能认为是团队应该达成的，这样也会影响士气。

挑战目标则通常是为少数有能力的团队设定的，以鼓励它们发挥潜能，冲到最高，并且要设立奖金。

这样算下来，有些人会达成80%，而有些人能冲到120%，从而公司也能更好地达成目标。

表 4-5 三级目标设置原则

三级目标制	难度	奖惩
底线目标	100% 的人能完成	罚（出局）
进取目标	80% 的人能完成	重奖（激励人才）
挑战目标	20% 的人能完成	升职+重奖（选拔人才）

3.3 预算分类

除了我们经常接触的销售预算，其实企业的正常运转还会涉及很多其他预算，比如：

- 业务预算：生产预算、市场预算、采购预算、成本费用预算、利润预算
- 专项预算：投资预算、筹资预算
- 财务预算：现金预算、财务报表预算

预算在企业的不同发展时期有不同的管理侧重点（见图4-27）。

创业期以资本预算为主。企业在这一时期考虑的是如何拉到更多的投资，但也要考虑控制支出，不能乱花钱。最近几年新零售品牌层出不穷，但拿到投资人的钱后不善利用，很多都死在了初创期。

发展期主要以销售预算为主。在这一时期企业要不断实现阶段性目标。

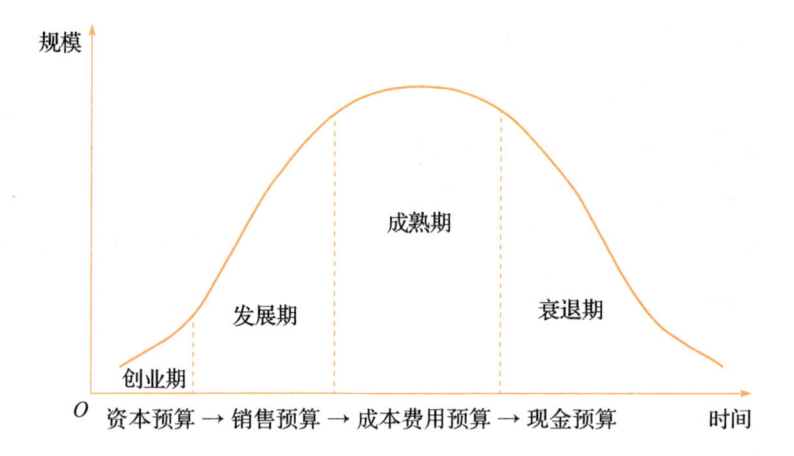

图 4-27　预算与企业生命周期的关系

在成熟期企业应精耕细作，以成本费用预算为核心，优化财务结构，提升利润水平。

衰退期是企业能否转型的关键时期，要以现金预算为核心，确保企业拥有可持续的现金流，这样也能为开辟第二发展曲线提供动力。

3.4　预算编制程序

预算编制程序是各层级管理者必须要清楚的，是确保预算有效实施的关键。很多公司由于流程不够准确，第二年的预算恨不得第二年过了一半才出来，那样指导意义就会弱很多，就变成了凑字游戏。

同时，高层（董事会）也需要组织专门的预算委员会来跟进此事，确保各相关职能人员加入，从而更好地推进工作。

预算编制一般都会涉及如下方面的工作（见图 4-28）。

下达目标 ➡ 编制上报 ➡ 审查平衡 ➡ 损益批准 ➡ 公布执行

图 4-28　预算编制程序

以下我们以某集团公司为例来说明。当然，如果企业的规模较小，在职位界定和时间周期上进行适当调整即可。

10月初——董事会——下达初步目标；

10月初——预算委员会——召开第一次会议（分三级目标）；

10月中旬——各分支机构——初次编制上报；

10月下旬——集团财务部——初次审查平衡；

11月初——预算委员会——召开第二次会议（修订调整）；

11月中旬——各分支机构——再次编制上报；

11月下旬——集团财务部——再次审查平衡；

12月初——预算委员会——召开第三次会议（向董事会汇报）；

12月中旬——董事会——批准与下达执行。

3.5 预算编制方法

在编制预算过程中，我们往往会选择使用或联合使用如下几种方法。

（1）专家预测法

从企业内部选出一些不同职位的人，比如董事会成员、总经办、总监、经理、基层员工，进行会议沟通，交换意见，从而通过加权平均制定初步预算目标。

通常职位越高的人，其加权比重也越高，这个是由职位和经验所决定的。这时候不建议采用民主集中制，那样问题就多了。

（2）市场占有率法

即根据市场规模和过去市场占有率的增速，预估未来的空间。

（3）利润率法

这种方法其实采用了以终为始的思路，通过明确次年的目标利润和预期利润率，反推销售额，即预测的销售额＝目标利润/预期利润率，适合规模较小、波动较小的企业。

(4) 销售增长率法

通常根据市场的自然增长率和行业增长率进行评估，可以参考经济指标和行业调研报告进行评估。

预测的销售增长率：自然增长率 + 内生增长率 + 行业增长率（通常不小于 0）。

3.6 预算调整规则与考核

因为市场发展存在不确定性，所以预算也需要随时进行调整。通常服饰零售企业会每季度调整一次，如果遇到疫情这种变化较快的市场背景，可能每个月都要进行一次调整。

对于预算考核，通常需要签订双方目标责任书，这通常与人力资源的 KPI 管理挂钩。

最后，我们做个总结：预算管理就像导演一场大戏，总裁或总经理是导演，财务部负责编写剧本，全体员工都是演员。

第四节　商品企划

商品企划是企业一把手很重要的工作，奢侈品牌的创始人几乎都是设计师背景出身，国内很多知名服装公司的老板往往也都有设计师背景。这也说明了企业在发展初期是否有好的产品是企业生死存亡的关键。

当企业发展到一定规模，仅仅依赖设计师的灵感肯定是不够的，会有专业的设计师团队和买手团队进行全球采样，提供源源不断的设计灵感。

本节内容的专业性较强，但对于"总监九知"又是不可或缺的板块，我只重点介绍设计师和买手通常的工作范畴，具体操作大家可咨询更专业的人士。

4.1 流行趋势

（1）四大时装周

四大时装周包括纽约时装周、伦敦时装周、巴黎时装周、米兰时装周（见图4-29）。每年两次，分为秋冬时装周（2、3月）和春夏时装周（9、10月上旬）。每次在大约一个月的时间内会相继举办300余场时装发布会，具体时间不一定，但都在这个时段内。

图4-29 四大时装周

其他的时装周还有柏林时装周、日本时装周，国内的香港时装周、中国国际时装周，但是都没有前面提到的四大时装周名气大。

四大时装周基本上表明和决定了当年及次年的世界服装流行趋势。因为大多数的时装公司至少要花费半年到8个月的时间才能把设计变成成品，所以四大时装周会提前约6个月进行次年的时装发布。

时尚编辑们发挥了极大的作用。在每场发布秀中，他们的主要任务是寻找交叉点，而这些交叉点基本上是明年的流行重点（见图4-30）。这样，就得出了每年的流行趋势。另外，各大品牌通常在发布秀后，还会邀请大牌的时尚记者到品牌总部样品间零距离接触走秀的服饰，并采访设计师。很多记者深入香奈尔、迪奥、古驰等一线大牌的样品间，直接采访品牌设计师等。四大时装周各有侧重，纽约的自然、伦敦的前卫、巴黎的奢华和米兰的新奇已成为这四个时装周各自的标志。

所以，我们可以说，全球的流行风尚其实就是由几个大牌共同引领的，或者也可以说是由几位著名设计师倡导从而让全球跟风的，是绝对的多数服从少数。

当下，随着全球时尚潮流的发展，意见领袖（KOL）除了包括顶级品牌的设计师，也包括很多时尚达人、艺术家、大V以及明星。

图4-30 四大时装周秀场

（2）时尚采风

四大时装周的席位毕竟有限，大多数品牌是没机会或没资格参与的，所以设计师和买手也会通过时尚采风的形式在市场上"淘货"。设计团队每年都会有样衣采买费用，供他们去采购。

预算少的话，他们甚至会在家门口的批发市场淘货。你还别惊讶，这些批发市场具备制作周期短的优势，其时尚敏锐度比大部分正规品牌还要高。

预算多的话，可以考虑去稍远一点的韩国和日本采风，毕竟二者对时尚的追逐度和审美水平还是比较高的。当然，再过个 10 年就未必了，现在中国已有反超之势。

预算很宽裕的话，设计师和买手往往就会直接去欧美等发达国家的时尚核心区域买款。

4.2 主题故事

（1）设计灵感

设计师和买手买款不是随机行为，而是基于品牌定位、消费客群、定价策略等进行综合考虑。

类似高校的毕业论文，先确定选题，再找文献进行佐证。选题就是设计灵感，文献就是样衣。当然，好的品牌是不会照搬"文献"的，肯定是会适当引用，并在保留自身风格定位的基础上博采众长。

在某一季，品牌若打算做复古风，就可以对标做复古风比较知名的品牌，看看它们在做什么，可以借用哪些元素。当然，每种风格都会有各自领域的经典品牌参考。

通常，复古可以看古驰、迪奥；中性可以看香奈尔、圣罗兰（YSL）；潮流可以看克罗心（Chrome Heart）、Off-White；极简可以看三宅一生、山本耀司、Calvin Klein；大都会可以看 DKNY（唐可娜儿）；英伦可以看博柏利、Boss 等。

这些可能都是大部分人耳熟能详的品牌，但实际上可以选择的品牌是非常多的，尽管很多品牌我们压根儿没听说过。这就要看设计师和买手的专业水平与个人品位了。

（2）季节色调

采买样衣除了要考虑设计风格的一致性，还要兼顾季节性和色调。比如，春夏季适合色彩饱和度较高、明度较高的色调，秋冬季偏向色彩饱和度略低、明度适中的色调。当然，这也与地域性特点有很大的关联。

另外，四大时装周每年也会提供潘通色指导，行业相关人员都会参考。

4.3 商品组合

考虑完宏观流行趋势，初步确定好主题故事风格，买手就要进行商品组合（见图4-31）的规划了，这个方面更偏向数据分析。

图4-31 商品组合

大家可以参考"区经六会"之"商品管理"进行复习。商品组合要与商品管理中的"订"进行有效整合，用经济学的术语讲就是要寻找供需平衡点。

（1）性别结构

如果品牌品类线齐全，首先要考虑的就是性别结构，这决定了买手团队的人力资源划分、采购预算划分、样衣结构划分。

不能顾此失彼，盲目采买和打样，这样会造成极大的资源浪费，也不利于后期的商品组合企划。

(2) 品类结构

通常不同性别、不同风格、不同面料的服饰品牌，在品类的表现上都会有差异。比如，夏天女装品牌中连衣裙可能会占到 30%～40%，牛仔品牌中的牛仔裤可能会占到 40% 以上，高端男装中的单西装外套可能会占到 20%。

这些比例与品牌定位、顾客认知、产品创新都有很大的关系，设计师要做好品类规划。

比如，某女装品牌春季开发了 500 个 SKU，按照经验，客户通常会选择订购其中 50%～60% 的款，那这些 SKU 中放多少件夹克、风衣、针织衫、牛仔、短裤、长袖 T 恤、短袖 T 恤、连衣裙、短裙就是很大的学问了。这就要求设计团队要有以终为始的思维，不能凭喜好确定款式和数量。

再比如，根据历史数据，牛仔裤开发 30 个 SKU 比较合理，而设计师认为今年的款式非常有机会，就放了 50 个 SKU 到订货会，这样其实是会误导客户的。因为款式再好，放错了季节，即便售罄了利润也不会太好。

(3) 色彩比例

品类规划完毕后，就要进行色彩规划。需要注意两个方面：一方面，每个主题的色彩在纯度和明度上应该是有相关性的。比如，前些年因为《延禧攻略》而爆火的莫兰迪配色，你会发现这些颜色搭在一起就是和谐养眼，换其他颜色就非常别扭，这就很考验设计师的功力了。

另一方面，要确定每个主题的主要色彩。比如一个主题的色彩包含黄、蓝、绿，开发的时候不建议每个色彩一样多，或有的过多、有的过少，这样后期不利于陈列。通常，如果某个主题色要陈列一个板墙区域，至少也要有 3 个相同的颜色或花色，否则很难做出系列感，搭配效果也不会太理想。

4.4 生产环节

订货会期间，客户会结合自身的 OTB 计划，以及设计师开发的商品组合，进行期货下单。设计团队最终会得到每一个客户的订单，汇总后就会非常清楚在所有开发的款式中每个 SKU 的订量。

一般公司会按照品类划分小组（因为工厂通常都是专注于某个品类，为多个品牌提供加工服务），分别与供应商进行最终价格确定。通常，订量越大，工厂提供的单件成本也会相对越低。当然，也存在订量较小，工厂不考虑单独开模设计，买手不得不取消订单的情况。

确认好成本报价后，买手就要进行具体的跟单工作，确保工厂按时按质按量将产品生产出来。

如果在销售过程中发生质量问题，也通常是由设计部与供应商进行二次沟通。如果是强势品牌，可能会暂缓支付工厂尾款，以确保工厂对产品质量负责。

第五节　渠道战略

5.1　中国市场

很多外资品牌都知道中国市场潜力巨大，希望能来分一杯羹。但很多品牌来了之后都会遇到水土不服的问题，尤其是那些让外国人做中国区最高决策的品牌，出问题的概率更大。原因就是他们看不懂中国的渠道，毕竟很多欧洲国家的面积还没中国一个省大。所以，从渠道规划视角看，你不能简单地把中国当成一个国家来看，不妨当成整个欧洲来看，这样在进行渠道规划时思路会更清晰。

做渠道管理时，头脑中必须有一些宏观数据，明白中国市场的特色是什么，如此才能因地制宜。我总结了中国市场与其他国家市场相比的四大区别。

经济发展不均

中国地域辽阔但 GDP 主要集中在一线城市及省会城市，以及东部沿海城市。所以，很多品牌下沉到三、四线城市开店，往往会折戟沉沙，这就是对中国地区和经济分布特点把握不准造成的。

人口结构不均

中国有 56 个民族，超过 14 亿人口。目前，中国已实现过往 40 多年的飞速发展，而未来人口老龄化将成为中国面临的首要问题。虽然中国现在鼓励生二孩和三孩，但目前国人整体上还是持保守观望态度，出生率并没有显著上升。

地域差异

北方人高大，南方人小巧，这是非常宽泛的表达。如果你经常到全国各地跑，你才能真正理解什么是一方水土养一方人，这一点其实对服装品牌的发展非常重要。比如：广州人穿 M 码刚好合身，东北人就要穿同款的 XL 码；同样是南方人，重庆女孩就比成都女孩相对敢穿；同样一款牛仔裤，四川人穿了就是阔腿效果，山东人穿了可能就是紧身效果；同样是鲜亮的颜色，四川人穿了显得皮肤白，西北人穿了就显得皮肤黑……

除了体态上的差异，地域差异也反映在气候上。你在三亚和昆明卖羽绒服和靴子，在东北卖人字拖，难度系数可想而知。因此，商品企划环节应做好系统思考。

这样的例子非常多，具体到生意层面，销售表现也会因地域原因差异巨大。所以，如果要在中国发展线下渠道，建议先打通重点市场，再逐步扩张，切忌东开一家店，西开一家店。

时尚势能不同

对于时尚的接受度中国也有较大差异。比如在意大利，男性的时尚度不亚于女性，但在中国，男性的时尚度恐怕要落后于女性 10～20 年；同样，内陆地区的时尚度要比沿海地区差很多。

同为一线城市，北京的时尚度比上海逊色不少，所以绝大部分零售品牌都会将上海或者广州、杭州、厦门等城市作为总部所在地。

综上，基于中国市场地区差异较大的现实，建议品牌在布局线下渠道时采用以点带面、步步为营的策略，逐步铺开，这样做有两个好处：

- 可以充分渗透市场、强化消费者对品牌的记忆。很多时候，品牌公司觉得在一个市场开了几十家店铺应该已经很多了，其实，可能还有一多半的消费者压根不知道你这个品牌
- 可以控制管理成本。有些品牌就几十家店铺，但分布在全国各地，这样会大幅提高管理成本（包括面试、用人、沟通、出差、监管、装修、商品流通等），潜在的隐形成本将超出你的想象

正确的做法应该是，如果选择在上海开第一家店铺，那就至少开几家店铺之后再往外拓展，而且最好是在江浙皖开店，而不是突然就去北京、广州。这样很容易遇到我们上面提到的市场差异问题、品牌知名度问题、管理成本问题……可能某几家店铺好不容易赚的钱，就都被另几家店铺亏完了。即便是要进行前期市场测试，我认为也是要非常慎重的，尤其是现在有大量线上数据，渠道拓展更应该有的放矢。

5.2 渠道变迁

商业步行街

商业步行街是国内最早的商业模式，把餐饮、娱乐、购物等相关的商铺聚集在一起，营造商业氛围，从而招揽顾客集中消费。北京的王府井大街、成都的春熙路商业街、重庆的解放路步行街就是这种模式比较知名的案例。

但随着百货店、购物中心等新模式的不断涌现，顾客已开始逐步由逛商业步行街转为逛商场，因为商场在品牌集中度、硬件设施、卫生

环境、品牌结构上都有着商业步行街难以匹敌的条件。前几年成都在春熙路附近开设了太古里和成都国际金融中心（IFS）两个大型的商业综合体，导致春熙路的客流骤降，很多商家纷纷撤出调整，这充分体现了商业模式的变迁规律。当然，现阶段在广大的三、四、五线城市，还有很多依赖商业步行街的模式。所以，如果品牌商希望能够获得更广阔的下沉市场，街铺也是很重要的分销渠道。

百货商场

百货商场可以说是中国的第二代商业模式，通常会有较多的楼层，每层有不同的商品主题。早期的百货商场一楼主要是销售珠宝、化妆品、鞋，二楼往往销售女装，三楼销售男装，四楼则会销售体育用品等。而且一般没有餐饮，或者把餐饮设在地下一层或顶层。

百货商场的模式比较单一，目的就是要把同类商品集中到一起，便于顾客充分选择对比，从而拉动消费。后来随着购物中心的兴起，百货商场的竞争力明显不足，因为购物中心可以加入电影院、大型餐饮、体验馆等各种业态，顾客也并不以消费为目的去逛。此时，购物中心更多的是提供了一站式体验，满足顾客的社交需求。

在客流不断被稀释的情况下，近几年百货行业不得不积极寻找出路。从商场建筑结构的调整、业态品牌的调整、促销活动的调整来看，可谓无所不用其极。但受制于商场原始空间的限制，很多百货商场都陷入困局，鲜有转型成功的。

购物中心

购物中心这一商业模式是从国外复制过来的。在中国，最早的成功模式起源于西单大悦城的成功开业。当时，大悦城把商场做成了开放模式，打破了传统百货商场把同品类放在同一层的传统，增强了混搭性。可能消费者会看到餐厅挨着服装店、服装店挨着甜品店、甜品店又挨着手机店的情况。此举延长了消费者在商场的浏览时间，提升了整体体验。这虽然在现在来看司空见惯，但在当年绝对是具有超前意义的。

再后来万达集团以商业综合体的模式,开始了大踏步前进。截至今天,万达几乎覆盖了中国所有三线以上的城市。购物中心正逐步成为取代传统百货商场的一种新兴模式。

奥特莱斯

随着人们消费习惯的调整,同时品牌具有去库存需求,中国人在奥特莱斯的消费在过去几年有了飞速发展。全国有代表性的商业项目包括上海百联奥特莱斯店、天津佛罗伦萨小镇奥特莱斯店、北京首创奥特莱斯店、重庆砂之船奥特莱斯店、上海比斯特奥特莱斯店等。

奥特莱斯的目标客群是家庭,其选址一般在城市周边,消费时间主要集中在周末,以充分迎合上班族的特点:私家车出行方便,人们周末空闲时间多,喜欢高端品牌但又要考虑性价比,等等。

所以,对于这个渠道品牌商是不能忽视的。但做好这个渠道的方法,可能和传统百货商场或购物中心有明显差异,要在店铺设计、促销方式、产品组合上下足功夫。如果只是拿奥特莱斯做尾货销售,通常不会有什么好的产出。

专业零售店(买手店)

服装行业像快消品行业一样,也会有专业零售店(超市)——将不同品牌商的商品集合到一起进行销售,只不过规模上跟大型连锁超市没有办法比,品牌数量通常有几十个,店铺面积一般在1 000平方米左右。

目前,国内比较知名的服装零售商有宝盛道吉(主要经营知名体育品牌)和三夫户外(主要经营知名户外品牌)。但是女装或男装的专业零售店在国内非常少,主要原因包括:品牌的调性差异较大,统一的装修风格难以把不同风格的服装都融合到一起;男女装的流行时尚更替要比体育用品快很多,库存控制和货品流通控制难度较大;购物中心的品牌集合度和品牌差异化程度已经很高,不需要单独再做专业零售店。

但服装行业也并没有因此而摒弃专业零售店模式，而是创新了一种新的零售店模式，即买手店，来达到与零售店同样的效果。如连卡佛（Lane Crawford）、10 Corso Como 都是比较知名的买手店。其运营方式主要是分布在全球的买手根据买货企划，定期与一些大牌品牌商对接，购买一些有特色的款式，带回来统一与其他品牌一起展示，为顾客创造一站式的购物体验。但这种方式会受限于很多因素，从而导致少有较大规模的品牌参与。

线上平台

随着电子商务的兴起，所有服装企业几乎都已与第三方网络平台合作。这种模式其实可以理解为"商场+零售商"：说它们是商场，是因为它们同样会向品牌方收取扣点和租金，并进行整体的活动方案策划；说它们是零售商，是因为它们能够集合同品类中大部分的品牌来供顾客挑选。

不一样的是，线上平台可以提供更大的商品选择空间，而且不需要担心库存风险，甚至早期都不需要担心产品的质量，因为它们只是在做中介生意。不过，相对于服装行业的特性，这些平台暂时还无法满足顾客的体验和社交需求。

除此以外，各大服装公司也在积极尝试做自己的官方购物网站，或者开发独立的购物 App，以期用更低的成本获得习惯在网上购物的客群。

2021 年的"双 11"，天猫的总交易额突破 5 403 亿元，京东的总交易额突破 3 491 亿元，这充分说明了电子商务对线下实体零售的影响日趋增强。

综上，对品牌公司的提醒就是，你不太可能通过一种店铺模式（人、货、场的组合）打开所有以上不同渠道的市场，最好就是一种渠道渗透得差不多了，再开发差异化的模式以渗透其他渠道，这样会比较稳妥。

5.3 主力业主

传统的百货业态大部分都是区域性集团，比如：北京的王府井、百盛、华联；香港的新世界；上海的百联、八佰伴；江苏的文峰；山东的银座；东北的大商；四川的重百；贵州的国贸；内蒙古的维多利；湖北的武商；湖南的步步高；郑州的新玛特；西安的赛格；兰州的国芳；合肥的百大；南京的金鹰；深圳的天虹；等等。

但由于商业转型，很多传统百货集团的日子并不好过，要不进行升级转型，要不就是谋求多元化发展。所以，目前以购物中心为主要模式的商业地产，发展相对迅猛。表4-6呈现了2021年我国主流商业体的基本情况。

表4-6　2021年我国主流商业体的基本情况

排名	业主		2021年项目数量	重点布局区域
1	万达	万达商业管理	418	全国
2	新城	seazen 新城控股	130	长三角、珠三角、环渤海、中西部
3	世纪金源	世纪金源购物中心	94	全国
4	印力	印力 SCPG	90	全国
5	宝龙	POWERLONG 宝龙广场	87	长三角，二、三线城市
6	龙湖	Longfor 龙湖地产	60	深耕一、二线城市
7	华润	华润萬象生活 CR MIXC LIFESTYLE	59	重点布局一、二线城市，在三线城市扩张
8	凯德	CapitaLand 凯德	45	深耕一、二线城市
9	金地	金地集团	38	全国
10	爱琴海	爱琴海 AEGEAN	39	以二、三线城市为主
	总计		1 060	

当然，每个业主的项目模式、品牌组合、消费客群也都有自身特色，品牌公司应该结合自身定位选择合适的项目进行拓展，切不可盲目进行战略合作，否则很有可能店铺开得越多，赔得也越多。

比如华润的万象城就是高端定位，客群消费力强，但客流有限，单价低于1 000元、毛利有限的品牌最好慎重；万达的很多项目下沉较快，尽管所在区域有一定的人口规模，但经济潜力有限，单价较高的品牌、知名度不高的品牌也最好慎重。

所以，在选择商业项目时必须对品牌定位和渠道规划进行综合考虑，要确保效率和效益的双丰收。

5.4　分销模式

美国市场营销学家菲利普·科特勒认为：分销渠道是指某种货物或劳务从生产者向消费者移动时，取得这种货物或劳务所有权或帮助转移其所有权的所有企业或个人。简单说，分销渠道就是商品和服务从生产者向消费者转移过程中的具体通道或路径。

传统分销渠道按照有无中间环节可以分为直接分销渠道和间接分销渠道两种（见图4-32）。生产者直接把产品销售给最终用户的分销渠道称为直接分销渠道，即直销；至少包括一个中间商的分销渠道则称为

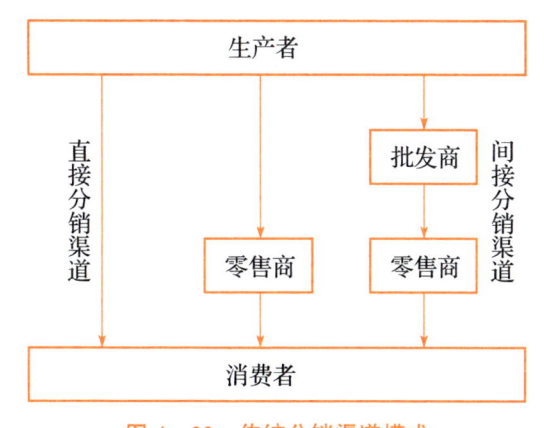

图4-32　传统分销渠道模式

间接分销渠道，即分销。还可以根据中间商的数量对传统分销渠道进行分类：直接分销渠道的两端为生产者和消费者，没有中间商，又被称为零级渠道；间接分销渠道则根据中间环节的数量分为一级、二级、三级甚至多级渠道。

这个模式可以用来总结传统制造业和零售行业的关系，但零售业的细分领域众多，涉及服装领域时需要进行一定程度的调整。图 4-33 即为我个人结合服装领域的情况总结的一个分销渠道模式。其与传统分销渠道模式的主要区别说明如下：

很多服装品牌公司是不做上游生产的，往往采用外包的形式，品牌方主要把企业资源集中在价值链的中下游。

结合行业特性，将分销渠道分为三个分支，即直营、分销商、网络分销商。之所以这样分类，是因为国内服装品牌已经基本过了批发商时代，虽然现在国内还存在一些大的批发商，如广州白马服装市场、海宁皮革城等，但近些年随着品牌化的深入和电商行业的冲击，国内服装品牌也在逐步调整渠道。对此，本书不做进一步讨论。

近几年服装行业创新的分销模式较多，从早期的代理、加盟，到后来的托管、联营，在本书中我们统一把这类分销模式称为"分销商"。行业内也会分别称其为"零售商""经销商"，但其本质基本一样。另外，在服装领域，还有一种我们经常听到的特许经营模式，可以将其理解为一个比代理、加盟、托管、联营更高一层的概念——不只是资本的扩张，还涉及品牌价值和商业技术的授权。比如绫致时装就是丹麦品牌绫致时装（BESTSELLER）在中国的特许经销商，具有一定的自主研发权。特许经营的一个优点是便于品牌公司以很低的风险进入一个新的市场，特别是一些国际品牌进入陌生国家的市场。但具体讨论中国服装市场，特许经营的说法可以统括分销，所以很多品牌的合同都会写特许加盟合同。从管理实际的角度看，我们之后不会使用此概念。

近些年，随着互联网的兴起，网络销售渠道也有了较为快速的发展。服装品牌由于带有相对较强的体验需求和社交需求，比快消品的发展势头略缓，且在各大平台的表现也是逐年放缓。但作为一个主要的新兴分销渠道，我也把它加入进来。

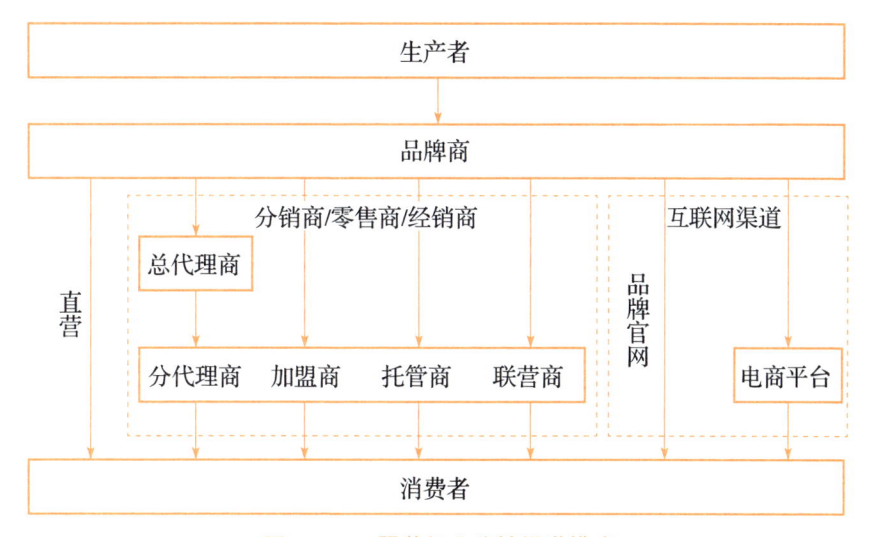

图 4-33 服装行业分销渠道模式

与分销商的合作，要解决的核心问题就是资金来源、经营权归属、利益划分。根据这三个方面，我将服装行业不同类型的分销商的特点进行了总结，同时，也结合国内服装品牌的现状进行一些说明。在以下分类中，我从品牌商构建渠道的视角出发进行说明，"我"指的是品牌商，"他"指的是分销商。

5.4.1 直营模式：我出资，我经营，我分利

直营模式即企业采取直接经营的方式，对店铺的货物、资金、人员、信息、形象等进行直接管理。其优点是便于企业对零售终端的完全控制，缺点是会占用企业大量的人力、物力和财力资源。特别是店铺数量较多、规模较大时，对企业的管理能力和资金实力要求很高。例如：拥有 ZARA 等多个品牌的西班牙 Inditex 集团，其直营店铺的比

例接近九成，只有极少数店铺采取特许经营，从而获得较高的统一管理水平。

直营渠道在近些年有较快的成长，我认为，可以从外部和内部两个方面进行分析。

外部原因包括：（1）品牌方拥有更充足的货品资源和更强的渠道谈判资源，能够通过直营模式获取更高额的利润空间。（2）高溢价品牌往往对品牌形象有非常高标准的要求，对于营运操盘有更专业的诉求，而很多分销商在利润空间有限的情况下，很难满足这样的要求。比如：ZARA 就有非常高的运营标准，国内分销商是不具备这种管理能力的。（3）品牌方在国内已有一定的规模和品牌影响力，并对市场有一定的清晰认知，所以在渠道和管理上已不需要过多借助经销商的能力，故而向直营模式转型。

内部原因包括：（1）渠道成本随着中国房地产市场的发展，有较快增长，而生产成本也随着近些年中国人力成本的上升而增加，企业很难再给予分销商更低的批发价格，这两方面成本的制约，导致分销商的零售利润空间呈逐年下滑趋势。（2）从 2008 年金融危机开始，零售市场的竞争愈发激烈。规模有限的分销商很难抵御宏观经济的压力，很多分销渠道只能选择被品牌方回收。（3）分销商缺乏有效的组织建设能力，当发展规模超过自身能力的时候，不能做出正确的管理决策，从而发展受限。（4）随着品牌方线上渠道的发展，线上直营和线下分销业务之间的利益冲突逐渐显现，未来很难找到有效的解决方案。

结合以上分析，直营渠道无疑是品牌未来发展的重中之重，但品牌商也需要结合自身的资源能力进行有效评估，看看自己是否具备足够强的后台营运支持能力。很多企业由于盲目学习大企业向直营转型，造成了企业发展受阻。

5.4.2 代理、加盟模式：他出资，他经营，共分利

代理商和加盟商在服装行业的界定主要依据其负责的区域大小：代理商通常可以代理更大的区域；而加盟商往往是以地级市、县级市为单位，可以开 1～2 家店铺。但这两种模式的核心管理思路基本一致，所以不分开讨论。

通常服装品牌会将所拥有的服装商标授权给代理商或加盟商，让其用品牌总部的形象、品牌、声誉等，在当地市场招揽消费者。而且代理商或加盟商在创业之前，品牌总部会先将品牌运作的技术经验教授给它们，并协助其创业与经营。双方都必须签订代理或加盟合约，以达到共同获利的合作目标。品牌总部可根据不同的合作性质向对方收取代理费、加盟费、保证金等。

代理、加盟模式和直营模式是当今服装领域的两种主流分销模式。采用这些经营模式可以使双方各自的优势资源实现互补和共享，从而实现双赢。其优点是有利于品牌公司利用现有的品牌资源以较快速度和较低成本进行市场拓展并产生较大规模，从而获得先发优势；缺点是品牌公司有可能会对店铺控制不力，或代理店、加盟店与直营店、网店之间易出现渠道冲突。此外，对代理商而言，由于经营的是别人的品牌，始终是在"为别人做嫁衣裳"，因此常常会出现一些短期行为，在损伤品牌价值的基础上来实现自身利益最大化。

代理、加盟在概念的区分上存在较大的困难，但其本质就是"他出资，他经营，共分利"，即品牌商重点负责价值链中游和上游的部分，包括设计研发、生产制造、物流供应、品牌营销；代理商、加盟商则重点负责店铺管理、货品管理、人员管理。

这种模式的优势是，品牌商的资金压力得以减轻，可以实现快速开店，达到占领市场的目的，并可通过发挥加盟商的地缘优势，为品牌带来更好的地方性资源，比如：税务、消防等优势，与商场的渠道关系

维护，当地可靠的人力资源，等等。劣势则包括：品牌商的控制力有限，加盟商会为了自身利益损害品牌利益；加盟商风险承受能力有限，不能有效抓住市场上的销售机会；加盟商限于企业规模，缺乏有效的组织能力建设，从而不能有效开发市场销售潜力。

5.4.3 联营模式：他出资，我经营，共分利

在服装零售经营中，联营概念常见于服装品牌商与百货商场的合作。一般品牌商提供品牌、货品以及统一的形象装修，百货商场提供经营场地、统一的人员管理和收银等其他后勤服务，双方采取对流水账进行扣点的方式或采用店铺保底销售加扣点的方式进行利益分成。近些年，品牌商为了能加强对终端的管控，同时，为了尝试将服装零售转化为轻资产模式，也会创新采用联营模式，与一些投资人进行合作拓展。

其中，最有名的就是海澜之家，其官方给出的说法是招募特许加盟商，但具体合约条款与传统的加盟模式有较大区别，所以业内会将这种模式称为联营模式。核心条款说明如下：

合同期

5年期。而其他品牌的加盟合同一般都是3年期。

保证金

需向甲方缴纳远高于行业水平的保证金100万元，合同期满归还。而其他品牌的加盟保证金通常都在50万元以内，绫致时装甚至不收保证金，但需要订货后直接缴纳货款。

商品售价

需统一按总部标准执行，禁止私自调价和打折。而其他品牌加盟商一般可以根据库存情况适当调整折扣时间和力度，满足全国统一零售价的要求即可。

管理系统

需统一使用甲方提供的 ERP 系统。而其他品牌一般是加盟商自己购买系统。

财务分成

每日销售额的 65%（含税价）归甲方，余下的 35% 归乙方，租金扣点由乙方全面承担。而其他品牌加盟商一般都是在产品订货期或产品交货期统一地一次性把钱打给甲方。

人员管理

甲方制定薪酬标准，并安排和招聘店铺人员，乙方负责支付工资，无权干预管理。而其他品牌一般都是由加盟商自行制定薪酬体系，发放工资。

人员培训

人员必须参与甲方提供的培训，并由乙方支付相关费用。

货品管控

货品所有权属于甲方，乙方不承担库存压力，但需无条件支付铺货、补货、调货所发生的费用。

可以看到，海澜之家的合同条款还是十分强势的，正如小标题所说的"他出资，我经营，共分利"。这种模式也可能是一把双刃剑，如果大部分店铺销售真的能够达到双方理想的水平，那一切都好说，但一旦销售受到冲击，加盟商持续入不敷出，品牌商也可能面临资金链断裂或集体挤兑的风险。所以，虽然海澜之家的联营模式看起来并不复杂，但很多品牌如果不具备特定的条件就会很难复制。

近些年开店迅猛的名创优品也通过采用这样的模式，迅速在全国开了几百家店。其实这种联营模式与施振荣先生提出的微笑曲线（见图 4-34）不谋而合——企业调动资源专注做前端和终端部分，中端低附加值的部分则交给联营商来做，从而双方可以把自己的资源优势发挥到极致。

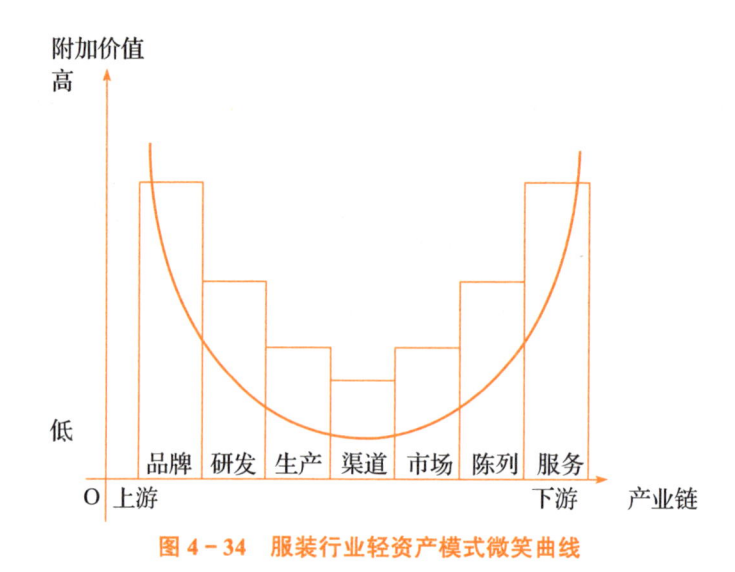

图 4-34　服装行业轻资产模式微笑曲线

5.4.4 托管模式：我出资，他经营，共分利

托管是指服装品牌把部分管理职权委托给特定个人或机构，请其代为管理的经营形式，如今已成为服装渠道创新和渠道外包的重要方式。托管分为整体托管和销售托管：整体托管即托管方全面接手品牌的整体事务，销售托管即托管方仅管理销售环节的工作。通常，托管方必须具备人员、渠道、资金、管理上的相对优势，被托管方存在人员、渠道、管理上的相对劣势。通过建立托管与被托管的关系，双方实现强弱联合、资源共享、优势互补、共同发展的目标。

这种模式可以使品牌商把销售和通路中的杂事委托给托管方，从而能够集中精力处理品牌运营和商品设计等附加值更高的事务。托管方一般是该领域的本地精英，托管模式也使得渠道本地化。采用托管方式，佣金的比例是固定的，流通环节的费用固定化，开支看得见，预算可控；同时，销售环节的激励直截了当，有合同为依据，双方责权明确，也使其他品牌公司的管理工作任务简化。

托管属于新的通路形式，没有固定的打法，不像特许经营和代理、加盟模式已经经过了很长时间的考验，其合作形式的权责利划分和法律文本都比较成熟。许多托管合作当事人往往只是达成了"君子协定"，没有法律文本——即使有文本也存在很多漏洞，易出现法律纠纷。

此外，合理的分利点数也很关键。分利点数的大小跟托管方责权利的大小密切相关，点数太小，对托管方起不到激励作用，而点数太大，被托管方的利润势必受到很大影响，因而平等诚信是良性合作的基础。双方只有坦诚相待、诚信合作才能实现双赢，一方不能强制控制另一方。

通常这样的模式比较适合规模较小、品牌成立时间较短的品牌，它们往往缺乏对市场的了解，同时，也不具备足够的团队资源和能力，所以需要依赖当地熟悉渠道、有团队资源的操盘手来进行管理。

这种模式其实也是零售商概念的一种变形，比如：LV集团旗下的丝芙兰（SEPHORA），其店内会有众多品牌的产品在售；三夫户外也是代理销售很多国际户外品牌的产品；凯知乐则专注于儿童玩具领域，托管了约25个品牌并在中国销售。这些托管商的优势是擅长门店零售的运营与管理，从而获得品牌商的信任。但随着市场的发展，很多品牌商会认为这样的零售渠道虽然能帮助它们熟悉市场、获得利润，但也会对品牌的推广产生制约。

所以，很多国内比较新的品牌为了获得前期成长，会跟一些区域托管商合作，让托管商全权协助品牌在当地的组织和管理工作。而且，为了能吸引有实力的托管商，品牌方会承担较高的提点、资金成本和风险。

托管的优势：

- 品牌可以借助优势操盘手得到一定程度的快速发展
- 可以打通渠道资源，并得到较为优惠的商业合作条件
- 托管商有完善的销售团队和激励手段，能为终端顾客提供较高质量的服务

托管的劣势：

- 市场上专业的托管商数量有限，质量参差不齐，给品牌发展带来一定风险

● 涉及商场、品牌方、托管商三方合作，权责利的界定尚有不清晰的地方

综上，托管目前在国内的发展还不是很成熟，市场占比也比较低，未来是否能够在行业内占有一席之地还有待观察。

通过以上对服装行业各种分销模式的阐述，对于不同的分销模式，我从双方权责利的角度，结合双方的主要差异进行了归纳总结（见表4-7）。

表4-7 分销模式权责利评估

分销模式	权力			责任						利益	
	管理	渠道	生产研发	装修	货品	租金	保证金	人力成本	品牌推广	批发利润	零售利润
直营	●	●	●	●	●	●	●	●	●	●	●
代理	○	○	●	○	○	○	○	○	●	●	○
加盟	○	○	●	○	○	○	○	○	●	●	○
联营	●	●	●	○	●	○	○	●	●	●	●/○
托管	●	○	●	●	●	○	●	○	●	●	●/○

注：●代表品牌方具备相应的权责利，○代表品牌方不具备相应的权责利。

具体说明如下：

权力角度

● 管理：对品牌零售终端店铺的日常管理、销售服务、店铺形象、市场营销是否有全面的管理权限，并负有主要责任

● 渠道：对各地区渠道市场的调研，以及店铺的具体选址、谈判沟通、设计方案等是否有主导权和决策权

● 生产研发：决定商品的设计理念、研发方向、流行趋势、风格系列、生产标准

责任角度

● 装修：负责店铺装修的全部费用，包括基础装修和家具软装两部分，通常大部分品牌每平方米的装修费用从1 500元到3 000元

不等。近些年由于经济形势较为困难，很多品牌商也会对分销商给予一定的装修支持

- 货品：指商品的采购成本，通常服装有4个月到6个月的交货期，需要提前预付一定的订货押金。服装品牌商很少允许分销商进行赊销，因为自身也需要提前预付款项给工厂来安排生产
- 租金：商业地产方收取的租金和扣点
- 保证金：包括合作保证金、货品保证金、代理或加盟保证金等形式，主要是甲方向乙方收取，以确保其履行合同义务
- 人力成本：主要指人员工资及福利，以及日常管理费用
- 品牌推广：媒体、公关、海报等市场宣传

利益角度

- 批发利润＝批发成本－货品成本－增值税，即品牌方可以赚取的利润
- 零售利润＝销售额－批发成本－租金成本－人力成本－所得税，即经销商可以赚取的利润

以上内容从权责利的角度将服装零售行业的主要分销模式进行了区分。除了分销模式外，不同分销商也可以选择不同的分销渠道，而不同的渠道又各自具备不同的特点，尤其体现在管理方面。

5.5 多元渠道战略

当下，全球正处于乌卡时代（VUCA）[①]，拉动经济的三驾马车受到了前所未有的挑战——消费增长放缓、投资紧缩、出口受阻，但依然不乏秉持新消费理念的品牌，比如：

- 国货大牌：安踏、李宁、华为
- 奶茶店：喜茶、奈雪的茶、乐乐茶、CoCo、鹿角巷、茶颜悦色

---

① VUCA 指的是不稳定（volatile）、不确定（uncertain）、复杂（complex）、模糊（ambiguous）。

- 咖啡店：瑞幸咖啡、Manner、Peet's Coffee
- 潮玩店：泡泡玛特
- 饰品店：DR、BA饰物局、KKA
- 零食店：三只松鼠、良品铺子
- 两元店：名创优品
- 美妆店：完美日记、花西子、话梅
- 单品店：蕉下、ubras
- 线上店：网易严选、得物、寺库

我们也发现一个特点：即便是同品类的零售店，其渠道差异也很大。比如：偏向大面积还是小面积，偏向大而全还是小而精，偏向高端渠道还是接地气的渠道，偏向线上还是线下，偏向共域流量还是私域流量，偏向集中爆发还是细水长流……可能通过以上特点的概率组合还能创造出同品类中新的品牌模式。

所以，传统的服饰零售品牌在这个巨大的存量市场中也一定会有生存空间和机会。对于品牌方，不要仅仅只做自己擅长的渠道，要有多元渠道思维，如此才有可能在未来的市场中有更大的发展空间，抓住更多的机会。

第六节　品牌形象

早期服装零售市场存在很多散货店，让一大批个体经营者赚了第一桶金，那时候他们赚的就是差价，没有任何品牌概念，最多也就是贴个牌子。

后来一些公司逐步成长起来，有了成熟的供应链体系，有了大范围的店铺布局，有了大面积的广告投入，人们称其为品牌。但很多品牌往往昙花一现，当年在中国非常流行的ESPRIT、班尼路、艾格、衣恋，如今早已没了往日的辉煌。

当然也有很多品牌有上百年或几十年的历史，其实只有这种品牌我们才可以称之为品牌。那你可能会问，该如何界定呢？有个简单的方法，就是如果你把这个品牌用到其他领域，消费者依然会买单。比如可口可乐、迪士尼，把它印在衣服上，你也会买；Prada 做菜市场，你会去买（见图 4-35）；Amani 或 MUJI 开公寓（见图 4-36），你会去住。这都证明了品牌力的强大。

图 4-35　上海 Prada 菜市场一角

本节重点从品牌形象打造的角度分享如何通过打造品牌店铺的视觉识别系统来强化消费者的印象，从而让品牌在消费者心中扎根。

图 4-36　成都 Amani CASA 公寓

6.1 视觉识别系统

视觉识别系统的英文为 visual identity system（VIS）。它与我们之前讲的战略定位有非常大的关系。品牌的打造本身就是围绕企业定位的资源配称，只有定位清晰的品牌，才能清楚选择哪些形象细节来更好地支撑品牌，从而达到让消费者"记住你，经常想到你，疯狂爱上你"的目的！

我们先来举几个例子，告诉你什么是 VIS。比如：

- 看到"字母 H"你会想到哪个品牌？
- 看到"咖啡色的棋盘格"你会想到哪个品牌？
- 看到"白色山茶花"你会想到哪个品牌？
- 看到"银发小辫＋墨镜"你会想到哪个人？
- 看到"白色陶瓷＋红盖酒瓶"你会想到哪款酒？
- 看到"四个圈"你会想到哪个品牌的汽车？
- ……

这样的例子不胜枚举。当一个品牌真正深入人心的时候，消费者可能看到随便的一个小细节，就能不经意间联想到这个品牌，这其实就是品牌的力量。要知道好的品牌是有"洗脑"功能的。

品牌能让人产生记忆的底层逻辑，包含了五个部分（见图 4-37）。思路其实就是战略定位，即找准自身定位，其他的东西都是附带产生的；符号指品牌的名字、Logo、经常使用的元素；来源强调的是品牌特有的基因、产品卖点、经营理念；调子可以理解为色调风格或者整体品位；手法是对上面所有元素的解构和重组，能帮助品牌元素充分渗透。

可能这些概念对于没有背景知识的朋友有点晦涩，下面我举几个例子（见图 4-38 至图 4-41）。

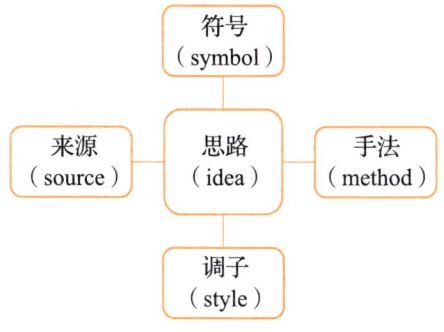

图 4-37 品牌的视觉识别系统

图 4-38 宜家家居视觉识别系统底层逻辑

图 4-39 无印良品视觉识别系统底层逻辑

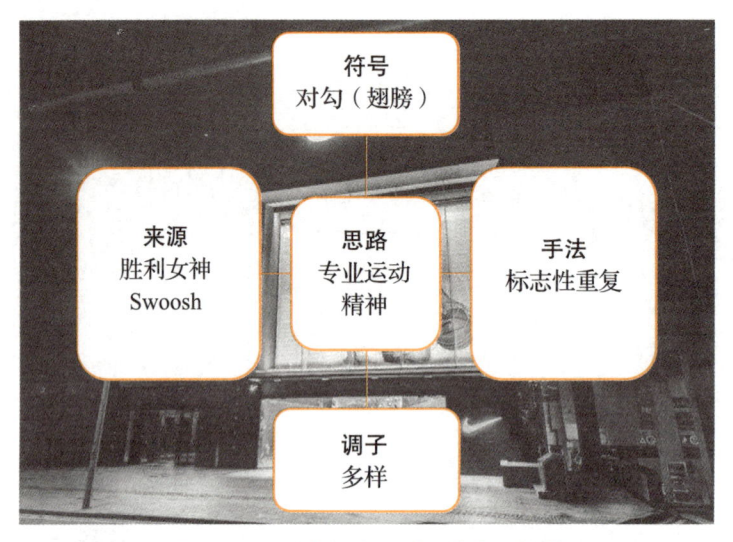

图 4-40 耐克视觉识别系统底层逻辑

（符号：对勾（翅膀）；来源：胜利女神 Swoosh；思路：专业运动精神；手法：标志性重复；调子：多样）

图 4-41 乐高视觉识别系统底层逻辑

（符号：标志性突起积木；来源：研发能力、运作能力、艺术家；思路：一切皆可乐高；手法：一切融入乐高元素；调子：鲜艳；红/黄色）

通过以上宜家、无印良品、耐克、乐高的例子，大家对 VIS 可能会有一个大体的了解。当然这仅够大家进行品牌结构学习，实际运用还需要由专业团队进行操刀。

6.2 店铺道具

当有了对 VIS 的认知后，我们就要回到战略定位部分，先确定品牌的价值主张以及差异化战略，这样才能决定是在既有条件下进行优化升级，还是进行彻底的革新，即要"做对的事情，而不是把事情做对"。

除此以外，品牌打造也要充分考虑顾客的习惯，并且要充分考虑顾客消费时的感受。在设计新的店铺系统的时候，必要时也可以做一些测试。

这里给大家列举一个服装店从上到下、从外到内在设计时要考虑的主要因素。你可以在头脑中模拟一下自己的品牌。

门头

Logo 是否醒目？（好看）是否有利于顾客记忆？（好读）是否便于传播？（好记）是否能在周边同类品牌中凸显出来？（与众不同）是否能让顾客联想到什么？

色调

是否符合品牌调性？是不是经典耐看的颜色？是否有一定的区别于同类品牌的差异性？是否可以融入产品或包装，以便于宣传？

橱窗

是封闭的还是开放的？是突出概念还是突出产品？想表达的重点是什么？目标顾客是否会因为橱窗而被吸引进店？理由是什么？橱窗的信息是否聚焦？对于橱窗，要知道顾客可能就是短短一瞥，最多看 1~2 秒，如果不能抓住顾客的眼球，那就是失败的橱窗了。

模特

模特有很多种，有类似真人的，有抽象的，有关键部分都能动的，还有用制衣架子的，其颜色、材质也多种多样。具体使用哪种要根据产品特点和品牌调性进行选择。

灯光

用点光源还是散光源？轨道灯还是嵌入式？暖光灯还是冷光灯？是需要特殊造型还是采用大部分品牌选的黑白两种颜色？

地面

采用石材还是地板？深色还是浅色？反光的还是磨砂的？是否需要地毯？地毯是人工的还是真皮的？

墙面

用壁柜、结构立柱，还是龙门架？墙面道具的材质是用木头还是用金属？墙面道具是否可以灵活移动，以应对产品陈列区域的变化？墙面道具是否需要仓储功能？如果放POP，应该放在哪里？

中岛

是用来做DP，还是用来卖货？是希望展示产品组合，还是突出某一品类？是否需要预留放POP的位置？是否需要放置沙发或设置休息区？

试衣间

数量多少合适？用门还是用帘子？面积多大合适？里面放不放镜子？

库房

是挂放形式还是叠装形式？区域如何划分？是否需要预留作业区？

收银台

体积如何设计？存放功能如何设计？品牌形象展示的整体性如何表达？

音乐

店内是否可以播放音乐？哪些音乐符合品牌调性？

气味

是否需要给顾客以气味方面的记忆？

很多人觉得这跟家装很像，但其中有个本质的区别，即家装是给自己看的，店装是给顾客看的，所以你自己喜欢不行，得目标顾客喜欢、有印象，且能与品牌有强关联才行，这才是店铺设计最难的地方。

我发现很多年流水有几十亿元体量的品牌在这方面都未必有深入的思考和理解，以为请个贵的设计师或国外的设计师，把店铺设计得漂漂亮亮就好了，或者直接参照大牌的装修，其实是大错特错！

品牌建设 VIS 的目的如果用一句话概括，就是：创造品牌就是创造系统性认知！

所以，建设品牌 VIS 就是要想方设法让消费者对你产生差异化的记忆，同时，这个 VIS 要禁得住时间的考验，要足够经典。比如耐克的对钩，阿迪达斯的三道杠，香奈尔的双 C，苹果公司的被咬一口的苹果，爱马仕的 H 和橙色，蒂芙尼的蓝色，乐高的积木颗粒……

6.3 店铺翻新

你可能觉得既然要让顾客记住你、印象深刻，是不是最好不要变，干脆学乔布斯的着装数十年如一日？其实这个逻辑是对的，但我们毕竟做的是时尚行业，不可能一成不变。倒不如学学卡尔·拉格菲尔德，永远是标志性的黑色紧身西装＋白色超高假领＋黑色墨镜＋银发小辫＋霹雳手套＋满手戒指。这些元素几乎贯穿他职业生涯的后半段。但具体的服饰品牌、款式细节、面料肌理其实一直都在变化，只不过不是时尚圈的人可能未必一眼看得出来。

所以，店铺肯定是要定期翻新的，但一定要形散神不散，要做好适当的节奏把控：既要紧跟市场潮流趋势，也要保留自己独特的差异化基因。

绫致时装旗下拥有维莎曼（VERO MODA）、ONLY、杰克琼斯（JACK&JONES）、思莱德（SELECTED）等品牌。各品牌基本上保持每三年一翻新的频率，持续保持品牌活力，这也是与之同时代的品牌基本都消失了，绫致依然保有顽强生命力的原因。我们从网上找了一些 ONLY 品牌过去十多年的装修风格变化图（图 4-42）。

- 第 1 代：色调偏黑，比较酷，服装上下陈列，突出产品的丰富性
- 第 2 代：强调工业风、中性风，强调牛仔这一核心品类
- 第 3 代：道具简约化、框架化，成本更低
- 第 4 代：突出粉色系、少女心定位，通过幻彩门头、走字屏提升科技感
- 第 4.5 代：保持粉色系、少女心定位，道具微调
- 第 5 代：融入绿植元素，色彩的科技感增强，Logo 字体更加纤细

图 4-42　ONLY 店铺形象

第七节　市场公关

市场公关工作既好做，也难做。这是一个需要持续花钱但很难衡量成果的工作，尽管它能起到举足轻重的作用。市面上不乏通过传统或新兴市场营销方法论而一炮打响的品牌或爆品，比如脑白金、背背佳、

王老吉、小罐茶、ubras、花西子、Maya 的瑜伽裤、优衣库与 Kaws 的联名款、中国李宁、喜茶等。

这些品牌的爆发都有迎合市场情绪的原因，我们在战略定位中提到了九大差异化定位方法，其实这些品牌或产品就是通过市场公关的方法进行热销流行差异化定位，从而异军突起，占领消费者心智的。

市场公关工作通常包含四大板块：品牌推广、零售市场、公关策略、CRM 管理。接下来我会简单介绍一下每个板块的关键点。

7.1 品牌推广

7.1.1 投放原则

投广告肯定是一件烧钱的事情，即便你用现在流行的新媒体或社交媒体平台投放，没有个两三千万元，可能一点响声都听不到。如果再请顶流明星代言，费用更是超出想象。

所以，不管最终选择什么渠道进行宣传，我们首先还是要清楚一些广告学的基本原则，做到事半功倍地花钱。

（1）简单重复

安迪·沃霍尔是美国波普艺术的开创者，也是 19 世纪最知名的艺术大师。大家可能不知道的是，他早期的工作就是帮商场做广告设计，所以，很多人认为他不仅是艺术大师，也是市场营销大师。

他最有名的画作都有个鲜明的特点，就是简单重复，包括玛丽莲·梦露像（见图 4－43）、金宝汤罐头等。

所以，对广告的使用，我们一定要秉持一个原则——"简单重复，直到你吐"，这样才能真正起到"洗脑"的作用！脑白金的广告充分实践了这个原则，"今年过节不收礼"恐怕也成了两代中国人的"噩梦"。

当然，如果能融入更高级的审美，那这个重复就更有持久力，比如草间弥生的波点、村上隆的太阳花。因而"简单重复又耐看"是我们新一代广告人应该追求的目标。

那如何做到广告的简单重复呢？

第一，就是要简单！很多广告创意人员往往喜欢做个几分钟短片，故弄玄虚，但往往偏离了广告的主体——商品。广告界的祖师爷大卫·奥格威曾经说过，如果一个广告消费者非常喜欢，却没记住产品，这将是这个广告最大的失败！所以，对很多4A公司提供的创意广告反而要慎重。让人容易记忆的广告的一个很重要的特点是时间要短。

第二，我们老说重要的事情说三遍，其实一点没错，一旦你清楚地找到品牌或商品的最核心的卖点，就要聚焦于这一点反复呈现。比如说脑白金，可以介绍发明人、营养成分、专利技术、性价比、包装等很多信息，但史玉柱抓住了"送礼"这一刚需进行全方位的包装，让它和送礼绑定在一起，让消费者觉得送脑白金就是时髦，就是讲究，自然也就没人关心它是不是真有多大疗效了。

图4-43 玛丽莲·梦露像

（2）聚焦突破

不管是新品牌还是老品牌，关于市场投入预算，一个很重要的建议就是不要把广告做得太分散。比如早期王老吉是在广州扎得非常稳了之后才到北京开拓市场。而且也不是在全北京投放广告，由于品牌的定位为"怕上火，喝王老吉"，所以直接把资源集中用来占领篦街，把街面上能投放的广告全都换成王老吉，把所有餐厅的冰柜也都放满王老吉，由此打开了北京市场以及北方市场。

2021年下半年，当时我在上海工作。我记得元气森林当时包下了中山公园龙之梦所有的外立面海报（东、西、南、北四个方向应该有5～8块）。要知道这个商场是上海的老牌商场，是长宁区的核心商圈，而且也是地铁2号线、4号线的交汇点，客流、车流巨大，半年下来没有500万～1 000万元的广告费是搞不定的。如果是其他品牌公司，可能会把这几百万元拆散到几十个商场进行广告投放，这也是可以的，但我想效果肯定没有这样震撼，也形成不了事件营销的效果。

图4-44是元气森林的一些广告宣传，最大的特点就是突出产品卖点——"0糖0脂0卡"。这与当下年轻人的消费理念完全一致，同时，其附带的日系元素、健康元素也都是强化品牌定位的方法，这就是所谓的聚焦突破。

图4-44　元气森林海报

（3）调动五感

广告宣传有非常多的渠道，我们要思考一点，就是该如何充分调动消费者的五感来记忆，这样可能更容易让消费者在各种场合调动自己的记忆。

视觉

平面广告是所有品牌用得最多的形式，问题是它只调动了视觉，很难让消费者记住，除非像元气森林那样采用把一个商场全包的方式，否则大多数人看过就忘。经统计，目前每个中国人在外边待一整天，就会有 1 000 个广告进入视野。但是，恐怕 999 个都不会留下什么印象。所以，品牌方千万不能一厢情愿地打广告，否则广告费大概率会打水漂。

《三体》里对未来世界有这样的描述，就是当你需要或想到什么的时候，会有 AR 虚拟广告直接出现在你的面前，这才是广告的终极形态。其实现在电商平台也在通过大数据做同样的事情。

听觉

电视作为广告媒介的好处就是它调动了消费者的听觉，所以，你会发现，电视广告比平面广告要容易记得多。你可以试着联想一下。

味觉

可能服饰品牌用不到这个感觉，但很多食品品牌会经常在超市摆出试吃试喝区域供消费者直接体验。可乐和麦当劳也曾经通过盲测的方式做事件营销来宣传品牌，采用的都是调动消费者味觉的形式。

上面案例中的元气森林，虽然你没有喝到，但广告似乎就能让你感受到清爽香甜、唇齿生津。

触觉

很多品牌从来不做广告，比如 ZARA、优衣库更多的是通过实体店进行渠道布局和品牌宣传，其实也能带来触觉上的直接体验。而且，这些品牌卖场陈列的商品有全部尺码，消费者试穿也非常方便。对比大部分传统品牌必须依靠导购服务，这些品牌让消费者的购物体验更加放松。

嗅觉

很多高端酒店的不同区域都会有特殊的香氛，会让顾客非常放松，同时，也是在强化顾客对酒店的全方位体验。其实有些餐饮品牌也会有类似的操作，都是为了调动顾客的嗅觉感官。我有一次去贵州茅台镇，当地人一定要让我去红军桥体验一下早晚五六点钟空气中弥漫的酒香，我相信这种人传人的广告比什么都有说服力。

如果大家去过 A&F 的店铺，也会闻到品牌特有的香氛，让人记忆深刻。

7.1.2 广告投放渠道（广告 5.0 时代）

广告投放主要有三个渠道：首先是媒体，通常花的费用是最高的；其次是业主，因为你在商场里有店铺，所以投广告可以直接起到引导商场客流的目的；最后，我们肯定要充分利用好店铺这个"门面"来帮助品牌直接吸引客流。所以，公司不管有多少广告预算，都有阶段性的投放策略。

（1）媒体

我们会发现在过去的 20 多年里，广告行业一直在革新，大概可以划分为五个时代（见图 4-45）。

广告 1.0 时代借助的是家电普及的机会，从而品牌可以一夜之间被大众知晓，效率有了第一次飞跃，同时，借助这样的平台，出现了电视购物和明星代言等形式。

广告 2.0 时代借助了互联网的普及，通过网上平台大量植入广告进行宣传，也开发出了很多新的广告玩法，如搜索排名、弹窗、App 植入等。

广告 3.0 时代借助 4G/5G 技术，建立分布式的超多点位，抢占消费者的独立空闲时间，且不断重复，以强化消费者记忆，其本质是对电视的一种替代。

广告 4.0 时代借助社交媒体平台、KOL 建立消费者认同，通过直播形式进行带货，典型代表就是李佳琦、罗永浩等。

在广告 5.0 时代，人类将成为超级个体，有独自的信用体系，通过区块链获得认证。所以，可以大胆预测，未来的广告将更多是 KOC（关键意见消费者）的形式，从本质上转化买卖关系，商品的销售也将更加容易。试想你认识某个人，心里很认同他的品位，这时候他选择的一些东西，你是不是也有可能尝试呢？要知道身边人的影响力要远大于大多数明星代言人。

广告1.0	广告2.0	广告3.0	广告4.0	广告5.0
•家电（收音机、电视、电视购物、明星代言）	•互联网（网站、搜索引擎、视频平台）	•电子屏（4G、5G）（电梯间、出租车、公共空间LED）	•KOL（借助社交媒体平台，如小红书、抖音、快手）	•KOC（私域流量、区块链技术、个人IP）

图 4-45　广告发展阶段

（2）业主

成熟的品牌都是会找业主要资源的。据统计，全国购物中心的平均日客流是 18 000 人，而一般中小型店铺的日均客流也就 100 来人，但如果你能让这些客流多来你的店里，那你也会比其他品牌有更多的转化成交机会。所以，要多多向业主争取广告宣传点位。

通常有如下几种可能：

项目周边

- 从地铁到商场通道内的灯箱点位
- 商场外面的公交站牌
- 可以挂刀旗的路灯

户外点位

- 外立面海报——如果是比较好的项目，且面积较大，费用一般不低
- "精神堡垒"——目前很多购物中心都会放置在门口，看起来像图腾，上面可以放品牌 Logo 插页
- 特定区域——集中展示 Logo 墙，个别品牌如迪卡侬和优衣库在这方面非常强势，会要求商场必须提供位置，并写到合同里

室内点位

- 通道海报——商场内部有很多这种点位
- 商场地图——标注所有店铺的位置，很多新商场用的都是电子触屏地图
- 商场水牌——扶梯口放的品牌介绍或促销信息
- 室内吊旗——有中庭挑高的商场，会出租一些吊旗位，主要用于商场开业和大型促销宣传

这些位置和机会一般是要靠区域经理或者拓展经理与商场沟通才能争取到，价格可能从免费到几十万元不等，每个点位的价位也会有很大不同，所以，品牌方要货比三家，在有限的资源中找到性价比最高的广告点位。

（3）店铺

假如品牌刚刚开始拓展，广告经费优先满足，那最应该做的其实就是把店铺的形象做到最好，因为店铺本身就是品牌最大的展示地

点，也是能最全面地展示品牌基因的地方。所以，有很多很好的品牌前两种形式用得不多，而是把钱花到了店铺的形象装修、店铺内的产品海报设计或者POP的设计上，也会占用很大比例的广告费用预算。

综上，广告投放渠道非常多，建议品牌公司找到与自身定位最匹配的方式，如此才能最大化地提高品牌知名度。

7.2 零售市场

零售市场一般是指围绕店铺开展的一系列活动，除了能提高品牌影响力，往往也带有较强的促销目的，但在投入产出分析上相对会容易一些。

7.2.1 活动形式

常见的零售市场活动形式主要有以下几种：

（1）开业活动

几乎每家零售公司都有一套自己的开业活动流程和标准。中国人特别喜欢图个彩头，早年间舞狮子、放鞭炮、送花篮都是常规操作，而现在都是在商业项目里，也不能这么大张旗鼓，于是找人跳街舞、拉小提琴，甚至找个唱片达人都是有可能的，主要就是为了烘托开业气氛、聚集人流。

但坦率来讲，我看过很多品牌的开业活动，其实消费者最终购买的原因还是产品吸引人，或者活动吸引人，真的因为热闹买的，没几个。毕竟消费者也是越来越理性了。

所以，品牌店铺的开业活动如果跟商场开业一起，因为当天客流肯定大，你就会比其他品牌更吸引人，那么这对销售是有帮助的；如果品牌店铺是后开业的，建议从简即可，不如把开业费用折成有价值的购物赠礼给顾客，让顾客获得真的实惠。

（2）明星见面会

这是最烧钱的一种活动形式了。有一定知名度的明星，出场费几十万元都是便宜的。除非是中国首家店或重点城市的首家店，需要满足媒体报道的需要，否则，真不建议采用这种方式。奢侈品牌搞搞还行，一般的中低档品牌没必要，可能一年的盈利都不够这一场见面会的费用。

（3）会员专场

会员专场一般是与CRM管理一同进行的，是仅针对VIP会员的品鉴会、交流会或者冷餐会。一般是高端奢侈品牌常用的方式，也是为了满足高端消费者建立人脉关系的需要。如果你是均价定位在几千元以上的服饰品牌，建议可以多采用这种形式来锁住自己的核心消费群体，因为这些人的转介绍会帮助品牌招揽更多的生意。

（4）快闪店

快闪店是这几年比较流行的形式，往往会在商场中庭——占地100～200平方米——做一些新品展示以及售卖活动，时间一般是15天左右，若活动做得精致一些，费用一般不低。所以，品牌方在选址上必须慎重，做好了，除了获得非常好的品牌曝光效果，赚的钱可能也能覆盖成本支出。

（5）静态展

这种展示往往不附带销售行为和目的，但会起到很强的引流和提升品牌影响力的作用，比如很多商场圣诞节门口的超大圣诞树，往往就会由品牌公司承包，并将其打造成品牌主题的形式。

还有一种形式就是DP，即利用商场的空闲位置摆放一些模特，做好搭配，从而吸引消费者来店。DP的选择是个技术活，做得好能起到引流的作用。有些品牌方往往只要业主提供了位置就摆，但DP离自己的店铺很远或路不顺，这样摆了也是白摆。要知道一个有设计的DP要花几千元的费用。做零售要精打细算。

7.2.2 投入产出分析

投入产出（return on investment，ROI）是很多老板非常关心的事情。一般市场部门的同事会拿同期销售业绩对比或者一些关键零售指标（成交率、连带率等）来证明自己的投入是有回报的。我听过很多版本，觉得都不够严谨。当然，也可能是做事的人担心做得太严谨，很容易被挑出问题，或者反而证明活动并不成功。我觉得这个概率也许更大一些。

比如搞一个店铺活动，首先你要知道假如不做这个活动，你的销售应该是多少。做了这个活动后，额外产出的销售其实才是投入的产出。所以，理论上公式应该是：

$$ROI = （总利润 - 计划利润）\div 市场投入费用$$

但这也只是理论，实际计算难度不低。所以，很多外企还有一个方式来衡量，就是看客流变化：如果是引流的活动，客流增幅低于预期，说明活动可能并不成功，但这需要店铺安装客流计数器。

7.3 公关策略

公关部门对于当今的企业其实有更大的意义，因为信息传播太快了，很多事情公关效果的好与不好对品牌的影响是巨大的。

有的品牌因为公关不及时，给品牌造成了巨大的打击，比如海底捞事件、D&G辱华事件、H&M质量门事件、耐克新疆棉事件……

也有的品牌公关应对到位，产生了空前好的作用，比如华为的孟晚舟事件、中国李宁在四大时装周崭露头角、鸿星尔克和蜜雪冰城武汉疫情捐款事件……

同样的事情发生在一个品牌身上，既有可能带来契机，也有可能带来危机。很多人觉得有些品牌善于随机应变，有些品牌则没有经验，实际情况可能不是我们想得那么简单。我们要知道，华为是有500左右家公关公司为它服务的,它的品牌形象是由很多篇文章打造出来的,但大众可能未必清楚。

所以,真正好的品牌是非常爱惜自己的羽毛的,不惜花重金做好公关工作,以确保万无一失。

另外,集团性公司会有企业社会责任部门,会有很多提倡和主张,比如星巴克的"公平咖啡"、KFC 的"社区服务"等类似社会公益的项目。其实这也都是企业公关关系在某些领域中的体现,并不是一种广告,但对消费者的影响可能比广告更加持久和有力。

7.4 CRM 管理

(1) 会员体系

会员体系建立的本质是要通过区别顾客的忠诚度,提供专属的差异化的服务,最终促进忠诚客户的持续消费,甚至转介绍消费。

所以,好的会员体系应该具有结构清晰的特点,可以真正把会员的实力以及忠诚度进行恰到好处的划分;让会员有晋升的动力,让会员感到体面,认为成为你的会员是有价值的,而不是平添烦恼。

从这几个维度考虑,我认为市场上会员体系做得比较好的行业或品牌有:航空公司、星巴克、洲际酒店集团、大多数奢侈品牌高尔夫俱乐部。至于很多服饰零售店做的 VIP 管理系统,我觉得相比这些消费品类,它们在用户黏性和专属性上还有待提高。

如果你想研发一套有效的服饰零售品牌会员体系,不如从以上这些行业或品牌找找灵感。下面我举几个例子,说说为什么这些会员身份会非常吸引我。

国航

经常出差的朋友一定有各个航空公司的会员卡,我觉得国航做得不错。首先,积分可以换机票,也可以兑换积分商城中的礼品,很实用;其次,有休息室能用餐,上了飞机后空姐还会特别跟你打招呼,并关注你的需求；最后，如果升到白金卡，还可以免费升舱，这个待遇就更诱人了（见图4-46）。所以，国航会员卡最大的特点就是它"解决了旅客的痛点问题"，从而获得了很好的VIP复购率。

图4-46 国航会员卡条款

星巴克

很多咖啡厅都有积点换咖啡的会员形式，可以鼓励顾客不断复购。星巴克直击的痛点就是便利性问题。通过App，提供各种礼券和折扣券，不断邀约会员复购，而这些都是通过它的会员系统做到的，不需要人为参与。而且，现在App上还会叠加外卖、礼品卡等新的功能，真正为顾客提供了O2O式的全方位体验。

另外，我个人觉得这个系统有一点做得很好，就是能够看到App里的积分星星越来越多，这会让人产生"攒"的欲望，也符合人性的底层逻辑（见图4-47）。

洲际酒店集团

与航空公司类似，洲际酒店集团的会员系统做得也是非常好的，不同级别对应着实用的礼券等。首先，换住宿肯定是经常旅行的朋友很需要的功能，尤其是年假旅游，基本上就不用花钱订酒店了；其次，免费升级房型也非常实用；最后，前台的欢迎饮料和延迟退房等细节服务也是锦上添花（见图4-48）。

图4-47　星巴克会员卡条款

图4-48　洲际酒店集团会员卡条款

有了这个会员后，我基本上出差、旅游都是优先看洲际酒店集团名下的酒店，它把会员管理做到位了。

蔻驰

蔻驰作为奢侈品牌，其会员管理做得也是很不错的。首先，有合理的分级，有较好的跃迁效果，可帮助店铺成交大单；其次，三级的系统晋升福利简单明了，不像很多品牌的会员系统弄得跟天书一样，顾客根本记不住；最后，各种礼券给得比较到位，顾客核销率较高（见图4-49）。很多公司给的礼券往往缩手缩脚，核销率低的话帮助也不大。

图4-49 蔻驰会员卡条款

结合以上4个案例的共同点，服饰品牌要做CRM管理，可以先关注如下几点（见图4-50）。

- VIP分级：不宜超过3个，名字好记，听起来尊贵（如银、金、白金）
- VIP跨度：跨度要合理，要有牵引性（能激发顾客的升级欲望）
- 福利：要能解决顾客的关键问题，福利未必多，但要切合刚需
- 内容：要几句话就讲得明明白白，足够简单易懂
- 专属：要让VIP顾客体验到差异化待遇

图 4-50　VIP 系统设计要点

如果能按照以上维度进行 CRM 系统设计，肯定能帮助品牌提升顾客忠诚度。

（2）会员数据

CRM 管理会有一套专门的关键指标来追踪结果，每个指标衡量的顾客行为也是品牌力的体现。当然，如果是线上销售，数据类型会丰富很多。线下会员数据主要有会员消费占比、复购率和转介绍率。

会员消费占比 = 某段时间会员消费单数 ÷ 某段时间总单数。

- 某段时间可以是一个自然年、过去 12 个月、过去一个季度或过去一个月，取决于你打算追踪的频率
- 这个指标反映了品牌是主要靠纳新增收还是靠老顾客回购增收，一般价位越高的品牌，这个数据相对会越高

复购率 = 某段时间会员重复购买的单数 ÷ 某段时间会员消费总单数。

- 品牌力和产品力的一个很重要的参考维度就是复购率。一般来讲，复购率不高，说明你的产品没有黏性，也不能产生高频销售，大概率会挂掉。所以，管理团队应该非常重视这个指标

转介绍率 = 被现有会员邀约购物顾客 ÷ 被通知的老会员。

- 我们讲广告 5.0 时代可能是 KOC 的形式，即通过人传人品牌获得几何增速，那转介绍率就会成为一个很重要的参考指标。比如：滴滴打车的红包可以转给你熟悉的朋友，其实就是采用老顾客拉新的方式。拼多多其实也是采用了这种扩张逻辑

- 我之前在一家公司的店铺采用过这种策略，通过给新老顾客提供增值（礼券、赠品等）服务，鼓励老顾客帮忙带其他顾客来消费。当月转介绍成交额占到了 4%。我相信如果研究得更透的话，这绝对是一种更高级的营销手段，建议品牌负责人想想自己的品牌能否采用这个策略

（3）购物赠礼

我个人比较喜欢购物赠礼的形式，因为很多品牌往往很容易陷入价格战的窘境，导致常年打折，透支品牌力。通常这种品牌最后的结果都不会太好。但如果强行保持价格刚性，似乎又不近人情，也不符合市场规律，除非你的产品力非常强，具有不可替代性。

所以，这个时候有没有更好的方式代替减价活动，并且也能吸引消费者呢？购物赠礼就是一个不错的方向。

通常每年的夏季季末（6月、7月）和冬季季末（12月、1月）大促，或在大型节假日（春节、五一、十一），品牌还是要做折扣活动的，只不过有的品牌可能做 15 天，有的做 30 天。这是大势所趋，奢侈品都做，谁能不做？但中间有很多淡季，比如 2 月、3 月、4 月、8 月、9 月、11 月，就不建议再做折扣活动了，完全可以用 GWP 进行过渡。

那在选择 GWP 时需要注意什么呢？

最好将赠品成本价控制在正价满额的 10% 以内

比如顾客正价消费满 1 999 元送礼品，那礼品的成本价最好可以控制在 199 元以内。当然，标价是可以对标市场上的同类产品的。

赠品和商品折扣最好不要叠加使用。

赠品一定要符合目标客群的潜在需求

有些品牌对赠品宣传不足，使其往往成了先买后赠的礼品，而不是顾客因为赠品产生购买行为，这样就本末倒置了。

所以，要提前对导购进行专门的话术培训，也要提前做好POP等宣传资料，准备要充分。

赠品要有品牌Logo，要体面，顾客能高频使用

我之前做过高端商务男装业务，会选择ZIPPO打火机、高端保温杯、高端雨伞、雪茄烟缸、西服衣架等作为GWP，好处就是能让顾客或他身边的朋友天天看到品牌的Logo，也能起到变相宣传的作用。

赠品消费金额的门槛

给赠品是为了把客单额拉高，所以，可以结合店铺通常的客单额分布以及赠品的成本情况进行设计，比如很多大单都是2 000元起步，那我们就可以设计2 499元这样的门槛，通过赠品来拉动客单额升级。

第八节　组织架构

如果把企业比喻成一个人，那组织架构就是骨骼。所以，组织架构一定要具备几个特点：成长性、稳定性、效率性。很多创始人喜欢调整自己的架构以适应公司不同的发展阶段。我们在"总监九知"中讲组织架构，会对一些观点进行说明，而不是像一般人事管理书籍一样讲过多概念。

8.1 店铺管理架构

因为店铺的管理架构也是需要高层决定的，所以我们将其放在"总监九知"里进行讨论。

我刚工作那会儿，传统零售店铺的人员架构非常简单，一般就是一名店长、几名导购；生意忙的店铺，可能再根据情况增加库管、账员这样的辅助岗位；有时会有员工兼职代班，有一些补贴，仅此而已。这种架构可以称作销售型店铺架构，后来随着欧美奢侈品牌、快时尚品牌、大店模式品牌的进入，店铺的组织架构也变得更加全面和完善，可以称作职能型店铺架构。

对比起来，早期的店铺团队更偏重"做销售"，也十分依赖导购的个人销售技巧和深度服务；后来的店铺团队则更偏重"做运营"，依靠的是店铺各职能管理完善后，顾客能够更多地自主性购物。

当然，具体使用哪种架构要根据店铺单产、面积、产品特点来综合考虑，同时，也要考虑薪酬结构、导购的综合素质等因素。因为销售型店铺架构比较简单，下面我们重点介绍一下职能型店铺架构。

（1）职级定义

首先，职级一般会比较全面，有些公司会设置较多层级，比如销售→高级销售→主管→高级主管→副店经理→店经理，这样员工的晋升和发展也有纵深空间。

如果觉得过于复杂，也可以做三层架构，各减少一个职位名称即可，可参考图4-51。

具体每个职位设置几个人，主要评估以下三个维度：

店铺销售

一般人力总成本要控制在12%以内。

店铺面积

如果不提供销售服务，每100平方米要有一个员工；如果提供从头到尾的服务，每100平方米要有两个员工。

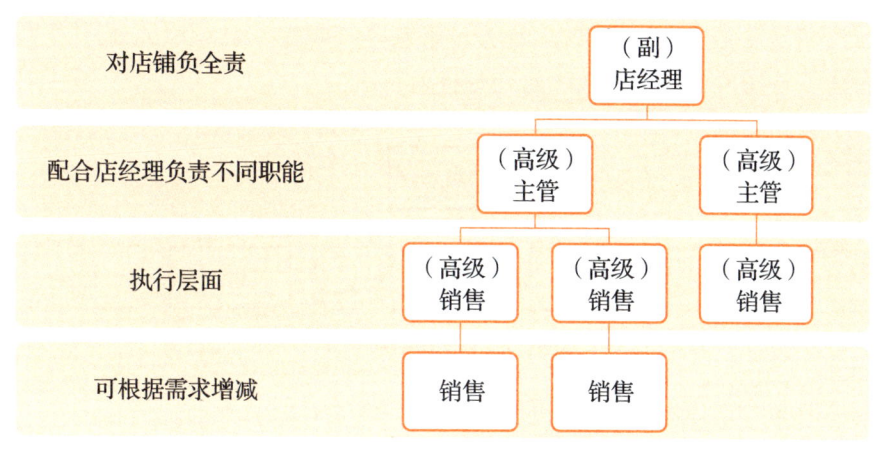

```
对店铺负全责 ——— （副）店经理
配合店经理负责不同职能 ——— （高级）主管 ｜ （高级）主管
执行层面 ——— （高级）销售 ｜ （高级）销售 ｜ （高级）销售
可根据需求增减 ——— 销售 ｜ 销售
```

图 4-51　职能型店铺架构图

人均小时客流（安装客流计数器）

即平均每个员工每小时接待几名顾客。一般提供全程服务的店铺最多是 8 名／小时，如果是服务简单的店铺，可以是 15 名／小时。这样用日均客流除上班人员平均总工时，就可以得到这个参考数据。

关于店铺销售和店铺面积维度，我们再举个例子，某店铺的单产约 100 万元／月，店铺面积为 800 平方米，怎么配置人头编制？从人力总成本角度，最好控制在 12 万元／月以内。假如店铺平均人工成本为 6 000 元，差不多应该招聘 20 人；从店铺面积角度，人数不应该低于 16 人。所以，大概估算店铺人力编制应该在 16～20 人。

当然，也可以设计一个 Excel 表格，输入各个岗位的薪资，然后输入预期销售、各岗位人头数，就可以看到成本率情况。

（2）DOR 说明

所谓 DOR 就是将店铺的工作职能进行专业化细分，通过有效的授权管理，把合适的人放在合适的位置上，充分调动员工的自立自发意识，这才是大店运营的关键。

根据店铺的日常管理功能，通常可以将店铺的职能模块划分为六大类（见图 4-52），包括销售、运营、商品、陈列、培训、会员。店长需要将员工进行职能分配，可多人兼顾单一职能，也可单人兼顾多项职能，具体可参考店铺的人头编制情况。

```
                         职能划分
     ┌────┬────┬────┬────┬────┬────┐
    销售  运营  商品  陈列  培训  会员
```

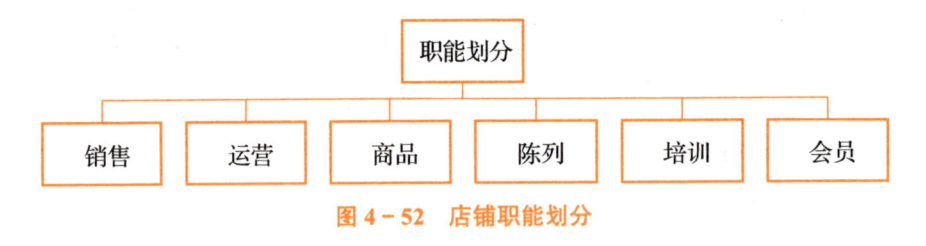

图 4-52　店铺职能划分

图 4-53 是各职能模块的主要职责。

销售	运营	商品	陈列	培训	会员
・目标跟进 ・团队激励 ・销售反馈 ・活动传达	・收银账务 ・物料采购 ・公司审计 ・店铺安全	・到货收货 ・日常补货 ・库房整理 ・盘点点数	・标准执行 ・陈列反馈 ・日常维护 ・细节检查	・资料整合 ・新人带教 ・日常演练 ・培训考核	・会员注册 ・社群互动 ・顾客邀约 ・顾客回访

图 4-53　店铺职能描述

（3）岗位职能描述

销售

目标跟进：每日例会表准备、员工销售记录、销售时段跟进、KPI 分析。

团队激励：公告板管理、员工排名分享、新员工日常激励、销售激励游戏设计。

销售反馈：每晚上报销售情况、分阶段销售情况分享（小时、周、月）。

活动传达：促销活动执行、促销活动推广技巧、店内口播跟进、打招呼或喊宾。

运营

收银账务：收银对账、现金管理、小票管理。

物料采购：衣架、裤架、纸箱、办公用品、购物袋。

公司审计：单据管理、审计检查单抽查。

店铺安全：财务安全、人身安全（防火、消防通道、消防演练）、货品安全（防盗扣、店铺钥匙）。

商品

到货收货：物流方对接、到货点数、到货反馈、商品分类。

日常补货：畅销款补货、滞销款退货、店间调拨。

库房整理：库房区位图、仓位编号、仓位款号对照表更新。

盘点点数：条码管理、库存虚实跟进、差异管理、盘点培训和安排。

陈列

标准执行：总部 VM 手册和指引的学习与实践。

陈列反馈：陈列反馈的执行。

日常维护：款式替换、模特调整、新货陈列。

细节检查：根据陈列检查表进行各区陈列标准的检查。

培训

资料整合：产品知识、服务知识、巡店检查表等店铺管理标准和流程的资料整合。

新人带教：打印新人带教表格、跟进新人学习进度、考核新人对知识的掌握。

日常演练：TOP 款过款、神秘顾客流程演练、FAB 搭配演练。

培训考核：定期检查对公司或店铺内部知识的学习情况。

会员

会员注册：跟进店铺会员目标、确保员工充分了解会员体系的内容。

社群互动：店铺微信群的维护、老顾客活动推广、顾客问题答疑、市场宣传。

顾客邀约：对于高净值客户，电话邀约回店，改善淡季销售。

顾客回访：电话回访产品质量、服务体验。

8.2 常见的公司架构

（1）直线制

直线制（见图 4-54）是最简单的公司架构：不设立专门的职能机构，自上而下垂直管理。

- 特点：下属只接受一个上级的指令，各级主管对所负责的一切工作负责
- 优点：沟通迅速，指挥统一，责任明确
- 缺点：管理者的负担过重，难以胜任复杂职能
- 适用范围：小型组织

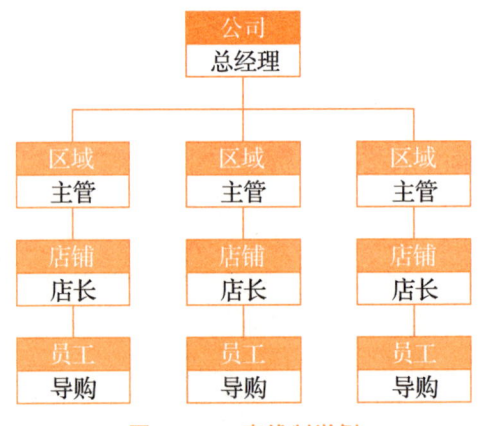

图 4-54 直线制举例

比如有些小型经销商可能就几家加盟店铺，那老板本人可能直接管着店长，也不需要招聘很多专业人才。这样的架构从投入成本上看也是比较合理的。

（2）职能制

职能制（见图 4-55）是指在组织内部设置若干职能部门，各管理者有权在各自业务范围内向下级下达命令，也就是各基层团队都接受

各职能部门的领导。

- 特点：专业化分工，各自履行一定的管理职能
- 优点：有利于管理专长的发挥
- 缺点：破坏统一指挥原则
- 适用范围：单独使用得不多

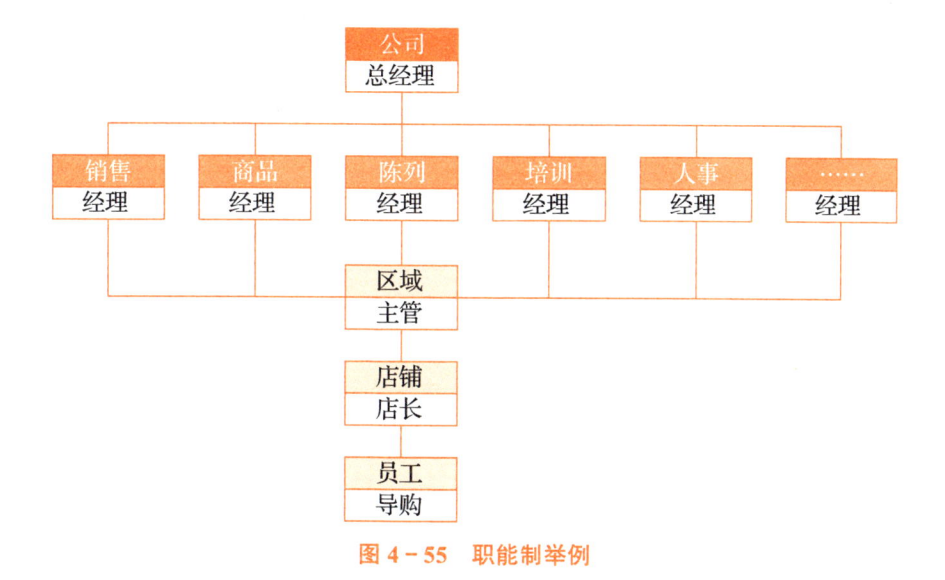

图 4-55　职能制举例

现在应用这种架构的企业很少，因为需要核心管理者有非常强的综合能力。比如，连卡佛、苹果或者一些品牌的国内旗舰店，它们的第一负责人都是需要有这种全面管理能力的，甚至还需要跟国外总部的相关部门对接。

（3）直线职能制

直线职能制（见图 4-56）既有保证组织目标实现的直线部门，也有按专业分工设置的职能部门，但职能部门作为直线领导者的参谋和助手，不能对下级部门发布命令。

- 优点：既能统一指挥，又能发挥参谋的作用；分工精细，责任清楚；组织的稳定性高

- 缺点：部门之间缺乏交流，不利于集思广益；上级主管的协调工作较多；难以培养熟悉组织全貌的专业通才
- 适用范围：中大型规模的企业

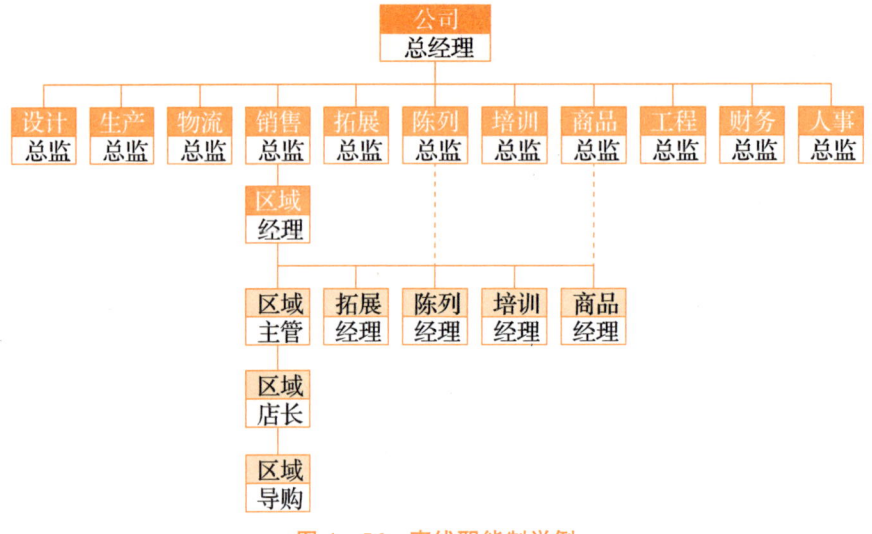

图 4-56 直线职能制举例

这种架构在大部分零售品牌公司经常看到，地区会设立办事处或分公司，并配有一些职能人员，这些职能人员也会虚线或实线汇报给总部。但是采用虚线汇报还是实线汇报，也是十分重要的考量，主要取决于总部能力的强弱。既要从集权和分权的角度考虑，也要结合市场阶段性的环境进行灵活调整，不能太死板。

（4）事业部制

事业部制（见图 4-57）是以某个产品、地区或客户为依据，将研发、采购、生产、销售等多部门结合成一个相对独立单位的组织结构。各事业部有各自独立的产品或市场，在经营上有很强的自主性，实行独立核算，是一种分权管理结构。

- 优点：高度稳定；权力下放；事业部自成系统，有利于培养通才；以利润为中心，便于总部考核；按产品划分事业部，有比

较和竞争，可增强企业活力

- 缺点：独立管理，易产生本位主义；增加费用开支；对总部的管理要求高，否则容易失控
- 适用范围：多品牌公司

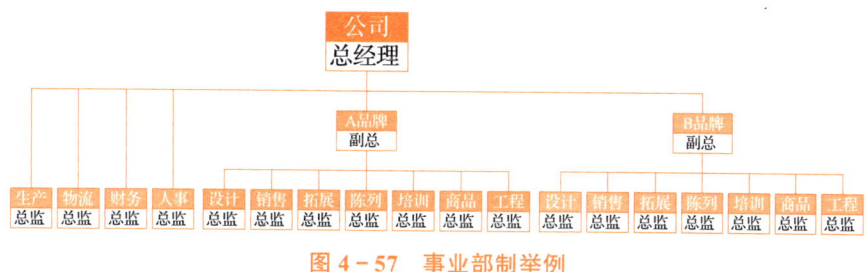

图 4-57 事业部制举例

多品牌公司大多会使用这样的公司架构，比如绫致时装旗下的维莎曼、ONLY、杰克琼斯、思莱德等都采用分品牌事业部制；太平鸟旗下的 PEACE BIRD、太平鸟风尚男装（PEACE BIRD MAN）、乐町（LEDIN）等，江南布衣旗下的 JNBY、速写、jnby by JNBY 等也采用了事业部制。

（5）矩阵制

矩阵制（见图 4-58）是指职能部门为完成某一任务而组建的项目小组，是双道命令系统，是在直线职能制的基础上再增加一个横向的领导系统。

- 优点：加强横向联系，充分利用资源；具有较大的机动性；能促进各种专业人员相互支持
- 缺点：人员位置不固定，导致人员责任心不强；人员接受双重领导，责任不易分清
- 适用范围：需要集中各方面专业人员完成的工作项目

很多有一定实力的品牌公司每年都会尝试做一些项目，涉及战略、零售、品牌、门店、财务等，市面上也有很多咨询公司在做这样的项

目。当品牌公司决定做一个项目后，最简单的操作方式就是先成立一个项目组，指定一个负责人全面跟进，并直接向公司高层汇报。

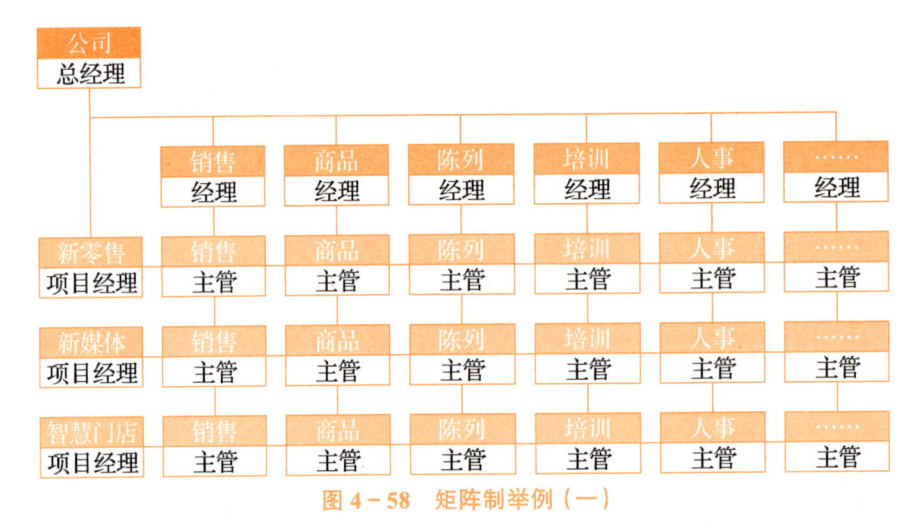

图 4-58 矩阵制举例（一）

这个逻辑并不复杂，但项目经理以及组员的选择非常重要，同时短期项目还是长期项目的选人逻辑也是不一样的。

另外，有些大公司还会采用包含了总部和区部的矩阵制架构（见图 4-59）。这种模式相对更注重权力的制衡，类似双轨制系统——总部负责制定标准、输出策略，区部负责执行。多见于大型体育品牌公司。

图 4-59 矩阵制举例（二）

8.3　组织编制规划

很多中小型企业在用人上往往是先看企业有什么人，然后根据人的能力分配不同的工作。这个思路听起来是以人为本，其实存在很多的弊病。因为这样的安排会让企业长期不能建立真正符合企业发展的组织架构，导致很多决策因为人为因素被裹挟。

所以，正确的逻辑应该是先看生意规模，再看用什么架构，最后看放什么人。当然，如果最后放人，也会遇到无人可放或人员冗余的问题，这就需要企业一把手能够进行理性的决策。

比如，企业在某一线城市有 100 家店铺，店均销售额为 300 万元，整个城市的体量达 3 亿元/年，这种情况下肯定要找一个总监级别的人进行管理，其年薪通常在 60 万～100 万元；一般还需要 1 名零售助理、10 名销售人员、5 名商品人员、5 名陈列人员、2 名培训人员、3 名人事、1 名拓展人员、1 名行政人员、1 名财务人员；共 30 人。采用扁平化的体系进行管理即可，可参考图 4-60。

图 4-60　某公司的外地分公司的架构

当然，你可能会问，为什么定这样的编制？我们主要考虑了这几个维度：

人均店铺管理数

这个架构中总共涉及 30 人，人均管理 3.3 家店铺、1 000 万元销售额。

人均工作量合理度

根据店铺生意体量的差异，以及销售主管个人能力的差异，销售主管通常可以管理 5～20 家店铺。这个完全取决于店铺的单产、面积、人员数量等因素，并没有一定之规，需要结合行业情况来制定标准。

同样，如果是 1 000 平方米的店铺，可能陈列师最多管 3～4 家店铺，但如果是几十平方米，店长基本就能搞定，陈列师就能管几十家店铺。这个要取决于店铺模式。

人力总成本

假定 30 人的平均年薪是 20 万元，也就是说总成本为 600 万元/年，占总销售额的 2%，与店铺其他成本加在一起不超过 10% 就是一个比较好的行业水平了，最多也不能超过 15%。所以，这个标准也是灵活的，取决于利润结构。

当然，如果明白了这个逻辑，完全可以用 Excel 做一个模板，先确定好店铺数量、销售额与人员编制之间的关系，然后就能明确人员标准和架构标准了。

第九节　薪酬机制

9.1　根据考核指标设计 KPI

KPI 考核几乎所有公司都在用，但作为服饰零售公司，具体有哪些指标应该放到 KPI 里，各家公司的做法差异还是蛮大的。我见过就设 1 个 KPI 的公司，也见过设 20 多个 KPI 的公司（见表 4-8）。其实在这两种极端情况下，都有优秀的公司和失败的公司。所以，到底应该设多少 KPI 才是合理的呢？

表 4-8 国内某知名公司 KPI 考核指标举例

大类	数量	具体指标	分数	指标计算方法
销售运营（6 项 40 分）	1	零售流水完成率	10	零售实际流水/零售预算流水
	2	零售流水增长率	6	零售实际流水/同期零售流水 -1
	3	正价店折扣率	6	正价店流水/正价店吊牌价
	4	正价店同店增长率	6	本期同店流水/同期同店流水 -1
	5	正价店店效	6	正价店店效流水/正价店同店月次
	6	正价店坪效	6	正价店店效流水/正价店坪效面积（卖场面积）
渠道运营（2 项 8 分）	7	租售比	4	（租金及物业费+扣点费用）/不含税零售流水
	8	渠道开店进度及达成	4	复合指标，考核渠道新开店进度以及流水达成，以渠道管理部提供为准
商品运营（4 项 20 分）	9	5 个月时点售罄	6	累计销售吊牌额/到货吊牌（Q4：12—2 月，Q1：3—5 月，依此类推）
	10	90 天波段售罄	6	各批次上市 90 天销售吊牌额/出仓吊牌额，仅统计上市 90 天的批次，周期加上
	11	运动线流水目标完成率	4	实约运动线流水/运动线目标流水
	12	鞋流水目标完成率	4	实际鞋流水/鞋目标流水

续表

大类	数量	具体指标	分数	指标计算方法
零售运营（6项24分）	13	客单量	4	销售数量/有效小票数（正价店，不含加盟，剔除喵街、抖音，剔除赠品）
	14	件单价	4	销售流水/销售数量（正价店，不含加盟，剔除喵街、抖音，剔除赠品）
	15	3.0以上形象占比	4	店铺形象3.0及以上门店数/保有店数
	16	整合营销达成	4	考核整合营销的表现
	17	空间规划率	4	各板块面积占比，鞋占25%，中大童服占65%（运动线占20%）
	18	陈列标准单店转化率	4	根据月度背引转化各区单店规划，考核及时率+执行率+合格率
社群运营（2项8分）	19	新增日消费达成率	4	新注册目在全渠道发生消费的会员数/目标数
	20	90天复购率	4	近90天有效消费次数大于等于2的会员数/近90天有过消费的会员数

结合在不同类型公司工作的体验，我们首先应该思考设置好的 KPI 应该遵循哪些原则。我们先举一个减肥的例子，假如你现在 160 斤，目标要减到 140 斤，这是你的终极目标，也是肉眼可见的。为了达到这个终极目标，你该怎么办呢？根据教练分析，如果你每天健身 1 小时，热量摄入不高于 2 000 卡，应该能在 2 个月内实现这个终极目标。那其实健身"1 小时 / 天"和热量摄入"2 000 卡封顶 / 天"就是你的重要前导指标。

前导指标还能不能拆分呢？当然！1 小时可以拆分为 30 分钟有氧运动 + 30 分钟无氧运动，2 000 卡可以拆分为早餐 400 卡 + 午餐 1 000 卡 + 晚餐 600 卡，这五个指标我们称之为细化指标。

我们再思考一下，假如这个人就是一家公司，你会选择哪几个作为 KPI 指标呢？

细化指标如果全部达成，是可以实现终极目标的，但有一个达不成，就会全军覆没，比如晚餐吃冰激凌。

如果是公司发奖金的情况，若晚餐目标没达成，则晚餐目标的奖金没发，但其他部分达成了，发了 80%，那最后终极目标没达成，岂不白发了奖金？同理，如果前导指标有一个完不成也会发 50% 的奖金，但公司终极目标还是达不成，那岂不也是白发了？

所以，基于以上分析，我个人建议首先必须达成终极指标，如果想纠正员工的行为，可以适当增加 1～2 个前导指标，总量不要超过 3 个。表 4-8 列举的 20 个 KPI，一般人很难记住，也算不明白。

另外，指标设计建议应坚持如下原则：

并集关系

如果某一个 KPI 指标达成了，另一个 KPI 指标大概率也能达成，那就不如只留一个指标。比如设定了目标达成、同比增长这两个 KPI 指标，但其实没必要，这两个指标数据如果不是正相关，只能说明你的目标定偏了，不如只留一个。要解决的是预算管理的问题，而不是用 KPI 打补丁。

直观简洁

既然是目标，就是制定给员工看的，而且我们还需要对其进行细化、阶段化，这样才便于跟进。而很多公司制定的目标可能到发奖金的那天才算出来，当事人从头到尾也看不到，那这种指标的指导意义就很差。比如很多公司会制定利润指标、售罄指标，其实这些都是事后指标，对于团队的指导意义不大，最多就是用来控制资金成本。

上下一致

好的 KPI 应该能帮助团队聚焦，而不是每个部门有每个部门的指标，这样非常容易造成管理上的冲突。比如：商品部门因为考核毛利，就得控制促销力度，但销售部门需要冲销量，想加大促销力度，那应该听谁的？所以，KPI 是帮助大家统一目标、促进合作的工具，而不是促成各自为政，把个人利益凌驾于集体利益之上的合理理由。

所以，各位可以参考以上三个原则。如果让我给公司定 KPI 指标，我建议全体人员就看任务达成情况，只不过需要进行区域拆分。实际上我之前工作过的一家国内知名服饰公司就是这么做的，只是加了一个楼层排名的奖金比例。当然，这个 KPI 也很好，符合上面的三个原则。

9.2 店铺员工薪酬设计

对于零售行业的工资结构，我们最常用的就是底薪+提成模式，而且，很多公司往往为了显示工资的竞争性，还会巧设各种名目，让入职人员觉得到手的工资还是蛮多的，可实际一个月干下来，就会觉得不那么如意。总之，关于钱的问题我们都是要格外注意的，既不能过于小气，也不能大手大脚。所谓"谈钱伤感情，谈感情伤钱"，最好就是一开始谈明白。关于工资体系的模式，我总结了如下几种，给各位参考：

(1) 个人提点模式

早期服装零售业基本采用的都是分段提点的模式，即从员工销售额中固定提一个比例做奖金。比如，员工的个人目标是 10 万元，员工实际销售了 10 万元，100% 达成，提点是 5%，那他本月的奖金就是 5 000 元。为了让员工有动力，也可以分段提点（见表 4-9）。员工会觉得至少要冲到 80%，再努力冲 100%，能力强的冲 120%，从而可以获得更高的奖金。

表 4-9 店铺提点举例（非实际）

任务达成率	提点比例
80% 以下	3%
80%～99%	4%
100%～119%	5%
120% 以上	6%

当然，计算方式也有不同，可以将业绩分段，再将其乘以对应的比例（方法 1），也可以业绩到达某个门槛后，所有业绩都按最高的提点比例计算（方法 2）。

举例：员工的个人任务是 10 万元，达成了 14 万元，奖金怎么算？

方法 1：80 000 × 3% + 20 000 × 4% + 20 000 × 5% + 20 000 × 6% = 2 400 + 800 + 1 000 + 1 200 = 5 400 元

方法 2：14 万 × 6% = 8 400 元

所以，这两种方法明显后者更刺激一些，员工冲高目标的动力更强，而且也更好计算。但选择方法 2 有个前提条件，就是目标要定得很准，否则很有可能造成销售业绩很好，结果利润全发了奖金的情况。

(2) 任务进度达成模式

为了让员工能更直观地掌握当月的工资情况，有些公司会采用百分比的形式设置奖金，比如完成 100% 提多少钱，完成 110% 提多少钱，而且每个档位之间有一定跨度，这就势必要求员工必须达到相应门槛才能拿到对应的奖金（也就是说，即使你完成了 99%，也是拿完成 90% 所对应的资金）。这样员工就不容易放松，尤其是在月底将更有冲劲。

以下是某服装公司的店铺工资体系，简单说明如下：

月销售任务决定了当月适用哪个档的奖金。

基本工资的差异取决于员工资历和评级。

岗位津贴是因为员工去大店销售压力大而给予的特殊补贴。

表现奖是对员工额外的 KPI 考核。

饭补也是特殊补贴。有些公司还会设全勤奖。

提成比例其实也是根据提点做出来取整的数字，就是为了员工可以看得更加直观。一般是先固定 100% 的奖金档，然后往两边增减金额。具体增减的额度以及是不是有上下限，取决于企业想如何激励员工，没有特别的定数。

此外，除了基本工资，其他部分的工资通常不会计入五险一金基数中，这是企业为了少缴纳五险一金常用的方法，所以，员工自身也要想清楚哪种方式对自己有利。

表 4-10 是某品牌店铺的实际薪酬体系。

（3）团队提成模式

这种模式就是增大基本工资的比重，通常能到 70% ~ 80%，奖金则是根据全店的达成情况，各职级对应不同的奖金额度（见表 4-11）。尤其是在奢侈品牌、快时尚品牌、大店品牌中比较常见，主要是为了强化团队合作、职能分工，同时，也不过多干预顾客的购物过程，让顾客更加自在。但一旦管理系统没有跟上，团队提成也会出现"大锅饭"问题。

表 4-10　某品牌店铺薪酬体系

店铺工资标准

职位	月销售任务（元）	基本工资（元）	岗位津贴（元）	表现奖（元）	饭补（元）	提成比例						
						70%	80%	90%	100%	110%	120%	130%
店长 SM	10 万以下	1 000/1 200/ 1 400/1 600	0	0~600	260		500	900	1 300	1 600	1 900	2 200
店长 SM	10 万~19.999 万	1 000/1 200/ 1 400/1 600	0	0~600	260	300	700	1 100	1 500	1 800	2 100	2 400
店长 SM	20 万~29.999 万	1 000/1 200/ 1 400/1 600	100	0~600	260	400	800	1 200	1 600	1 900	2 200	2 500
店长 SM	30 万~39.999 万	1 000/1 200/ 1 400/1 600	200	0~600	260	500	900	1 300	1 700	2 100	2 500	2 900
店长 SM	40 万~59.999 万	1 000/1 200/ 1 400/1 600	300	0~600	260	600	1 000	1 400	1 800	2 200	2 600	3 000
店长 SM	60 万~79.999 万	1 000/1 200/ 1 400/1 600	400	0~600	260	700	1 100	1 500	1 900	2 300	2 700	3 100
店长 SM	80 万~109.999 万	1 000/1 200/ 1 400/1 600	500	0~600	260	800	1 200	1 600	2 000	2 500	3 000	3 500
店长 SM	110 万~149.999 万	1 000/1 200/ 1 400/1 600	600	0~600	260	900	1 300	1 700	2 100	2 600	3 100	3 600
店长 SM	150 万~199.999 万	1 000/1 200/ 1 400/1 600	700	0~600	260	1 000	1 400	1 800	2 200	2 800	3 400	4 000
店长 SM	200 万~299.999 万	1 000/1 200/ 1 400/1 600	800	0~600	260	1 100	1 500	1 900	2 300	2 900	3 500	4 100
店长 SM	300 万以上	1 000/1 200/ 1 400/1 600	800	0~600	260	1 300	1 700	2 100	2 500	3 100	3 700	4 300

续表

职位	月销售任务（元）	基本工资（元）	岗位津贴（元）	表现奖（元）	饭补（元）	提成比例 70%	80%	90%	100%	110%	120%	130%
店员 SP	120 000 以上	600/650/700/750/800/850/900/950/1 000	500	300	260	1 000	1 200	1 600	2 000	2 400	2 800	3 200
店员 SP	100 000~119 999	600/650/700/750/800/850/900/950/1 000	500	300	260	800	1 000	1 400	1 800	2 200	2 600	3 000
店员 SP	90 000~99 999	600/650/700/750/800/850/900/950/1 000	500	300	260	650	850	1 250	1 650	2 050	2 450	2 850
店员 SP	80 000~89 999	600/650/700/750/800/850/900/950/1 000	450	300	260	550	750	1 150	1 550	1 850	2 150	2 450
店员 SP	70 000~79 999	600/650/700/750/800/850/900/950/1 000	400	300	260	450	650	1 050	1 450	1 750	2 050	2 350
店员 SP	60 000~69 999	600/650/700/750/800/850/900/950/1 000	350	300	260	350	550	950	1 350	1 650	1 950	2 250
店员 SP	50 000~59 999	600/650/700/750/800/850/900/950/1 000	300	300	260	250	450	850	1 250	1 550	1 850	2 150
店员 SP	40 000~49 999	600/650/700/750/800/850/900/950/1 000	200	300	260	150	350	750	1 150	1 350	1 500	1 800
店员 SP	30 000~39 999	600/650/700/750/800/850/900/950/1000	50	300	260		150	550	950	1 150	1 400	1 700
店员 SP	29 999 以下	600/650/700/750/800/850/900/950/1 000	0	300	260			450	850	1 050	1 300	1 600

续表

职位	月销售任务（元）	基本工资（元）	岗位津贴（元）	表现奖（元）	饭补（元）	提成比例 70%	80%	90%	100%	110%	120%	130%
银、账、库	80万以上	600/650/700/750/800/850/900/950/1 000	300	300	260	1 000	1 100	1 300	1 500	1 700	1 900	2 200
银、账、库	60万～79.999万	600/650/700/750/800/850/900/950/1 000	200	300	260	800	900	1 100	1 300	1 500	1 700	2 000
银、账、库	40万～59.999万	600/650/700/750/800/850/900/950/1 000	100	300	260	600	700	900	1 100	1 300	1 500	1 800
银、账、库	40万以下	600/650/700/750/800/850/900/950/1 000	0	300	260	400	500	700	900	1 100	1 300	1 600

表 4-11　团队提成模式举例

职位	提成比例							
	70%	80%	90%	100%	110%	120%	130%
店经理	3 500	4 000	4 500	5 000	5 500	6 000	6 500
助理店经理	3 150	3 600	4 050	4 500	4 950	5 400	5 850
高级主管	2 800	3 200	3 600	4 000	4 400	4 800	5 200
主管	2 450	2 800	3 150	3 500	3 850	4 200	4 550
高级销售	2 100	2 400	2 700	3 000	3 300	3 600	3 900
销售	1 750	2 000	2 250	2 500	2 750	3 000	3 250

反观个人提点模式，往往会让内部竞争过于激烈，出现挑顾客、抢顾客的恶习，也容易让顾客对店铺产生不好的印象。

所以，它们各有利弊，你也可以创造性地将其整合运用，但要防止过于复杂，要利于员工直观理解。

9.3　中层管理者薪酬设计

和零售终端店铺高度关联的中层管理者包括区域主管（经理）、商品团队管理者、陈列团队管理者、培训团队管理者等。大原则上，这类职务的基本工资比例通常要大于等于店铺员工的比例，因为他们管理的价值更大。

如果店铺都是围绕业绩目标的达成情况设置KPI，那么对于这些职能也应该考核相应的目标，但很多公司可能会考虑从奖金中提取30%～40%做其他专业绩效类考核，比如：商品团队考核周转率、毛利率；培训团队考核授课频率、课程开发；陈列团队考核店铺打分……我个人觉得这些考核偏虚，因为职能部门工作的终极目标是帮助公司达成业绩目标，否则他们自己那部分做得再好，其实贡献也是不大的。

至于你想评估这些人是不是合格，完全可以通过季度和年度的评估进行，不需要绑定他们个人的奖金。

除此以外，区域经理因为要负责多家店铺，很多时候我们也发现一个问题，就是有的区域经理负责的店铺越多，拿的奖金越少，可能是因为有较差的店铺牵扯，以及管理跨度大、精力跟不上。但由于区域店铺有可能会定期调整，直接增加基本工资的话，上去容易下来难，所以，可以在奖金基数上进行差异化处理。

表 4-12 是一个 100% 奖金档参考表，根据店铺预算和任务对应下面的奖金基数进行累计，可作为区域经理的 100% 档奖金，然后往两边展开即可。

比如一个区域经理管理一家 3 000 万元以上的店铺，两家 400 万～500 万元店铺，一家 200 万～300 万元店铺，那他的基数就是 1 500 + 400 × 2 + 200 = 2 500（元）。如果高管认为你能力强，划给你更多的店铺，对于区域经理来讲至少是有额外回报的。

9.4 高层管理者薪酬设计

对于公司高层管理者，通常职位越高，奖金考核的时间跨度越大，这也是为了确保人员的稳定性，一般采用年薪形式，年底预留几个月的工资进行统一考核。可以采用"预算管理"部分讲的三级目标进行奖金梯度设计。

考核指标除了销售目标达成，也可以增加利润目标，毕竟对于高层来讲，其相对更容易通过管理来控制终端的利润产出。但这个目标从高层传达给中低层同事，就要转换成销售目标，避免增大下属团队目标的复杂度，除非店铺利润跟他们有切身利益。

最后，高层管理者也可以通过干股分红的形式进行激励。华为技术有限公司工会委员会持有公司 99.25% 的股份，用于给员工配股分红，任正非先生仅持股 0.75%。相信这样的企业做大也是必然的。

表 4-12 区域经理 100% 奖金档计算基数

任务（元）	200万以下	200万~300万	300万~400万	400万~500万	500万~600万	600万~800万	800万~1000万	1000万~1200万
100%档奖金（元）	150	200	300	400	500	600	700	800
任务（元）	1200万~1400万	1400万~1600万	1600万~1800万	1800万~2200万	2200万~2600万	2600万~3000万	3000万以上	
100%档奖金（元）	900	1000	1100	1200	1300	1400	1500	

第五篇
PART FIVE

浅谈新零售现状与展望

开 篇

自 2016 年马云在云栖大会上提出"新零售"[①]概念以来，过去几年各零售企业趋之若鹜，产生了非常多的新技术。据我观察，有三类问题是很多新零售项目的痛点：

- 有的效益很好，但适用的产品类型有限
- 有的技术很好，但投入产出比有待考量
- 有的只是解决了"伪"痛点问题，同时带来了新问题

如果要给这些与新零售有关联的项目做个分类，我觉得可以从线下零售行业核心痛点的角度进行分类：

- 客流减少
- 存货压力
- 运营成本压力

我相信，如果有一项技术能从根本上解决其中任何一个痛点问题，它绝对可以算是颠覆式创新。当然，有些品牌其实已经找到了解决这些问题的办法，有的在新零售概念提出之前就已经存在了，比如 ZARA 的 Vertical Integration 模式、迪卡侬的 RFID 应用。

在本篇我会重点列举一些目前市面上很多企业尝试的新零售方向，也谈谈我个人的看法，希望对各企业管理层有稍许借鉴意义。

[①] 新零售，即企业以互联网为依托，通过运用大数据、人工智能等先进技术手段，对商品的生产、流通与销售过程进行升级改造，进而重塑业态结构与生态圈，并对线上服务、线下体验以及现代物流进行深度融合的零售新模式。

第一节 痛点1：客流减少

传统零售行业在过去十年增速明显放缓，存量市场基本趋于饱和。而新消费品牌层出不穷，增量市场也在瓜分传统零售行业的蛋糕。同时，购物中心的大面积开店也导致了消费分流。

综合以上三种市场环境原因，再考虑疫情期间闭店和疫情对人们消费习惯的影响，大部分企业和品牌都面临同店客流持续减少的问题，除非有规模增长的加持，否则，很难避免销售的持续下滑。

在这样的宏观挑战下，新零售如果能给企业带来价值，解决线下客流日益减少的问题，将会是非常重要的切入点。以下各部分都会围绕近些年出现的新概念和新方法进行探讨，值得进一步研究。

1.1 智能监控

越来越多的品牌店已把监控器作为必要的初期投入。最早安装监控器的目的是希望确保店铺的财产安全，后来也会用来远程监管团队。其实监控器更高级的用法是与客流进行关联，并辅助进行客流的深入分析，从而改善业绩产出。通常有如下几种用法：

客流流计

可以通过接入软件，实时统计店铺客流，并与ERP系统对接，最终以各种数据形式为深入分析经营活动提供数据支持。比如，时段客流情况可以为排班提供参考依据；通过成交率的计算可以了解店铺运营管理和服务的稳定性；通过历史客流数据可以了解店铺客流走势，这对是否续约、优化人力配置、安排促销活动都有非常重要的借鉴意义。

从我之前工作的经验看，客流统计是一项十分重要的数据源，对于品牌商的价值非常大，但也需要有运营经验的人合理利用好这些数据。

热力成像

热力成像可以显示顾客在哪些区域停留时间较长，或停留时间较短，从而对店铺空间布局以及陈列布局提供参考价值。

这种技术虽然看起来很酷炫，但实际应用价值有限，因为正常在店铺工作的同事往往都比较清楚哪些区域或哪些款式销售得较好，通过询问就可以掌握绝大部分信息。另外，如果技术达不到人脸识别的程度，还有可能把员工当成顾客，导致统计出来的热力区域参考价值很小。

千人千面

这个概念来自线上场景，即通过顾客浏览页面和点击商品进行精准营销，做到每名顾客看到的页面都不一样。抖音等平台通过科学算法基本上已经达到目前国内技术的天花板。

但如果把这个概念搬到线下店铺，可以想象，理想的场景是顾客一进店，通过人脸识别，员工就能知道他们的基础信息，比如姓名、消费记录、个性特征，从而在与顾客第一次接触的时候就能知道他的习惯和需求，做到精准推荐。

这个概念听起来似乎合理，但现实中也会存在顾客觉得个人信息暴露，或者员工在了解这些背景后不能很好地灵活运用话术协助其销售等问题。

所以，这也是新零售概念在实施过程中要务必先想清楚的，即基于线上消费场景和线下消费场景的差异，很多线上可行的方法，线下未必合理。此类技术还有待更深入的研究和探讨。

1.2 新媒体平台

抖音、快手、小红书都是近些年的主流新媒体平台，流量巨大，并孕育了一大批网红。而零售带货模式也是大部分品牌的主要盈利方式，一般会通过坑位费和销量提成进行收费。也有些公司会通过这个平台打造新品牌，比如白小T、花西子、钟薛高等。

这种新媒体平台往往会靠 KOL、KOC、KOS（key opinion sales，关键意见销售，此处指品牌销售代表）等不同类型主播进行销售，整体上各有利弊。

KOL

中大型零售品牌应该都与 KOL 合作过。2020 年我所在的公司曾经跟当时带货排名第三的辛巴有过合作，当时 1 天专场直播的流水将近 3 000 万元，最后刨除各种退单、退货，实际成交额差不多 1 000 多万元。最终算下来，这样的方式虽然销量很大，但考虑到折扣较低、退换货、直播成本与费用等因素，综合测算下来，反而是赔钱的。

所以，品牌方一定要慎重考虑找 KOL 带货，如果新品牌要建立知名度，这是个可以考虑的方法，如果是为了盈利，恐怕就没那么容易了。另外，大 KOL 的公信力始终存在较大的不确定性，一旦出事，品牌方甚至会受到牵连。除了公信力问题，一家独大的垄断资源也会让品牌方和平台方心有芥蒂。个人认为这种大 KOL 应该不是平台发展的未来，而是阶段性产物。

KOC

KOC 是相对比较新的概念。对比 KOL，KOC 的流量有限，粉丝体量较小，但由于有特定领域的粉丝，如果能找准与其定位相契合的产品，粉丝也会购买。

但这种形式存在的问题是，由于做的是细分市场，主要代理特定产品，适合的品牌类别比较窄，从品牌角度看并不是很好找。但未来应该会大幅分走头部 KOL 的流量。

KOS

实体店的客流本来就在下滑，还被新媒体平台分走一部分，那实体店是否有应对措施呢？要让实体店也成为网红孵化点。

比如，很多企业已经开始让自家员工参与抖音销售，即通过培养品牌内部的店员带货进行销售。这样做的好处是员工是企业内部人员，费用投入低，且对产品的专业知识比较过硬；坏处是员工没有影响力，往往吸粉能力较弱，产出很低。

但从品牌持续发展角度来看，任何公司都应该积极鼓励终端员工接触新兴销售渠道，并要设立赏金。如果员工真火了，只要逐步提升提成，绑定员工自身利益，员工也是会持续工作下去的。

2022年6月以后新东方直播带货爆火，虽然员工都是素人，但表现亮眼，进而带动股票暴涨。

特别注意

因为新媒体平台销售起势迅猛，且传播速度呈指数级，企业参与其中时应特别注意对品牌价值的维护。尤其在视频创意、直播话术、财务税收等方面要做到严格审核，充分排练，避免对品牌造成致命伤害。

1.3 私域运营

私域流量也是个很火的概念，即通过店铺员工取得顾客信任、获得顾客微信后，进行日常关系的互动。可以通过嘘寒问暖、朋友圈展示个性或展示产品的形式让顾客关注你，从而拉动销售。其实很多年前，员工就通过存顾客手机号进行沟通，只是现在有了微信，方式更多样，效率也更高。

社群营销

员工有了私域流量后，可以以店铺为单位建立群组，这样能对消费者进行整体管理，这就是所谓的社群。社群一般需要店铺有专门的同事持续进行维护，否则，长时间没有互动很容易导致顾客退群或冷掉。

互动时可以借助品牌信息、产品知识、新品推广、单款秒杀、促销通知、抽奖游戏等，形式可以有很多种。其中，知识性和娱乐性的输出是为了帮助品牌黏住消费者，而促销信息的输出是为了转换成交，两者可以定期轮番发送，以保持群内的新鲜感。

企业微信

企业微信有很多种应用形式，其中一种可以帮助企业统一管理社群营销——通过后台持续往私域输出内容，这既能够确保图文的质量，也能够防止员工因离职把私域流量带走。

同时，积累到一定规模，可以直接进行线上直播，从而摆脱依赖平台的问题。其差别很像天猫店和官网店的关系，官网店（自有电商）的成本当然要比天猫店低很多。

当然，私域运营中也会存在诸多问题，比如，有的顾客乱发广告、有的顾客在群内投诉等，所以，整体的运营管理还存在很多漏洞，需要建立系统性的标准来进行维护和管理。

1.4 虚拟试穿

很多品牌都在通过 AR 技术（见图 5-1）尝试给店铺带来引流亮点，同时，最大化引导消费者选择适合自己风格的款式。这在未来可能会成为一个商业机会，但目前由于技术受限，还有很多问题有待解决。比如，服装数据能否及时导入；能否监测消费者的身形、肤色、个人偏好等，提供科学专业的搭配建议；能否根据顾客的身份、场合选择合适的搭配；等等。

可以试想一下，如果以上问题全都解决了，那是不是今后连店铺都不需要了？消费者可以直接下单，然后借助 O2O 技术当天就能收到商品。我认为以上绝非空想，也许在未来某一天是可以实现的。

图 5-1　AR 试衣魔镜

1.5 小程序销售

现在几乎中大体量的品牌公司都会让员工使用小程序卖货，做得好的也许能占到总销售的 5%，但我们也要看到付出的精力可能远远不止 5%。所以，很多小程序公司，比如"有赞"和"微盟"应该是赚到钱了，但企业是否赚到钱并不好说……

除了我上面说的时间投入产出不成正比，小程序销售还有一些本质逻辑有待商榷：

- 给员工的提成与奖励是否吸引人？
- 员工是否愿意 24 小时处于工作状态？
- 消费者如果在线上买了，会不会导致他们不来线下，从而错失大单？
- 长期发朋友圈卖货，是否会被很多人拉黑，从而关注和销售越来越少？

总之，很多企业都在用各种手段推广小程序销售，但能坚持下来的并不多，能取得很好成绩的也不多，所以，对于此类新零售技术，我们还是需要想清楚它内在逻辑的合理性以及相应的解决方案再进一步推行，避免事倍功半。

1.6 自动贩卖机

从内部了解到，自动贩卖机（见图 5-2）在有些单月销售额会超过 80 万元，远远高于一家中型零售店铺，而且由于占地面积小，几乎可以迅速覆盖到全国每一家商场。另外，自动贩卖机也可以成为品牌投石问路的方法，能最大化提升开店准确率和成功率。

此外，除解决了选址的问题，这种模式也解决了人力成本、租金成本、装修成本等很多零售商头疼的问题。其实，这种方式国外早就有了，尤其对那些大众不用触摸就能基本选定的产品，比如某类饰品、某类 3C 产品。我觉得这里面还有很大的可以发挥的空间，比如人字拖品牌 Havana、沙滩鞋品牌 Birken Stock 就很适合这个模式。

图 5-2　自动贩卖机

第二节　痛点 2：存货压力

对于服装行业，存货压力也是最大的痛点之一。跟很多其他零售行业不同，服装由于存在季节性、时尚性等属性，存货贬值的速度很快。有些公司为了财务严谨度，做跌价准备时甚至会采用"每半年折损 50%"的速度计提。这意味着你的产品成本如果是 100 元，产品半年没有卖出去，存货成本就会降为 50 元，再过半年就会降为 25 元。因为，如果不对存货计提折旧，按照原始成本销售，那折扣肯定很低，从而卖得越多，利润也就越难看。

所以，存货对于资产负债和利润来说都是很大的风险，也是企业要面对的核心问题之一。下面我们来讨论市面上有哪些现行模式是在解决这个痛点问题的。

2.1 垂直模式

垂直模式是 Inditex 集团的核心竞争力。Inditex 集团的首席运营官表示，Inditex 用了将近 30 年的时间打造了这个垂直模式，由此可见为什么很多企业很想学这种模式，却始终学不会。

那 ZARA 是如何做到"快"的呢？其实逻辑并不复杂，但每一步背后都需要有非常完善的系统支持。

图 5-3 是服饰行业的商品供应链，从中可以看出 ZARA 做了哪些不一样的操作。

市场调研 → 设计 → 打板 → 制作样衣 → 批量生产 → 运输 → 零售

图 5-3 服饰行业商品供应链（简化）

市场调研：一年调研 15～20 次，而大部分企业是 4～8 次，这种频次确保了对潮流的精准把握。

设计：在原有设计上微调，而不是重新设计，又比绝大部分服饰企业必须依靠设计师设计节省了大量的时间。

打板：有专业的打板团队负责此项工作，几天就能完成。

制作样衣：由位于西班牙的自有工厂负责，省去了找供应商的时间。

批量生产：自有工厂直接生产初步订量，后期则可根据全球终端需求及时补单，也可通过历史销售数据提前备料。

运输：全部采用空运形式，比传统的船运节省了大量的在途时间，当然，物流成本也会高一些，但速度绝对领先于对手。

零售：终端每周都能收到 2～3 次新品，店经理可以根据产品动销情况及时补单，系统会根据全球数据分析是调货集货还是增加生产订量，避免产生多余库存。

所以，大部分企业完成整个供应链流程需要 4 ～ 6 个月（参考"区经六会"中的"商品管理"和"总监九知"中的"商品企划"），而 ZARA 仅仅用 4 ～ 6 个周。

这些流程改造从根本上解决了库存积压的两大核心问题：设计与消费者需求的精准匹配，以及存货数量的时时精准把控。

其实，大家都想学 ZARA 的模式。考虑到很难复制，于是企业考虑采用新零售的方式解决部分问题。以下几种就是我们经常听到的方式。

快反技术

减少起订量，进行铺货控制，如果中途发现周转很快再进行补货。多适用于某些比较好生产且面料比较好找的品类。比如，优衣库就充分利用快反技术控制存货，售罄率可以做到 90% 以上。其实优衣库也是得益于一些先天的定位优势，比如，品类较少，面料种类少，并且以基本款为主。但如果让传统女装实现快反，挑战将更大。

精准配货

如果终端不能提高效率，那就要从前端想办法。大家都知道同一个款式每个区域的销售表现往往都是不一样的，这也是为什么加盟商管理系统往往都要有订货会环节，就是要求客户根据自身市场情况选择正确的商品。

我们可以想象，未来随着数据化的加深，如果可以通过丰富的历史数据直接统计分析每家店铺的消费者的喜好特征，再结合新品特点，也可以进行更科学的配货指导，甚至不需要人为干预也能大幅缩减订货会的成本。

C2M 模式

这种模式现在很多 App 都在用，比如"必要""网易严选"。在这种模式下线上先统计足够的起订量，再统一下单，消费者的等待周期会比较长，但由于是精准匹配需求，除非发生退货，否则基本不会产生库存积压。

未来线下能否实现这种模式呢？我觉得有这种可能性，前提是SKU必须精简，最好是某一种刚需品类，通过线下下单、线上发货的模式，让消费者及时拿到商品。但速度必须要快，最好是当天到货，否则转换率肯定是偏低的，因为消费者的很多购物行为往往是冲动的，尤其是女性，如果等得久了，可能就放弃了。

另外，还有一种C2M模式，即"个性化定制"。西服或礼服等高端商品往往都会用这个模式；大众品牌中的耐克的空军1号（见图5-4）的个性化定制做得就不错，消费者可以在线上或线下进行色彩选择，品牌方根据消费者需求生产下单。

图5-4 空军1号个性定制

2.2 O2O全渠道模式

如何通过新零售打通线上和线下，实现全渠道销售，即采用所谓的O2O模式也是很重要的命题。本部分解决的痛点问题也是库存。关于O2O可以从两个方向进行考虑。

线上下单，线下发货

这个概念很好理解。消费者通过官网、天猫、App等线上渠道下单的商品，不需要从物流中心发货，而是先通过系统查看他居住地点附近的实体店铺是否有相应的库存，然后由店铺通过快递发货。这样做好处是效率一般比从物流中心发货要高，同时，也解决了店铺库存积压及退货产生额外成本的问题。

这个模式基本上有一定规模的企业都在做，因为技术门槛相对比较低，有些电商平台也会协助品牌搭建相关的系统架构。但有个痛点需要注意，就是订单量一旦较大，店员要忙于应付发货，可能会导致店铺现场的接待服务不及时，从而产生跑单问题。所以，这种模式是不是清理库存的最优解，还有待进一步分析。

线下下单，线上发货

上文提到的 C2M 模式是 offline to online 的雏形。但理想的模式应该是，线下提供产品展示或部分号码试穿，顾客可以通过某种形式下单，比如二维码、魔镜界面、电子屏，然后，当天就能收到商品。从逻辑上讲，这对品牌商肯定是好的，减少了铺货成本和物流成本。但是否解决了顾客的痛点问题呢？我目前能想到的就是顾客不需要拿着商品逛街了，但似乎这是个伪痛点。

除非产品本身具有限量性、稀缺性、专属性、特殊优惠等特质，否则，如果只是简单打通这个链路，是不能促进成交的。所以很多新零售解决方案是否科学，其实与其技术水平无关，它们需要充分理解顾客购物行为的底层逻辑。

以上只是全域销售中的两种场景，未来 O2O 模式应该会有更多的想象空间等待市场去验证。

2.3 爆款策略

解决存货压力问题的另外一种方案就是聚焦品类，聚焦单款，即采用所谓的爆款策略。线上其实已经有越来越多的品牌在这么做，比如白小 T、蕉下、蕉内等。而线下方面，餐饮行业走到了服饰行业的前面，比如太二酸菜鱼（见图5-5）主卖酸菜鱼这一道菜，也是人气爆棚。我认为这点应该对服饰零售品牌有极大的启发，未来的消费市场一定会朝着进一步细分做文章。

图5-5 太二酸菜鱼店铺

第三节 痛点3：运营成本压力

除了客流和库存两个最大的痛点，服饰零售行业的运营成本也很让人头疼，比如人力成本、租金成本、运营成本等。有哪些技术跟运营成本压力有关呢？

3.1 RFID 技术

RFID 技术在很多领域已得到广泛应用。产品只要具有相应的数据标签，就可以通过远程方式进行识别记录。比如，迪卡侬的盘点机器人（见图5-6）、优衣库的自助收银（无须扫码）都是对这种技术的应用。另外，这种技术也可以与防盗器整合到一起使用。

不过，这种技术的应用范围比较局限于单产较高且收银、盘点、防盗等成本较高的品牌，因为数据标签的价格一般是1~2角，属于可变成本，且初期固定成本投入较大，企业务必要做好 ROI 分析，避免盲目跟风。

3.2 ERP 升级

ERP 系统几乎所有服饰企业都会使用，早期有伯俊、富友等供应商。近年来，阿里巴巴通过开发"阿里中台系统"分了一杯羹。ERP 系统是企业进行供应链整合管理的平台，涉及生产、仓储、物流、销售、财务、人事等诸多板块。我们日常店务管理使用比较多的功能是"收银系统"和"后台销售数据库"。

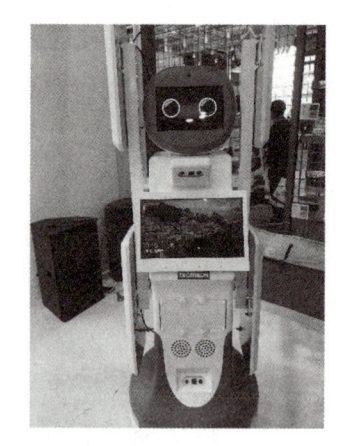

图 5-6 迪卡侬盘点机器人

受益于高瓴资本的介入，滔搏体育实施全面数字化转型。我曾经在店里参观学习过它们的技术，其中有一个技术非常值得推广，那就是 PDA 系统（见图 5-7）。传统上我们使用 PDA 只是做一些盘点和收发货，但滔搏体育的系统完全将"进销存"打通，通过卖场上的商品二维码直接确认商品是否有库存，以及该商品在库房的具体位置，实现了 30 秒出仓的高效找货，也不需要重新绑定商品仓位，大大提高了运营效率。

我们可以想象，未来 PDA 肯定会集成收银系统、RFID 盘点、快速补货（ZARA 已实现）等多种复合功能，每名店

图 5-7 手持 PDA

员就像一台移动收银机，可以为消费者提供最大程度的购物便利。

3.3 电子办公

电子办公已经推行了很多年，已渗透进企业的方方面面，其中有几种对运营管理较为有效的工具在这里与大家分享。

数据罗盘

早期我们巡店前都会打印很多店铺数据，便于全面分析店铺经营情况，这几年会有供应商通过手机 App 实现这个功能——基本上可以查到各个维度的数据信息，便利性也极大提升。当然，我也用过一些类似系统，但它们在产品设计上还有较大的提升空间，比如，界面信息的完整性、报表的呈现形式、按键和菜单的命名、系统的反应速度等。这就需要品牌方的相关同事进行充分的讨论，做到产品与品牌的高度结合和有效迭代，避免产品有了却没人用的问题。

手机巡店

早期巡店前，除了要准备数据，区域管理者还会打印一些巡店检查清单，用于对店铺运营标准的检查，但统计收集工作很耽误时间，更别提进行深入分析了。而手机 App 就能很好解决这个问题。区域管理者不但可以在手机里直接打分，还能实现拍照记录、后台大数据管理、一键生成 PPT 等多种功能，大大提高了区域管理者的工作效率。

企业如果规模有限，不打算在这方面投入较大，其实微信小程序，比如"微问卷"或"问卷星"也可以实现大部分功能，是可以考虑的一种低成本替代方案。

线上学习

线上学习也是这几年发展比较快的技术。一般有两种模式，一是通过线上视频进行直播培训，员工在任何场所都可以学习；二是将相关内容制作成短视频或 PPT 并上传至线上，员工可以在有空的时候打卡。

这种方式的好处是解决了培训成本和培训覆盖率的问题，但针对存在的一些问题需要思考更好的解决方法。比如，员工不认真学习该如何监督？如何确保员工已经充分掌握知识？由于互动较少，原本培训可以带给团队的激励作用该如何体现？如果能通过技术手段更深入地解决这些问题，相信这也是新零售可以深耕与突破的方向。

视频会议

这种新的办公方式正逐步取代现场会议，极大提高了企业的组织效率，未来将会成为常态化办公的需要。

3.4　无人零售模式

这个概念很多企业都提过，京东也做了无人超市，但传统服饰零售品牌能否做到这一点，还需要看这一模式能否与自己的商业模式完美契合。我认为这种模式短期内不会出现，但从目前整个科技水平的指数级发展进程来看，十年内还是有望能看到类似概念的品牌的。

3.5　机器人

很多餐饮行业或酒店行业都已经尝试利用机器人提供服务，未来零售行业恐怕也会出现这种模式，但需要解决的关键问题在于机器人能否在能力方面超越真人。否则，机器人的投入成本可能比雇用店员高很多，最多只能作为企业的营销噱头。

第六篇
PART SIX

零售管理认知与思考

第一节 思维逻辑方面

问题 1：零售的本质？

我在"店长八法"中的"报表"中讲了零售行业的 4 个核心 KPI，即客流、成交率、连带率和件单价，但这些数字呈现的是结果。如果追本溯源，下面的两个层面更为重要。一个是组织架构层面，就是要明确这 4 个 KPI 的主要责任人是谁。通常销售部负责成交率和连带率，因为终端销售能力对这两个指标影响较大；市场部负责客流，因为他们有资源；商品部负责件单价，因为货品的定价和折扣力度应该由他们把控。进行这样的责任划分非常有必要，能够确保"权"与"责"的统一。

那对应的另一个层面就是企业的核心竞争力，即品牌力、运营力、商品力。

这是一个逐级递增的逻辑（见图 6-1）。从责任划分来讲，企业一把手应重点关注"三力"的建设，二把手应关注各部门如何有效地协同工作，以及如何进行权、责、利的划分，中低层管理团队要紧盯 4 个 KPI 指标，确保最终的销售产出。

这样整个管理系统才会比较清晰，企业也不容易出现相互扯皮、踢皮球等现象。

问题 2：你的思维停留在几岁？

思维模式的英文单词是 mindset。拿电脑来打比方，思维模式就是 CPU，知识是硬盘，外形是显示器。所以一个人的 CPU 如果不行，其他硬件再好也没用。

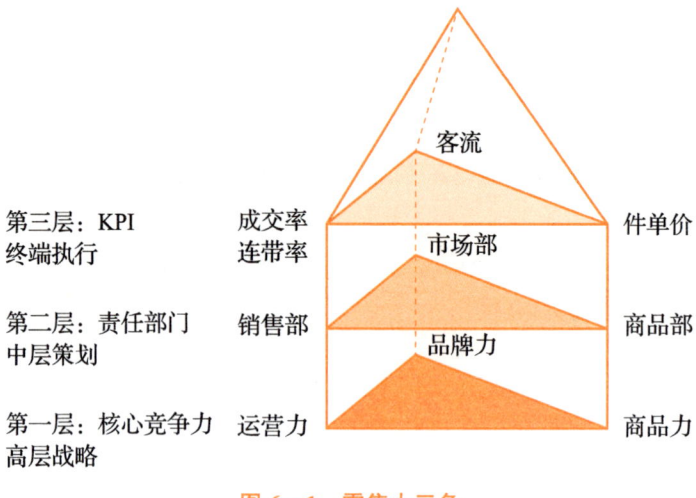

第三层：KPI　　　　成交率　　　　　　　　　　　件单价
终端执行　　　　　连带率　　　市场部

第二层：责任部门　销售部　　　　　　　　　　　商品部
中层策划　　　　　　　　　　品牌力

第一层：核心竞争力　运营力　　　　　　　　　　商品力
高层战略

图 6-1　零售大三角

著名心理学家霍华德·加德纳①把人的心智模式分为四种：

二元对立

在二元对立模式下，看别人不是好人就是坏人，拥有非黑即白的世界观，这是 5 岁儿童的心智模式。

力求公平

在力求公平模式下，认为好人里有坏人，坏人里也有好人，这是 10 岁儿童的心智模式。

相对主义

在相对主义模式下，认为压根不存在好人和坏人之分，二者之间是可以相互转化的。

个人整合

在个人整合模式下，相信鱼和熊掌可兼得，而不做选择。这也是加德纳认为最成熟的思维模式。

我们经常发现很多企业的 CEO 和创始人往往具备个人整合模式，

---

① 霍华德·加德纳，世界著名教育心理学家，其最为人知的成就是"多元智能理论"，被誉为"多元智能理论之父"。

比如：既要快速开店，又要每家店必须盈利；既要控制成本，又要服务一流；既要最优质的产品，又要最低的成本；等等。

我们可能会认为这是他们贪心，甚至是在做梦，其实是因为他们的思维认知已经超过了大众，这也是人家能当老板的原因。

问题3：民企和外企的文化差异有哪些？

我早期主要在外企工作，学的也都是西方的管理知识。后来我慢慢领悟到，由于文化本质的差异，外企的很多常识一定要慎用。我给大家做一下对比，比如：

- 外企看能力，民企看本事
- 外企注重的是法理，民企注重的是情理
- 外企讲原则，民企讲应变
- 外企重结果，民企重用心（过程）
- ……

所以，我在职场上经常发现，有的人在外企混得不行，在民企就很好，反之亦然。不知道读者是否认同这些观点，或许你会有一些不一样的看法。

这给我们带来两点启示，即我们是否需要结合自身特质选择企业，同时，是否也要根据企业特点来调整自己为人处事的方法。

问题4：换位思考和换人思考的区别是什么？

我们经常说换位思考，其实"换人思考"才是更高级的思维模式。我们都知道，换位思考体现的是一个人有没有同理心，是否能设身处地替他人着想。而换人思考指的是当你遇到问题的时候，你是否会尝试着问自己"如果我的上级遇到这样的事，他会怎么处理？"，也就是你在解决问题的时候，能否站在老板的立场上进行思考，以及能否站在老板的老板的立场上进行思考。当然，这个老板也可以是某个导师或高人。

这也就是我们经常说的"老板思维"。很多中层管理者往往把自己当成了"民意代表",没有站在老板的立场上思考,这种人在管理岗位上是走不远的。

问题 5:决定和决策的区别是什么?

很多企业的高层管理者往往看起来非常忙,他们存在的一个很大的问题是并不能区分什么是"决定"、什么是"决策"。以下是一个清晰的定义:

- 决定是个别问题的单独解决方法
- 决策是共性问题的系统解决方法

所以,一个管理者如果能够具备系统性思维,能抓住事物的本质,以点带面地解决问题,他的效率就会成倍提高,同时,他的团队也不会疲于应付。

问题 6:零售和批发的区别是什么?

零售和批发是早期的叫法,现在比较流行说直接面向消费者(To C)和直接面向客户(To B)。我认为二者至少有如下几个差异点:

目标顾客不同

To C 直接面对终端顾客,To B 面对的则是代理商和经销商。终端顾客需要好的商品和服务,代理商和经销商更希望生意能赚钱。二者的角度是不一样的。

利润来源不同

To C 是通过店铺运营直接计算盈亏,而 To B 的本质是赚差价(批发利润)。现在也有很多企业在 To B 上做模式创新,也能通过分成模式使店铺盈利。

管理对象不同

To C 是直接管理区域经理或店长，To B 则需要通过代理商或公司的高层负责人来管理店铺，二者的沟通方式、技巧完全不一样。

管理措施不同

To C 管理需要事无巨细，人、货、场哪个环节都要参与，而 To B 业务的核心是抓合同返利、项目审核等。

在实际管理中，两种业务模式用的人也不太一样。有的公司会把两种业务放在一起管理，这对管理者的要求其实是非常高的。

所以，专业度比较高的公司往往不会交叉使用这两个方向的人，但企业高层职位除外。

第二节　职业发展方面

问题 1：如何选择工作机会？

对于刚进入职场的朋友，建议可以看看这三个维度：平台、上级、薪资。如果你的背景很好，赢家通吃当然是最好的，但如果学历与背景都有限，建议早期找到一个好的平台，这比什么都重要。

上级怎么选？要看他是愿意"教"你，还是仅仅是在"用"你。比较简单的区分方法就是把他想象成一位老师，看看你是否觉得他是合格的，或他是否能达到你的期望值。

如果前两个能把握好，至于薪资，未来一般都不是问题。千万别活拧了——一个不知名的平台，一个不培养你的老板，就算多挣个几千块，也不建议考虑，因为这种平台不会让你增值。

问题 2：有没有方法快速辨别销售高手？

可能大家想的都是要努力、懂专业、能说会道，但是这些方法都不便于我们快速做评判！

我分享三个可以直接用来做判断的例子。第一个是头发长的女性往往头发越长销售业绩越好，因为她们爱美，也有耐心，这是做服务的重要特质。第二个是妆容精致的、工服打理整洁的女性。因为顾客更容易相信会打扮的人，这种人给顾客搭配，顾客也愿意信任。第三个是风格偏中性的女性。这种人女生看着帅气，男生看着阴柔，这类销售往往都比较细腻，对美的事物往往有独到的见解。

以上三个小方法纯属经验判断，没有什么科学依据，大家也可以尝试着通过观察来总结一些其他的小窍门。

问题 3：成为销售高手的三大法门是哪些？

我刚工作的时候，公司对我们的要求是如果想转正，自己的销售额必须在店铺排前三。那会儿店铺一般都是 10～20 人，对我这个刚出校门的新人来说挑战还是很大的。结果我第一个月的销售额就垫底了，我也一直没找到做销售的感觉。

后来，我遇到一个师傅，叫黄虎，安徽人，号称全北京销售额第一。他每月 15 号必须 100% 完成个人目标，20 天完成封顶目标 130%。当时北京地区的销售人员有 1 000～2 000 人，只有他能做到！

他当时给我总结了成为销售高手的三大法门。我觉得不管零售行业未来怎么发展，这三大法门都是真理，即自信、坚持、真诚。虽然你未必全都能做到，但只要做到其中一点，成为店铺前三不成问题！

"自信"就是要相信自己给顾客推荐的任何东西都是最好的，自己千万不能怀疑自己，否则，顾客是能感受到的，也不会信任你。

"坚持"就是抓好每一单，绝不松懈。当时黄虎若上午没完成进度目标，午饭就吃一个馒头，5分钟搞定，然后马上出去卖货。坚持做到开店第一位顾客和闭店最后一位顾客都是自己接的，完不成目标坚决不下班。

"真诚"就是不要忽悠顾客，不要有推销的感觉，要能真正站在顾客的角度说话，作为他的朋友给出合理建议。很多销售容易急功近利，给顾客施压，顾客其实很反感，即便最后成交了，他下次也绝对不会找你。

问题4：导购如何升为店长？

我的建议就是两个字——"卖货"！卖到店里第一，并且持续第一，这样肯定会晋升！这也是为什么在"销售顾问"部分我只教给大家"销售十八式"。

如果你是在那种不用做个人业绩的店铺，那也简单，就是争取用最短的时间把店铺各板块的工作都轮一遍，比如销售、陈列、库房、收银等。做到别人不会的你全会，这样你的升职问题也不大！

当然，有一点要特别提醒终端的同事，如果领导给你机会做店长，不管什么店，不管位置在哪，不管给多少钱，一定要接着。我真遇到过好多销售拒绝升迁的情况。不管你的理由有多充分，你的决定必然是错误的。千万别被眼界限制了发展！

问题5：店长如何升为区域经理？

首先，我们对店长要下个定义，因为不同层次的店长其晋升逻辑是完全不一样的。要知道有年薪5万元的店长，也有年薪150万元的店长，在这种情况下，升一级所需要的能力和素质是完全不同的。

我们可以把店长分为三类。第一类是在绝大部分百货商场、街铺或购物中心工作，店长的年薪一般在5万～15万元。第二类是一些奢侈品牌的店长，其年薪在20万～60万元。第三类是一些生意量级更大的品牌，比如耐克、阿迪达斯的旗舰店店长或宜家的店长，其年薪达到 80～120 万元，而苹果旗舰店店长的年薪能超过 150 万元。

所以，根据生意体量和利润水平，企业用人的标准和开出的条件肯定是不一样的。如果是第一类店长，升迁主要看业绩表现和负责的店铺是否多元。简单来说，就是你管过很多不同类型的店铺而且生意都还不错。

如果是第二类店长，除了具备以上条件后，还要看你带人的水平，即能否为组织培养更多店长，以及合作沟通能力。这时候你要开始注重个人口碑了。

如果是第三类店长，因为自身的条件和背景已经非常强了，之前在其他企业可能也是总监级，所以，能不能再往上走一步，有时候得看"运"，因为上面可能就是副总裁级别了。

综合来看，合格的中层管理者（区域经理）至少应具备如下四方面素质（见图 6-2）。

- "业绩"是晋升的必要条件
- "经验"是指你的"利用价值"，以及你有没有不可替代性
- "服从"是指要让上级安心，因为没有领导喜欢天天跟自己对着干的下属
- "格局"是指你的认知水平是否与老板的预期一致

图 6-2 中层管理者的核心素质

最后，不是说你要把这四个维度都做到尽善尽美，你要因需而动，不能简单地按照自己的理解努力，否则可能都是事倍功半。

第三节　管理认知方面

问题 1：管理者要扮演的最重要的角色是什么？

我曾经问过团队一个问题：如果把一艘船比作一家企业，你认为领导者在这艘船上主要扮演哪个角色？可能很多人会说船长或大副。我给大家一个答案，那就是设计师。你想想，如果你设计了一艘渔船，却用它去打仗，会是什么结果。所以，我们称邓小平同志为"改革开放的总设计师"。

如果你想成为一名好的设计师，你就需要有清晰的战略目标、宏观的视角以及系统性思维。这些能力往往是零售终端的管理者所不具备的，所以大家有时间可以多学学战略管理、领导力、经济学，以帮助自己构建这种能力。它们也是企业高管的必要知识！

问题 2：店长是火车头吗？

大家可能听过一个说法，即店长是店铺的火车头，要带动全员冲销售。我觉得这个说法放在早期的零售市场，是没问题的，因为销售领域也有个二八原则，大意是若店长的销售技能过硬，店铺的生意不会太差。

但在今天，我认为店铺团队更像动车组，每一节都要发力，绝对不是仅靠一个老黄牛式的店长就能带动的。所以，我巡店时如果看到店长在那里"百忙"，而员工看起来很清闲，我不会认为他是称职的。

我经常跟店长拿算术来举例：店铺共 11 个人，店长付出 150%，员工每人付出 50%，加起来是 650%，但如果店长能通过各种方法调动团队的积极性，员工每人付出 100%，店长付出 50% 我都认为没问题，因为加起来就是 1 050%。所以，聪明的店长一定要明白，你不是一个人在战斗，团队需要的是教练，而不是多一名球员。

问题 3：管理的对象到底是谁？

对于这个问题，我们通常会回答："肯定是员工或下属。"错！不是别人，而是你自己。

作为店长：

- 你如果经常向团队微笑，他们肯定也会向顾客微笑
- 你如果身先士卒，带领团队做好每笔业务，员工的销售能力也不会差
- 你如果每天完不成目标就不下班，员工也肯定会认真对待自己的目标
- ……

作为领导：

- 你如果坚持每天第一个到办公室，员工就不会每天都卡点到
- 你如果做事雷厉风行，下属不会拖拖拉拉
- 你如果做事务实，下属不会好大喜功，天天溜须拍马
- 你如果是个能够担当的领导，下属也不会遇到问题就推卸责任、抱怨
- 你如果坚持每周读一本书，下属也不会什么都不看
- ……

所以，己所不欲勿施于人，想管理好团队首先要管理好自己。其实，这跟家长带小朋友是一个道理。当父母的都知道，我们习惯于"管教""言教"，其实你的"身教"才是最好的榜样！

也许有人认为自己做得都挺好，但下属能力还是达不到理想的水

平。此时，问题大概率出在你的自我认知上，有时候你认为的你自己，未必是真实的你自己。

问题 4：店长的心态经常波动该怎么办？

对管理者来说，控制情绪是十分重要的能力。但很多从终端提升上来的店长，尤其是销售技能很好的店长，往往伴随着较强的感性特质。一旦做起管理来，可能之前的优势反而成了自身的劣势。

"店长的心态经常波动该怎么办？"这个问题是一位经销商问我的，结合他的情况我觉得有几点要考虑：

- 该店长的情绪波动是否对店铺造成了较大的负面影响？如果是，建议还是让他先做店员，待未来成熟一些再提拔
- 该店长的情绪波动是自身特质导致的，还是受到了环境的影响？如果是自身特质导致的，建议与其沟通，如不能改善，建议另换他人。如果是因为近期家庭或感情因素导致，可以帮其做心理疏通
- 该店长是不是因为缺少系统的管理知识，导致遇到问题产生强烈情绪？如果是这样，那就需要对他进行专业管理知识上的培养，或者让他自学

总之，情绪化较为严重，如果是先天的，不建议提拔其从事管理岗位；如果是后天因素导致的，尽量在其改善后提拔，否则，很容易造成团队管理失控。

问题 5：如何让上级放心？

我跟大家分享一个工具，叫"反馈三角理论"。如图 6-3 所示，C 点是你最终想要达到的目标。你从 O 点开始干，当事情进行到 A 点时，你认为一切顺利，什么都没跟领导汇报，结果出现了一个小差异。然后事情进行到 B 点时，你觉着也没问题，还是不跟领导汇报，那最后

事情可能就跑到 D 点去了。所以，工作中经常出现上级分配下属做某项工作，结果下属不断被上级打回去重做的情况就不难理解了。

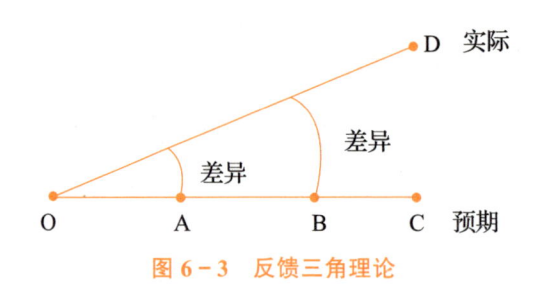

图 6-3　反馈三角理论

所以，我们必须学会进行阶段性汇报，最重要的目的就两点：一是让上级能随时帮你修正问题，体现他的价值；二是让上级对授权让你做一件事感到放心！

我拿自己举个例子。有一次我要与一家商场进行移位谈判，客观分析后发现这个位置当下看起来可能不好，但未来还是有机会的。于是我先告诉上级，对于移位商场势在必行，我们坚持现状作用不大，但由于我们的销售楼层排名很好，我们也许能借此谈到很好的条件。我先试探一下，他听了之后，也没有给出过多评价，就让我接着沟通。

我谈了一段时间，再次跟他汇报：商场本来要按原租金续约，但我反复跟对方强调了我们对新位置的担心，必须将租金降到与刚开始合作时一样的水平，目前在等商场回复。但这里我给自己留了点空间，实际上我要求的租金水平更低，但由于把握不大，我暂时没有汇报。最后，商场可能也是底气不足，同意了我那个更低的租金的方案。我再次跟领导汇报的时候，结果当然超出了他的预期。

这一波操作下来，你觉得上级会怎么看我？靠谱呗！要知道你能让上级这么评价你，你离升职加薪一定不会太远！

问题 6：如何提升自我认知？

我们面试候选人的时候，经常会问对方你觉得你的优势和劣势分别是什么。很多人的回答往往比较浅显，也非常雷同。其实这反映了大多数人很少进行自我总结和反思。我们经常说情商，其实真正情商高的人一定是自我认知非常清楚的人，因为高自我认知能力是高情商的基础。

我最近发现了一个很好、很专业且很有实践意义的工具，叫盖洛普优势识别器。

这个测试把人的才干分为36个主题，并根据测试结果进行优先排序。我们可以重点关注排名"前五"和"后五"的主题，这会让你对自我有更深入的了解。

盖洛普优势识别器改进版的36个才干主题包括：亲和、诚实、成就、行动、适应、分析、统筹、信仰、统率、沟通、竞争、关联、回顾、审慎、伯乐、纪律、体谅、公平、专注、前瞻、和谐、理念、包容、个别、搜集、思维、学习、完美、积极、交往、责任、排难、自信、追求、战略、取悦。

问题7：如何向上管理？

这个问题其实有包装概念的嫌疑，近几年提得比较多。在国内，我建议最好是用让上级放心或安心的提法，这样理解更准确。

《孙子兵法》里有句话我很喜欢：进不求名，退不避罪，唯人是保，而利合于主。"利合于主"讲的就是要想向上管理，你得先跟你的上级达成统一战线，让上级认可你，否则，你的想法再好，他也不会支持你！

还有，就是要弄清楚上级手上有什么你不具有的资源，如何进行有效争取。这样做既能帮助你完成上级安排的工作，也能让上级觉得他做出了贡献，这种感觉很重要。

所以，要让上级安心，就抓两件事——信任和资源。

问题 8：新手领导如何管理老员工？

很多人都会面临这个问题，我先谈谈个人想法。

首先，我们在提老员工的时候，往往都带有一点贬义，似乎老员工就是不好管，这其实是基于我们的一种原始思维，即通过能力和态度把人进行分类，认为老员工往往是没能力和态度差的代表。但这种评价方法夹杂了很多主观意识，尤其是对老员工的态度评价，会造成错判。

那我们用什么方法来评价呢？领导力大师罗伯特·凯莉创造了一个新的模型，从"独立批判思维"和"参与意愿"两个维度进行人才评估（见图6-4）。如果一个人对你不友好，但在一些重要场合或者会议他愿意表达自己的独立见解，同时也愿意积极参与进来，那么即便是语气很差，情商很低，作为上级，你都应该充分包容。

当你这么思考的时候，我相信那些在前期你认为态度不好的员工，也一定会在你的关注和鼓励下向你靠拢，变得越来越积极。

	有能力	无能力			独立批判思维	不思考
有态度	发展	培养	⇒	积极参与	明星	引导
无态度	待定	淘汰		旁观	1对1沟通	淘汰

图6-4 独立批判思维与参与意愿二维模型

问题 9：管理和领导的区别是什么？

很多公司在面试时可能会问面试者怎么理解领导和管理，或者领导和管理的区别体现在哪里。我们经常将二者混在一起说，其实两者的差异还是蛮大的。

从实操上区分，管理解决的是技术性（实用性）问题，领导解决的是挑战性问题。所以，我们经常会说管理预算、管理人员、管理控制，也会说领导给予方向、领导凝聚团队、领导鼓舞士气。我们可以说管理一台设备，但肯定不会说领导一台设备。

从原则上区分，管理是指正确地做事，强调的是执行力，拿出结果；而领导是指做正确的事，强调决断力，指明方向。

领导和管理的本质是完全不一样的。领导力需要有特殊经历才能激发出来，而管理能力则可以通过系统学习来强化。所以，有管理能力的人未必有领导力，比如很多企业的中高层管理者，但有领导力的人也未必就有管理能力，比如很多企业的创始人。

问题 10：如何提升领导力？

领导力是天生的，还是后天可以习得的？这个问题其实一直都有争议，根据我的经历，我相信领导力是可以培养出来的。我曾在得到 App 上听刘澜教授用"口诀"的方式讲述领导力，我认为这是能帮助大家锻炼的好方法，在这里我跟大家简单分享一下。

我来

领导者的首要能力是主动承担责任，不能逃避。

我不知道

面对复杂和有挑战的难题，要勇于说我不知道，目的是调动团队的能力和积极性。如果一个领导者什么都知道，他是不能培养出有能力的团队成员的。

你觉得呢

这应该是领导者需要经常问的问题，目的依然是调动团队成员思考。

我讲个故事

生动的沟通可以传达有力的方向，讲大道理不如恰如其分地讲讲自己的故事，因为自己的故事更能给团队带来动力。

我教你

好的领导者的第一角色是"好老师"。领导者要善于传授他人经验，从而既能让自己获得尊重，也能让团队获得成长。

失败了，恭喜你

应鼓励团队遇到失败时不能怕走错路，这样才能帮助团队成长。

我要改变什么

领导者要带来变革，而不是维持现状，所以领导者要不断思变，从而为企业带来源源不断的生命力。

为什么

要善于探索问题的本质，找到问题的本源，要多问为什么，尽可能解决实质问题。

我（该）是谁

领导者要明确自身的定位和愿景，只有这样，团队跟着你才能感觉到希望。

如果你每天都能坚持这样做，你的领导力一定能突飞猛进。

寄语

感谢中国人民大学出版社的李伟老师和于蕾老师，他们为本书倾注了大量心血，让本书的结构、逻辑和语言更上一层楼；感谢北京大学王铁民副教授和杭州希疆新零售研究院希疆院长帮忙作序，感谢他们给予后辈如此大的支持；感谢惠赐短评的领导、同行、朋友，书中的很多内容都离不开各位的传授和分享。

传统实体零售业是人力密集型行业，在这个行业中，专业能力固然重要，但对个人职业发展而言其影响未必是决定性的。作为职业经理人，与上级保持良好的沟通，与同事构建良好的合作关系，以及拥有良好的心态管理能力也都十分重要。切不可以偏概全，认为自己有了足够强的专业能力就可以获得好的发展，虽然这些能力在本书中谈得不多，我还是建议各位读者自学一些职场、管理学、心理学等方面的知识，这对个人发展很有帮助。当然，任何人在职业发展过程中都免不了选择和起伏，无论专业能力如何，在面对波折时心态调节格外重要。我个人最喜欢曾国藩的一句话："物来顺应，未来不迎，当时不杂，既过不恋"，在此分享给大家。

《金刚经》云："知我说法，如筏喻者，法尚应舍，何况非法"，意思是对于任何方法论我们都不应过于执着，因为时代是瞬息万变的，可能过去的理论未必适合当前要解决的问题。零售业尤其如此。所以，也请各位读者在阅读本书的过程中能够去粗取精、辩证思考。如有论述不当之处，欢迎指正。

图书在版编目（CIP）数据

从导购到总监 / 李化南著. -- 北京：中国人民大学出版社，2024.5
ISBN 978-7-300-32773-0

Ⅰ. ①从… Ⅱ. ①李… Ⅲ. ①销售管理 Ⅳ. ① F713.3

中国国家版本馆 CIP 数据核字（2024）第 083044 号

从导购到总监
李化南　著
Cong Daogou Dao Zongjian

出版发行	中国人民大学出版社
社　　址	北京中关村大街 31 号　　　　　　　　邮政编码　100080
电　　话	010-62511242（总编室）　　　　　010-62511770（质管部）
	010-82501766（邮购部）　　　　　010-62514148（门市部）
	010-62515195（发行公司）　　　　010-62515275（盗版举报）
网　　址	http://www.crup.com.cn
经　　销	新华书店
印　　刷	天津中印联印务有限公司
开　　本	720 mm×1000 mm　1/16　　　　版　　次　2024 年 5 月第 1 版
印　　张	21 插页 1　　　　　　　　　　　　印　　次　2024 年 5 月第 1 次印刷
字　　数	258 000　　　　　　　　　　　　　定　　价　79.00 元

版权所有　侵权必究　印装差错　负责调换